Die Blume der Liebe

vom Problemfeld zum Heilungsfeld

Werner Johannes Neuner

meinThema Verlag
Home: www.meinThema.com

Kontakt zum Autor:
E-Mail: werner.neuner@meinThema.at
Home: www.WernerNeuner.net

ISBN: 978-3-9502439-9-4

Ich widme dieses Buch all jenen,
die den Pioniergeist in sich tragen
und den Mut haben,
in der Liebe neue und freie Wege zu gehen.

Inhaltsverzeichnis

Teil 2: Das Problemfeld der Liebe 81

Die Entdeckung

Die Heilwirkung

Venus und der Goldene Schnitt

Die Geometrie

Lilith

Teil 1
Die Blume der Liebe

Die „zufällige" Entdeckung

Wir haben die Wahl: Entscheiden wir uns für die Wirklichkeit der Angst? Oder entscheiden wir uns für **die Wirklichkeit der Heilen Matrix**? Genau diese Entscheidung steht an, für jeden von uns.

Es war an einem spätherbstlichen Oktoberabend. Früh schon war es dunkel geworden. Die ersten Nebelschwaden stiegen auf und begannen das Land zu verhüllen. Ich wanderte schnellen Schrittes durch die Dunkelheit. Die feuchte Kühle spürte ich in meinem Gesicht und an meinen Händen.
Diese Dunkelheit hatte zwei Gesichter. Die Kühle, die langsam zu einer unfreundlichen Kälte heranwuchs, drang schleichend durch meine Kleidung und wurde langsam am gesamten Körper spürbar. Das war das erste, das offensichtliche Gesicht, das meine Schritte hatte schneller werden lassen. Gleichzeitig aber umgaben mich die aufkommenden Nebelschwaden behütend, beinahe liebevoll umhüllend, Geborgenheit schenkend und Geschichten erzählend. Es sprach mit mir. Und was immer es auch war, das, was mich ansprach, war unendlich tröstend und berührend. Was auch immer geschehen sollte, es sei gut so, wie es ist. Ich sei geborgen und behütet, so sprach es mit angenehm flüsternder Stimme.

Es umgaben mich gleichzeitig zwei Wirklichkeiten.
Die eine, entsprungen aus der Matrix der Angst, die bedrohliche.
Die andere, entsprungen aus der Heilen Matrix, die mich mit Liebe umhüllende.
Und es lag an mir selbst, für welche dieser beiden Wirklichkeiten ich mich entscheiden wollte. Beide Wirklichkeiten waren in mir

und um mich gleichzeitig real. Von meiner Entscheidung aber hing es ab, welche der beiden Wirklichkeiten ich nähren würde. Ich konnte mich elend fühlen oder ich konnte mich kraftvoll machen. Beides war mit demselben Kraftaufwand verbunden.

Genau dies entspricht unserer Zeit, den Mustern der Zeit des Übergangs, in der wir gerade stehen. Und genau darin lag und liegt das wahre Geschenk des Lebens unserer Zeit: Jederzeit und gleichzeitig wirken die Matrix der Angst einerseits und die Heile Matrix andererseits. Es geht darum, die beiden daraus entstehenden Wirklichkeiten zu erkennen. Es geht darum, unsere Entscheidungsfreiheit zu erkennen und es geht darum, bewusst die Heile Matrix zu wählen.
Darin liegt das wahre Geschenk unseres Lebens. Und ich widme dieses Buch dieser heilen, dieser heiligen Matrix!

Die Matrix der Angst erschuf das Problemfeld der Liebe.
Die Lieder der Heilen Matrix werden das Heilungsfeld der Liebe sein.

Wir haben in den vergangenen mehr als 5000 Jahren die Matrix der Angst erschaffen. Ich werde später, im Kapitel „Das Problemfeld der Liebe" genauer darauf eingehen. Das ist die Matrix des Krieges. Wir leben mitten im Kriegsfeld, auch dann, wenn dieser Krieg nicht mit herkömmlichen Waffen ausgetragen wird und um uns herum scheinbarer Frieden herrscht. Wir führen diese Kriege in unseren Partnerschaften, in unseren Ehen, an unserem Arbeitsplatz gegen unsere Konkurrenz und am Schlachtfeld der Gerichtssäle.
Der allem gemeinsame Ursprung all dieser Kriege liegt darin, dass wir unsere Liebesfähigkeit mit „Implantaten" belegt, entfremdet und sie nahezu getötet haben. Wir haben die

Themen der Liebe, der Partnerschaft, der Sinnlichkeit und der Sexualität mit Verboten, mit Gesetzen und mit dem Thema des Besitzes entartet. Wir haben diese Themen mit Glaubenssätzen und Ethiken behaftet, die lebens- und liebesfeindlicher nicht sein können. Und wir halten an diesen Glaubenssätzen und an dieser Ethik nicht nur fest, sondern fallen mit massivem gesellschaftlichem Druck über jene her, die sich daran nicht halten wollen, die sich daran nicht halten können oder die diese Dogmen gar zu hinterfragen wagen.

Jene Sehnsucht, die wir so tief in uns spüren, ist die Sehnsucht nach der Heilen Matrix.
Die Lieder der Heilen Matrix entspringen aus dem Atem der Mutter Erde.
Und sie umgeben uns, umhüllen und behüten uns, jederzeit.
Wir können diese Lieder hören, in uns und jederzeit, wann immer wir uns dafür entscheiden.

Doch obwohl wir über Jahrtausende hinweg diese Matrix der Angst erschaffen haben, blieb jene andere Matrix, jene heile und heilige Matrix nicht nur bestehen, sondern auch wirksam. Die Heile Matrix geht nicht lauthals in die Werbung. Sie ist still. Und sie ist kraftvoll in ihrer Stille. Sie ist. Und jeder Mensch, der eine Sehnsucht in sich wahrnimmt, spürt in Wirklichkeit die Sehnsucht nach dieser Heilen Matrix.
Jeder Mensch, der sich dafür entscheidet, kann diese Heile Matrix hören, spüren und erleben.
Die Heile Matrix entspringt dem Inneren der Mutter Erde. Sie ist der Atem der Erde, der die Atmosphäre einer heilen Wirklichkeit erschafft. Und es liegt an uns, diese heilende und heile Wirklichkeit zu erkennen und zu leben.
Wir können uns dafür entscheiden.
Jederzeit.

Mitten in diesem Spannungsfeld der beiden Wirklichkeiten stand ich an jenem spätherbstlichen Oktoberabend. Man hatte mir den

Krieg erklärt. Aus Neid und unbarmherziger Eifersucht hatten sich zwei Menschen gegen mich verschworen und mir „versprochen", mich existenziell zu vernichten. Sie hatten mir wortwörtlich erklärt, dass sie mich solange verfolgen würden, solange ich lebe.
Wie sehr aus krankhafter Liebe gekränkter Stolz erwächst, wie sehr aus Eifersucht krankhafter Neid und schließlich blanker Hass entsteht, erlebte ich in jenen Tagen hautnah. Dass es sich dabei aber nicht nur um mein persönliches Problem handelte, sondern Ausdruck einer globalen Krankheit der gesamten Menschheit war, das begriff ich erst nach und nach.

Es sind die krankhaften, aber gesellschaftlich vollkommen anerkannten Bilder und Vorstellungen von der Liebe, welche die Ursache aller, und ich meine es so: **aller** Kriege sind!

Auf der einen Seite wütete der Krieg gegen mich mit aller Perversität und aller Gewalt. Ich wusste in jenen Tagen nicht, ob ich dies existenziell überleben würde. Ich hatte im Grunde genommen kaum eine Überlebenschance.
Gleichzeitig aber hatte sich mir in jenen Tagen eine Liebe eröffnet, wie ich sie bisher noch nie gekannt hatte. Mein Herz hatte sich in einer unendlichen Liebe geweitet. Jede Zelle meines Körpers war von dieser Liebe durchdrungen.

Ich war durch meinen Spaziergang in den Zustand der vollkommenen Einheit mit der Heilen Matrix gekommen. Ich hatte etwas er-

Jene Bilder von der Liebe, die wir heute in uns tragen und die uns als die „wahre Liebe" implantiert wurden, sind krankhaft.
Sie sind weder lebbar, noch wahrhaftig und führen unweigerlich zu Enttäuschungen.
Diese Bilder erschaffen Angst, führen zu Eifersucht, Neid und letztendlich zu Hass.
Diese Bilder sind die Wurzel **aller** Kriege!

lebt, was sich in jenen Tagen noch mehrmals wiederholen sollte:
Ich schaute während meiner Wanderung in ein kaltes Land, das von dunkelgrauen Nebelschwaden durchzogen war. Es gab keine Hoffnung in diesem Land. Es war durchdringend und stechend kalt. Aber dann, inmitten der hoffnungslosen Leere zuckte ein hell aufleuchtender Blitz auf, der das Grau an einem zentralen Punkt aufriss. Ein weiches, chromgelbes Licht breitete sich überraschend aus, ein Licht, das sich zuerst kugelförmig entfaltete, dann aber langsam die Form eines Fensters, eines Portals annahm. Dieses Portal öffnete sich und war, das wusste ich, eine Schwelle in eine andere Realität. Es lag nun an mir, ob ich diese Schwelle überschreiten wollte oder nicht.
Und ich trat über diese Schwelle.
Dann begann sich alles zu drehen, immer schneller werdend, von einer betörend rauschenden Sphärenmusik begleitet. Durch die immer schneller werdende Drehbewegung eröffnete sich vor mir ein Lichttunnel, auf den ich mich rasend schnell hinzu bewegte. Ich betrat den Tunnel und meine Geschwindigkeit wurde noch schneller…
…und dann war alles still.
Es war, als wäre die Zeit zum Stillstand gekommen. Nichts als weiches, pulsierendes Licht umgab mich. Hier, an diesem „Ort" und in diesem Zustand war alles anders. Nahezu alles, was wir mit unserem herkömmlichen Denken als wahr anerkennen, als richtig und gut, verlor hier seine Wertung. Es gab keine Unterscheidung zwischen Wahr und Falsch. Es zählte einzig eine allumfassende Liebe,

eine allumfassende Einheit von allem was ist. Es ging einzig um einen vollkommenen Einklang mit einer großen, großartigen, lichtdurchdrungenen und bedingungslos liebenden Wesenheit.
Ich wusste, dass ich das erlebte, was als „Nahtoderfahrung" bezeichnet wird. Ich verstand nicht, warum dies geschah, obwohl ich körperlich dem Tod nicht wirklich nahe war. Ich ließ mich darauf aber ein und erlebte dies in jenen Tagen mehrere Male.
Ich weiß auch, dass jene lichtdurchdrungene Wesenheit, die in diesem Tunnel erscheint, die gleichzeitig selbst dieser Tunnel ist, meist als „Gott" bezeichnet wird.
Doch für mich war dies etwas gänzlich anderes!
Diese Wesenheit war…
…**Mutter Erde selbst**!
Durch sie treten wir in dieses Leben ein. Und durch sie verlassen wir unsere physische Existenz auch wieder.

Ich wollte dort, in diesem Tunnel, weiter gehen. Ich wusste, dass am Ende des Tunnels etwas sehr Weites, ein unendlich freies Land existiert. Ich wusste, dass dieser Tunnel der Geburtskanal war und dass dort, am Ende des Tunnels, die Geburt in eine andere Welt stattfinden konnte.
Und genau dort wollte ich hin.
Doch es lag nicht in meiner Bestimmung, diese andere Welt in jenen Tagen bereits zu betreten. Ich konnte lediglich einen flüchtigen Blick durch jene Welt schweifen lassen, die nach diesem Tunnel sich auftat.

Ich sah dort eine Welt, in der sich die Heile Matrix bereits feldbestimmend verwirklicht hatte. Das, was immer wieder vor unserem inneren Auge auftaucht und so vollkommen unserer innersten Sehnsucht entspricht, das ist dort allgemeine Realität geworden. Das ist jene Welt, die wir nach unserem physischen Leben betreten *können*, ja betreten *sollen*, aber nicht automatisch betreten werden.

Zu stark ist einstweilen noch jene unerlöste Astralwelt, in der sehr viele Menschen nach ihrem Tod verweilen und auf eine baldige Wiedergeburt drängen. In dieser astralen Welt werden all die Spiele der Matrix der Angst wieder und immer wieder wiederholt. Je mehr wir an den irdischen Spielen unseres „normalen“ Lebens anhaften, je mehr wir unseren Glauben an Schuld, Sühne und Karma, unsere Vorstellungen von liebesfeindlicher Moral und Ethik, unseren Glauben und unsere Glaubensmuster mit in den Tod nehmen, umso massiver werden wir uns selbst an diese unerlöste astrale Welt binden.

Doch auch hier haben wir immer wieder die Wahl. Wenn wir aufhören, „recht“ zu haben, wenn wir begreifen, dass es Recht und Unrecht nicht gibt, wenn wir den Einklang mit Mutter Erde wählen, werden wir uns befreien, frei werden für die Welt der Heilen Matrix, sowohl hier, in der diesseitigen Realität, als auch in der jenseitigen!

Wenn wir aufhören, „Recht“ zu haben und das Richtig-Falsch-Denken aufgeben, wenn wir aus der Verhärtung der irdischen Rechtsvorstellungen aussteigen und uns selbst von der uns eingeredeten Schuld befreien, dann betreten wir die Wirklichkeit der Heilen Matrix.

Dort gibt es weder Schuld, noch Karma, sondern die freie und befreite Entfaltung alleine.

Ich befand mich in jenen Tagen wiederholt in jenem Lichttunnel, der in eine Welt führte, in der die heile, die heilige Matrix sich verwirklicht hatte. Doch es lag nicht in meiner Bestimmung, diese Welt bereits zu betreten.

Ich sollte diese Welt sehen, sie erspüren. Und dann wieder zurückkehren, in jenes Leben, in dem meine existenzielle Vernichtung drohte.

Ich kam zurück. Jedes Mal.
Und ich war jedes Mal erfüllt vom Zauber jener Heilen Matrix. In diesem Zustand spielte ich mich an jenem Oktoberabend mit einem Grafikprogramm. Ich wusste nicht genau, wonach ich eigentlich suchte, wusste aber, dass etwas „in der Luft lag".
Ich spielte mich mit dem goldenen Schnitt, mit der heiligen Geometrie.
Ich zeichnete einen fünfstrahligen Stern, aus dem ich eine fünfstrahlige Blütenform gestaltete. Ich wusste bereits, dass die Fünf der Venus entspricht, der Liebe und der Rose, aber auch als die Zahl des Menschen gilt. Und ich ahnte bereits, dass der Goldene Schnitt ein Schlüssel zur Heilen Matrix sein konnte.
Ich drehte, verkleinerte und vergrößerte die fünfstrahlige Blüte fünfmal entsprechend der heiligen Geometrie.
Und dann hatte ich eine Gestalt vor mir, die mich augenblicklich faszinierte.
Es war die Venusblume!
Es war die Blume der Liebe!

Mir war klar, dass ich hier etwas sichtbar gemacht hatte, was schon seit jeher existiert hatte. Diese Form war womöglich in Vergessenheit geraten, war nicht überliefert worden oder hatte bislang den Weg in die konkrete Gestalt noch nicht gefunden.

Die fünfblättrige Blütenform.
Der Goldene Schnitt, die Heilige Geometrie.
Die Blume der Liebe.
Der Schlüssel zur Heilen Matrix.

Diese Blume der Liebe erzeugt einen Zugang, sie ist ein Schlüssel zu jener Heilen Matrix, die uns jederzeit umgibt, die aber von dieser Matrix der Angst so massiv überlagert wird.
Vor mir lag also ein Schlüssel zu jenem Zustand einer Welt, die ich hinter dem Lichttunnel kurzzeitig gesehen hatte!
Vor mir lag der Schlüssel zur Heilen Matrix!

Die Heilwirkung

Seit ich die Blume der Liebe auf meiner Homepage und in meinem Buch „Venus, die Heilung der Liebe“ veröffentlicht habe, wurde sie Hunderte und Tausende Male angewendet. So haben wir bereits reichlich Erfahrungen sammeln können.
Besonders das „**Projekt Venusblume**“ fand großen Anklang. Es geht bei diesem Projekt darum, die Blume der Liebe mit Steinen in der freien Natur aufzulegen. In der Regel ist das eine Blume mit einem Durchmesser von 13 Metern (im 3. Teil „Das Heilungsfeld der Liebe“ gehe ich darauf noch genau ein). Unmittelbar nach dem Auflegen dieser Blume entsteht ein neues, ein freies Feld, in dem die Heile Matrix wieder Raum nehmen kann. Deutlich spürbar ist die Veränderung der Raumenergie an diesen Orten.

Die mit Steinen aufgelegte Blume der Liebe verändert deutlich merkbar die Energie eines Ortes. Wenn wir diese Formation abschreiten, verändert sich etwas in uns selbst.
Wir erinnern uns an die Lieder der Heilen Matrix.

Warum wirkt die Blume der Liebe?

Es liegt in der inneren Geometrie dieser Blume. Es ist die Heilige Geometrie und der Goldene Schnitt, die darin vielfach und ästhetisch schön dargestellt und codiert sind. Ich werde darauf noch genauer eingehen.

Die Wirkung der Blume der Liebe entsteht dadurch, dass wir den Goldenen Schnitt als harmonische, als heilende Proportion in uns, in unserem Körper tragen und spüren. Wir empfinden diese Proportion als schön, als wohlgestaltet, als wohltuend auf allen Ebenen.

Der Goldene Schnitt, das ist die innere Struktur der Heilen Matrix.
Und die Blume der Liebe ist der Schlüssel, der uns die Lieder dieser Heilen Matrix wieder zugänglich macht.

Der Goldene Schnitt ist die innere Struktur der Heilen Matrix!
Der Goldene Schnitt ist der Schlüssel zur Heilen Matrix.
Und die Blume der Liebe ist eine vollkommen stimmige Darstellung des Goldenen Schnittes.

Ist nun der Goldene Schnitt so wie in dieser Blume der Liebe mehrfach codiert, so spricht uns dies auf einer sehr tiefen, unterbewussten und kraftvollen Ebene an.
Sie spricht uns optisch an, wenn wir sie bewusst meditativ betrachten, aber auch, wenn wir sie unbewusst über eine Karte (oder eine andere Darstellung) wahrnehmen.
Und wir spüren sie, wir spüren ihre Bedeutung und ihre Ausrichtung, wenn wir eine Karte mit ihrer Darstellung in unseren Händen halten. Wir nehmen ein energetisches Fließen wahr.

Was bewirkt die Blume der Liebe?

Das ist einfach erklärt:
Die Blume der Liebe ist ein Schlüssel zur Heilen Matrix.
Die Blume der Liebe erinnert uns an die Heile Matrix.
Die Blume der Liebe schafft einen freien Raum, in dem sich die Heile Matrix entfalten kann.

Die „Heile Matrix“, das ist eine Realität, eine Wirklichkeit, für die wir uns entschei-

den können, jederzeit. Es gab auf unserem Planeten Zeiten, in denen die Heile Matrix die feldbestimmende, allgemeingültige Wirklichkeit war. Das liegt allerdings mehr als 5000 Jahre zurück.
In jener Zeit, in der die Heile Matrix die weltweite Wirklichkeit war, in dieser Zeit hatten wir auf Erden eine weltweite Friedenskultur! Es gab in jener Zeit keine Kriege unter den Menschen, der Friede war eine Selbstverständlichkeit, was für uns heute unfassbar und unvorstellbar erscheint.

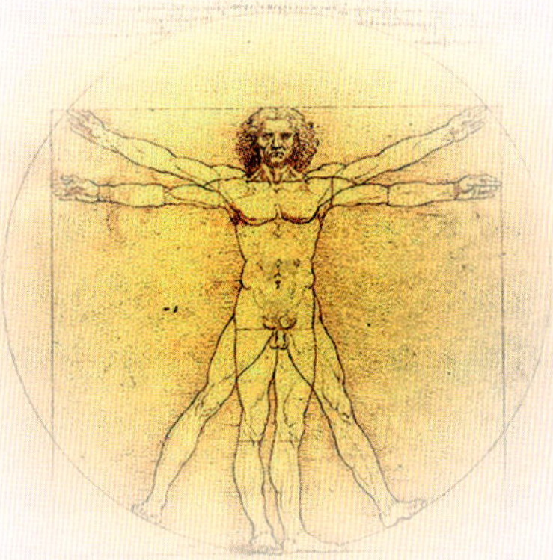

Wenn die Überlagerung durch die Matrix der Angst endet und die Heile Matrix wirklichkeitsbestimmend wird, dann wird noch etwas anderes geschehen: Wir werden dann wieder in einen vollkommenen Einklang mit der Mutter Erde gehen. Wie weit wir uns von diesem Einklang entfernt haben, zeigt die Tatsache, dass wir das Ökosystem unseres Planeten an den Rand des Kollapses gebracht haben. Wir haben die Biosphäre derart verbraucht und zerstört, dass unser eigener Untergang als sicher erscheint, wenn nicht demnächst ein Wandel geschieht.
Im Einklang mit der Mutter Erde sein, das ist das Gegenteil von der Geisteshaltung des „Ich will", des „Es muss sein" und des „Alles ist machbar". „Wenn ich zu Weihnachten Erdbeeren essen will, so muss das doch machbar sein, oder?"
Wir nehmen von der Erde, was und wann wir es wollen. Und es kommt uns nicht in den Sinn, sie darum zu bitten.
Ein wahnsinnig gewordener „Gott" hat uns einst gesagt, wir sollten die Erde uns untertan

Vor mehr als 5000 Jahren, in der Jungsteinzeit, war die Heile Matrix feldbestimmend. Eine weltweite Friedenskultur und der Einklang mit der Mutter Erde bestimmten das Leben der Menschen in dieser Zeit.

Ein eifersüchtiger und tyrannischer „Gott" brachte allerdings den Umschwung. Es gelang ihm, uns Menschen dazu zu bewegen, die Matrix der Angst zu erschaffen.

machen. Ja, das haben wir getan und tun es weiterhin. Dieser „Gott“ hat uns die Zerstörung unseres eigenen Planeten aufgetragen. Wir haben dies gewissenhaft ausgeführt und tun es weiterhin.
Wann werden wir endlich soweit sein und uns von diesem wahnsinnigen „Gott“ verabschieden? Wann werden wir endlich wieder soweit sein und auf unsere eigene Mutter, auf Mutter Erde hören, um mit ihr wieder in einen liebenden Einklang gehen zu können?
Die Heile Matrix, die Matrix der Liebe, sie legt uns genau das nahe.

Die Blume der Liebe eröffnet das Feld der reinen, der befreiten, der freien und der sinnlichen Liebe. Würden wir in diesem Feld leben, wäre jede kriegerische Handlung, jede Unterdrückung, jeder Hass, jeder Neid und jede Eifersucht gänzlich absurd.
Das Feld der befreiten Liebe ist das Feld des allumfassenden Friedens.
Die Liebe in ihrer reinen Form, die Liebe, die frei ist von Glaubenssätzen und Implantaten, die Liebe, wie sie in den Sehnsüchten unserer eigenen Herzen tief in uns erklingt, das ist das zentrale Lied der Heilen Matrix.
Die Blume der Liebe bringt die Lieder der Heilen Matrix zum Erklingen.
Durch die Geometrie der Blume der Liebe erblüht die Heile Matrix in uns!

Woher kommt die Heile Matrix?

Die Lieder der Heilen Matrix steigen aus dem Inneren der Erdenmutter empor, jederzeit, Tag für Tag. Mutter Erde selbst singt diese Lieder. Sie atmet diese heile, diese heilige Matrix aus, lässt ihre Lieder aufsteigen in den atmosphärischen Raum, den wir tagtäglich einatmen.

Die Heile Matrix war seit jeher da und wird es immer sein.

Die Heile Matrix ist der Traum der Erdenmutter, ihr sich ständig wandelnder Traum. Wir sind Teil dieses Traumes, wir leben *innerhalb dieses Traumes*. Doch wir haben den Einklang mit diesem Traum verlassen. Wir haben selbst Bilder erschaffen, Traumbilder, die nicht im Einklang mit den Traumbildern der Erdenmutter stehen.

Seitdem fühlen wir uns verloren. Wir haben das Paradies verloren. Und unsere tiefste Sehnsucht wünscht sich nichts so sehr, als den Einklang mit dieser Heilen Matrix wieder zu finden.

So begeben wir uns doch auf den Weg!
Wir können uns für die Wirklichkeit der Heilen Matrix entscheiden, jetzt und jederzeit!
Ich wünsche uns allen den Mut dazu!

Seit jenem späten Oktoberabend erkannte ich die Heile Matrix überall. Ich sah sie mitten in den „Kriegsgebieten" unseres alltäglichen Lebens.

Ich sah und spürte diese Heile Matrix immer öfter, je mehr ich das Bild der BLUME DER

Mutter Erde träumt einen Traum.
Ihr Traum erschafft jene Raum-Zeit-Realität, in der wir leben. Jene Bühne des Lebens, auf der wir unsere Erfahrungen machen.
Wir Menschen, die Kinder der Urmutter, leben *innerhalb ihres Traumes*.

Eine einfache Übung:

Gestatte dir und deinem Geist das Bild, dass Mutter Erde, die Urmutter, eine Person sei, hochdimensional und komplex in ihrem Wesen.
Gestatte dir das Bild, dass sie, Mutter Erde einen Traum träumt.
Dieser Traum ist deine, ist meine, ist unsere Realität.
Du lebst *innerhalb des Traumes der Mutter Erde.*
Gestatte dir dieses Bild.
Nimm es an als die Realität deines Lebens.
Und sage dann:
„Ich verbinde mich mit den Liedern der Urmutter, den Liedern der Heilen Matrix, jetzt!“

Und dann halte inne. entlasse deine Gedanken, sei gegenwärtig in dir.

So können Wunder geschehen!

LIEBE in mich integrierte. Ich begegnete der Heilen Matrix in sehr stillen und äußerst kraftvollen Momenten. Es waren diese einfachen, stillen und oft unbeachteten Momente: ein einzelner Sonnenstrahl, ein unverhoffter Duft einer Blume, ein herzenswarmes Lächeln, ein zärtlicher Kuss, eine sinnliche Berührung…
Diese Heile Matrix, sie entfaltete sich inmitten einer grauen und grauenvollen Welt. Die Brutalität und Perversion dieser Welt war mächtig und gewaltsam, die Heile Matrix hingegen still und ohne Macht, aber dennoch unzerstörbar und kraftvoll. Sie entfaltete sich inmitten dieser alltäglichen Gewalt, sie öffnete einen befreiten, einen heilen Raum.
Sie war allgegenwärtig.

Und sie veränderte mein Leben.
Ich lernte mehr und mehr aus ihr heraus zu leben. Ich lernte, die Heile Matrix als Wirklichkeit zu leben. Ich verabschiedete mich von dem, was man von mir verlangte, von mir forderte, von mir zu erzwingen versuchte.
Ich lernte das zu tun, was mein Herz und meine Liebesfähigkeit mir rieten.

Ich begann das, was ich aus meinem Herzen heraus als richtig empfand, zu tun. Bald schon meinte ich zu wissen, was nun richtig sei und was falsch. Schließlich empfand ich das „Richtig“ und das „Falsch“ aus meinem Herzen heraus.
Diese Übung, derart aus dem Herzen heraus zu leben, war gut, in meiner Deutung und Interpretation aber dennoch ein Irrtum. Denn selbst dann, wenn wir aus dem Herzen

heraus etwas wahrnehmen, heißt dies noch lange nicht, dass dies frei von Glaubenssätzen und Implantaten ist. Wir sind in der Wahrnehmung mit unserem Herzen nicht geübt. Wir sitzen dabei andauernd Ethiken und Glaubensmustern auf. Wir glauben, dass unser Herz dies oder jenes aus reiner Liebe heraus empfindet… und dennoch ist dies häufig bloß ein entarteter Glaube, eine liebesfeindliche Moralvorstellung oder ein integriertes Verhaltensmuster, das weder mit unserem eigenen Herzen, noch mit der Heilen Matrix übereinstimmt.

Und dennoch sollten wir genau das tun: Mit dem Herzen entscheiden. Selbst dann, wenn unsere Entscheidungen uns später als Irrtum erscheinen, wir haben sie dennoch aus dem Herzen heraus getroffen!
Und das ist gut so.
Wir sollten den Mut haben, unsere Herzensbewegungen zu spüren. Wir sollten aus dem heraus agieren, ohne darauf zu beharren, dass dies wahrhaftig und richtig sei. Denn wer weiß, ob es ein „Richtig" überhaupt gibt?
Wir sollten aus dem Herzen heraus entscheiden und offen bleiben. Denn das bringt uns an die Heile Matrix näher heran. Wir beginnen so die Lieder der Heilen Matrix zu hören und zu spüren. Wir beginnen, die Heile Matrix zu leben. Und dann strahlen wir sie aus, klingen sie in uns an und tragen diese Lieder hinaus in die Welt, bringen sie auch in anderen Herzen zum Erklingen. Dann erschaffen wir ein Feld der Liebe auf diesem unendlich liebenden Planeten Erde!

Die Venus und der Goldene Schnitt

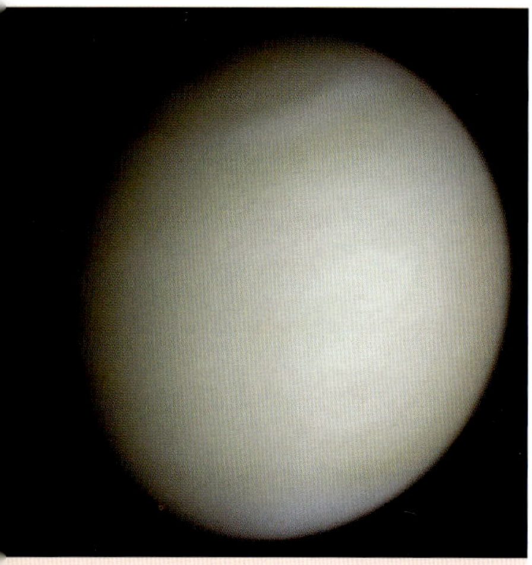

Die Venus.
Hell strahlt sie am Himmel, zeitweise als Abendstern, dann wieder als Morgenstern. Sie ist der Planet der Liebe, der Sinnlichkeit und Erotik, der Harmonie und der Schönheit, aber auch der Heilung und der Transformation.

In jenen Tagen, als ich mitten in einem Kriegsfeld ums blanke Überleben zu kämpfen hatte, leuchtete am Himmel unvermittelt und Hoffnung verheißend ein Stern auf. Genauer gesagt war das Licht, das am Himmel erschien und mich nicht nur faszinierte, sondern auch innerlich berührte, das Licht jenes Planeten, der die aktuellen Veränderungen auf der Erde bedeutsam beeinflusst:
Es war das Licht der Venus!

Häufig, wenn ich die alltäglichen Kriegsfelder verließ und die Felder der Heilen Matrix bewusst betrat, wenn ich mich zugunsten der Wirklichkeit jener Heilen Matrix entschied, erzählte mir Mutter Erde von ihrer Beziehung zur Venus. Mein naturwissenschaftlich denkender Verstand beobachtete dies nicht ohne Skepsis, doch er ließ mich gewähren und begleitete diese Kommunikation interessiert und offen.
Ich begann, die Venus nicht nur in den Feldern der Mutter Erde und in ihrer Wirkung auf die Erde zu erspüren, sondern ging auch daran, ihre Bewegungsmuster und ihren Tanz mit der Erde um die Sonne zu studieren. Und das, was ich dabei über die Venus konkret messbar herausfand, bestätigte meine intuitive Kommunikation mit ihr.

Wir assoziieren mit der Venus zuallererst den Begriff „Liebe“.
Danach kommen bald die Begriffe „Schönheit“ und „Harmonie“, sowie „Weiblichkeit“.

Bei der Weiblichkeit geht es dann vor allem um das Sinnbild einer sinnlichen Frau, um die weibliche Erotik und um die Sexualität.
Seltener assoziieren wir mit der Venus noch den Begriff „Transformation", auch wenn dies ein logischer Gedankenschritt wäre. Denn die Liebe, die stellt ja bekanntlich alles auf den Kopf! Die Liebe verändert, die Liebe transformiert.
Und dann reiht sich in die Liste der venusischen Eigenschaften noch der Begriff „Heilung" ein. Auch das ergibt sich daraus, dass die Liebe natürlich heilend wirkt und die Heilkräfte, die wir in uns tragen, anklingt und freisetzt.
Doch wie kommen wir Menschen dazu, diesem Planeten ausgerechnet diese Eigenschaften zuzuordnen? Auf meine Fragen an manche Astrologen, warum die Venus ausgerechnet mit diesen Eigenschaften assoziiert wird, bekam ich keine konkreten Antworten. Also machte ich mich selber auf die Suche und tauchte tiefer in die Materie ein.

Und ich fand folgende unglaubliche Zusammenhänge:

1. **Die Venus tanzt mit der Erde ein Pentagramm.**

2. **Das Pentagramm und die Blume der Liebe sind die einzigen gleichseitig symmetrischen Figuren, welche den Goldenen Schnitt darstellen!** Auch wenn bei dieser Aussage der eine oder andere Leser hier einwerfen wird, dass auch die „*Blume des Lebens*" den Goldenen

Schnitt darstelle, so sei hier klargestellt: Das ist nicht richtig! Ich werde das später noch genau zeigen! Die *Blume des Lebens* hat eine andere Aufgabe, sie hat aber mit dem Goldenen Schnitt eigentlich nichts zu tun.

3. **Darstellungen und Objekte, die im Goldenen Schnitt proportioniert sind, erzeugen in uns das Gefühl von Harmonie und Schönheit und setzen dadurch Heilungsimpulse frei.**

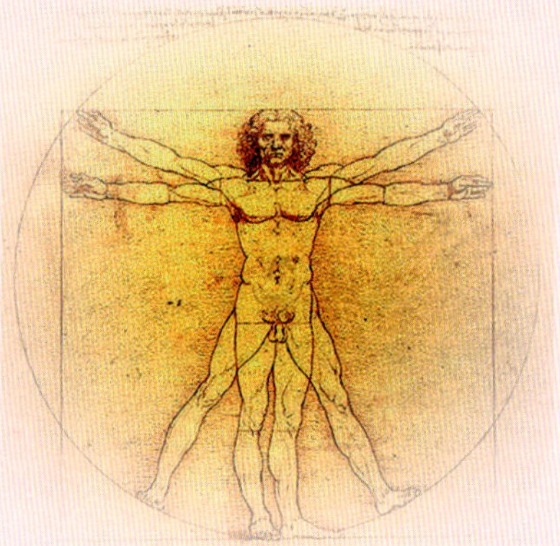

Was ist der Goldene Schnitt eigentlich?

Der Goldene Schnitt ist eine Proportion, ein Verhältnis von einer Länge zu einer anderen. Teilt man z. B. eine Strecke so, dass die Länge des größeren Teiles a geteilt durch die Länge des kleineren Teiles b den Betrag 1,618 ergibt, so befindet sich diese Teilung im Goldenen Schnitt.

Dieser Betrag 1,618 kommt dadurch zustande, dass a (die längere Strecke) geteilt durch b (die kürzere Strecke) dasselbe ergibt, wie die beide Strecken gemeinsam (a + b) geteilt durch die längere Strecke a.
Also a : b = (a + b) : a.
Und das zeigt bereits eine der großen Bedeutungen des Goldenen Schnittes, nämlich: **„Das Große verhält sich zum Kleinen wie das Ganze zum Großen“**. Oder anders ausgedrückt:
Wie im Großen, so auch im Kleinen.
Und das ist ein zentrales kosmisches Grundgesetz!

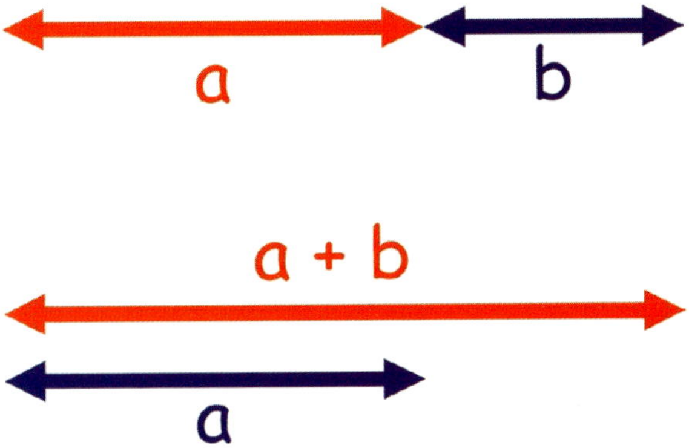

Das bedeutet, dass der Goldene Schnitt jenes kosmische Strukturgesetz darstellt, das besagt, dass wir alles, was wir im Großen beobachten, auch im Kleinen wiederfinden. Und diese kosmisch bedeutsame Realität wird durch ein einfaches Teilen einer Strekke am richtigen Punkt dargestellt, sichtbar gemacht und dadurch codiert, also spürbar gemacht. Der Goldene Schnitt ist daher nicht nur „golden", sondern auch heilsam und heilend. Darum ist er das zentrale Thema der „Heiligen Geometrie".

Dass sich das Große im Kleinen wieder findet, ist eine bedeutsame Erkenntnis, ein zentrales Wissen, das uns Zugang zu den zentralen kosmischen und irdischen Zusammenhängen verschafft.
Ein schönes Beispiel dafür ist die **Spirale**: Unsere gesamte Galaxie (die „Milchstrasse") ist ein Spiralnebel. Sie hat eine **Spiralform**. Wie heilsam und wirksam die Spirale für uns Menschen ist, haben wir bereits vor Jahrtausenden gewusst. Wir finden diese vor allem in den Zeichnungen der sogenannten „prähistorischen" **Friedenskulturen** wieder und haben die Bedeutung dieser Form auch

Der Goldene Schnitt ist jene Proportion, jenes Verhältnis, das der Heilen Matrix zugrunde liegt. Mathematisch errechnet sich diese Proportion daraus, dass a : b (die größere zur kleineren Strecke) dasselbe Verhältnis hat, wie (a + b) : a (das Ganze zur größeren Strecke).
a : b = (a + b) : a
Das ergibt den Goldenen Schnitt ϕ **= 1,618**

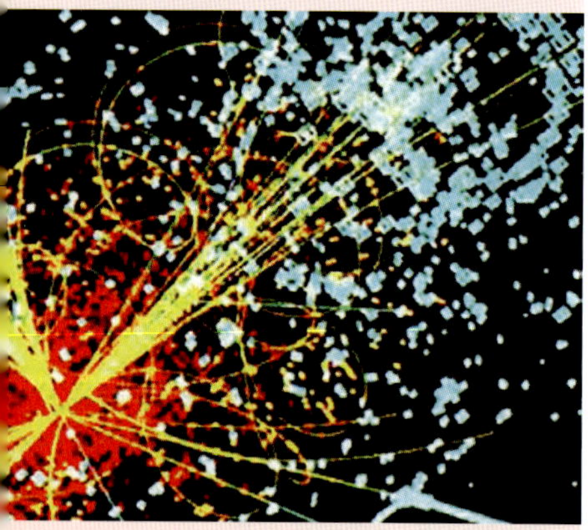

Wie im Großen, so auch im Kleinen. Die Spirale in der Galaxie, in der irdischen Atmosphäre und in den subatomaren Teilchen.

heute wiederentdeckt.
Die Spiralform kommt aber nicht nur im unendlich Großen der Milchstrasse vor, sondern auch in den Bewegungen der irdischen Atmosphäre. Wenn wir die Bilder eines Wettersatelliten sehen, so fallen uns sofort die spiralförmig gedrehten Wolkenbänder auf.
Aber auch in der Bewegung des abfließenden Wassers und in der Gestalt der Schnecken- und Muschelhäuser finden wir die Spiraldrehung. Und dann auch noch im unendlich Kleinen: Die Spuren, welche die subatomaren Teilchen in den Teilchenbeschleunigern hinterlassen, sind wieder Spiralen!
Die Spirale ist aber nicht bloß ein Ausdruck des „Wie im Großen so auch im Kleinen". Messen wir nämlich die Spiralwindungen in den Schnecken- und Muschelhäusern, messen wir den Faktor, mit dem die Kreisstücke der Spirale kleiner werden, so finden wir dabei genau den **Goldenen Schnitt**!

Dass sich das Große im Kleinen wiederfindet, erleben wir wahrscheinlich auch in unserem eigenen Leben. Das, was wir persönlich erleben ist nicht selten Ausdruck von dem, was sich allgemein, im Ganzen, also kollektiv abspielt. Wenn weltweit Kriegsherde lodern, so darf es uns nicht wundern, wenn wir selbst familiären und bzw. oder beruflichen Kriegsfeldern ausgesetzt sind.
Und das gilt auch umgekehrt: Solange wir in unserem alltäglichen Leben Kriege führen (und jede Unterdrückung, jede Bedrohung, jeder aggressive Druck, den wir gegen einen Konkurrenten ausüben sind Kriege!), solange wird es die globalen Kriegsfelder auch

weiterhin geben.
Das ist ein Problem, gleichzeitig aber auch eine riesige Chance. Denn das bedeutet:
Wenn es uns gelingt, uns von jenen Glaubenssystemen, lebensfeindlichen Ethiken und Glaubensmustern (besonders in der Liebe) zu befreien, welche die Ursache aller Kriege sind, dann kann uns in unserem Leben der persönliche Frieden gelingen.
Der persönliche Friede ist selbst dann möglich, wenn wir uns inmitten von Kriegsfeldern befinden. Denn stell dir bitte vor, um dich herum ist Krieg, aber du gehst einfach nicht hin und machst nicht mit! Dann nämlich hast du dich für die Heile Matrix in deinem Leben entschieden. Dann hast du begonnen, diese Heile Matrix zu leben. Dann lebst du den Frieden!
Und wenn du den Frieden in deinem persönlichen Leben lebst, dann lebst du das im Kleinen, was sich im Großen verwirklichen soll.

Wenn du an den dich umgebenden Kriegsfeldern einfach nicht teilnimmst, förderst du den Frieden.
Die Lieder der Heilen Matrix sind die Lieder des Friedens. Auch mitten im Kriegsfeld sind die Lieder der Heilen Matrix allgegenwärtig.

Dieser direkte Zusammenhang zwischen dem Großen und dem Kleinen bedeutet:
Das Große wirkt auf das Kleine und verändert das Kleine.
Aber auch umgekehrt! **Das Kleine wirkt und verändert das Große!** Und genau das ist die große Chance, die wir ergreifen sollten, um die Heile Matrix feldbestimmend zu verwirklichen!

Diesen direkten Zusammenhang zwischen dem Großen und dem Kleinen können wir auch als **Fraktal** und als **fraktale Vernetzung** begreifen.

Die Mandelbrot-Menge, immer weiter ins Innere gezoomt. Die typische Form kehrt fraktal immer wieder. Berechnung und Darstellung von der Free Software Foundation.

Die Struktur des „Fraktals" ist eine Grundgesetzmäßigkeit der Natur, des Kosmos und daher auch der Heilen Matrix.
Ein „Fraktal" ist eine geometrische Form, welche „selbstähnlich" ist. Vergrößert man nämlich einen kleinen Teil eines Fraktals, so findet man in diesem kleinen Ausschnitt die *gesamte* Struktur (das gesamte Große) wieder. Dies konnte mathematisch erstmals in den siebziger Jahren, nach der Erfindung des Computers erforscht werden. Bekannt ist z. B. die „Mandelbrotmenge" (das „Apfelmännchen"), die „Juliamenge" oder das Sierpinski-Dreieck, Figuren übrigens, die immer wieder in Kornkreisen aufgetaucht sind.
Die Fraktale sind nicht bloß eine interessante Theorie, sondern können überall in der Natur gefunden werden. So sind die Strukturen von Wolken, ein Gebirge, eine Küstenlinie oder im Kosmos die Ansammlung von Sternen zu Sternenhaufen eindeutig fraktaler Natur!
Diese fraktale Vernetzung wird durch den Goldenen Schnitt dargestellt und codiert.
Und in der Blume der Liebe finden wir sowohl den Goldenen Schnitt, als auch die fraktale Struktur wieder! Die fünfblättrige Blüte der Blume der Liebe taucht immer wieder, in größerer und kleinerer Gestalt (in gedrehter Form) auf! Sieh dir die Blume an und du erkennst sofort, was ich meine!

Den Goldenen Schnitt finden wir nun nicht nur in der Theorie, sondern überall in unserem Körper. Betrachte z. B. einen Finger deiner Hand. Das erste Fingerglied ist kürzer als das zweite und das wiederum ist kürzer

als das dritte. Misst man die Länge der Fingerglieder genau nach, so sieht man, dass sie exakt im Goldenen Schnitt (mit höchst geringen Abweichungen) größer werden.
Auch wenn du bei einem stehenden Menschen die Länge von der Hüfte bis zum Boden misst und dann jene vom Knie bis zum Boden, wirst du ebenfalls den Goldenen Schnitt entdecken.
Und so geht es weiter, überall in unserem Körper.
Und dann blicken wir hinaus in die Natur und finden in den Flügeln des Schmetterlings, im Wachstum eines Baumes, in der Spiralform einer Schnecke oder einer Muschel usw. überall den Goldenen Schnitt.

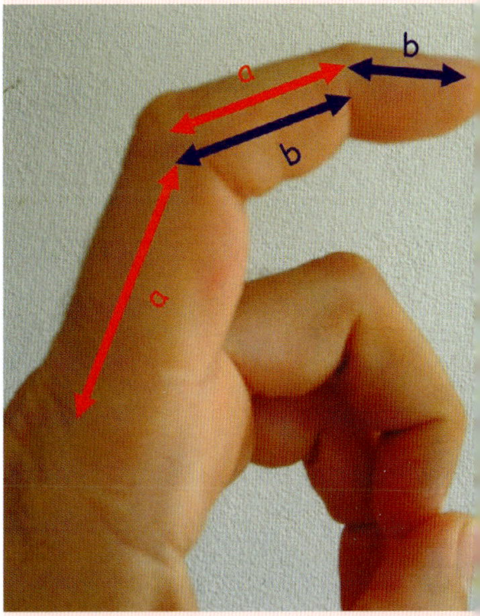

Das bedeutet ganz offensichtlich:
Der Goldene Schnitt ist die Erscheinungsform von allem Lebendigen.
Der Goldene Schnitt ist der Bauplan der heilen Natur.

Und vor allem:
Der Goldene Schnitt ist jene Form, jene Proportion, die der Heilen Matrix zugrunde liegt. Formen, die im Goldenen Schnitt proportioniert sind, erinnern uns daher an die Heile Matrix!

Es gibt eine Fülle von Studien, die zeigen, dass wir alles, was im Goldenen Schnitt liegt, als schön, als harmonisch und als heilsam empfinden. Wir fühlen und erleben durch den Goldenen Schnitt Schönheit und Harmonie. Und das versetzt uns *in den Zustand der freien, der befreiten Liebe*. Das verwundert uns nun nicht wirklich, wenn wir wissen, wie sehr die Heile Matrix (nach der wir uns so sehr sehnen) vom Goldenen Schnitt erzählt, ja selbst den Goldenen Schnitt in sich trägt. Es war in der Antike oder in der Baukunst der Renaissance eine Selbstverständlichkeit, die Proportionen des Goldenen Schnittes mit einzubeziehen. Warum dies in der „modernen“ Architektur (ich meine hier jene, die grausam geradlinige Leblosigkeit produziert) vergessen wurde, ist mir unverständlich.

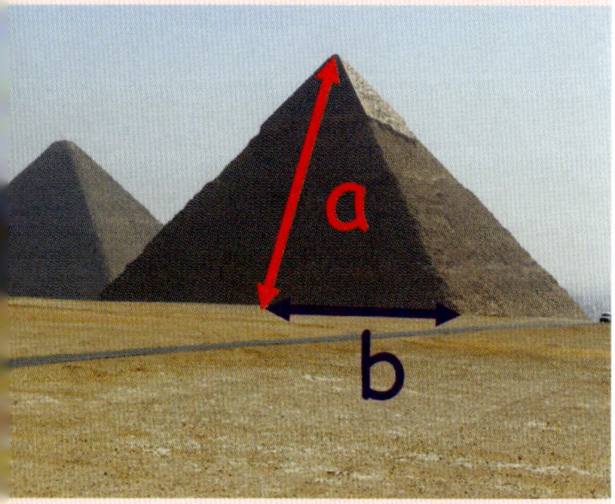

Den Goldenen Schnitt finden wir übrigens auch in der Form der Pyramiden wieder. Und zwar: Das Verhältnis von der halben Seitenlänge der Pyramidenbasis zur Höhe der Seitenfläche der Pyramide entspricht genau dem Goldenen Schnitt. Dazu braucht es den Seitenwinkel von exakt 51,83°, und dem kommen die ägyptischen Pyramiden doch ziemlich nahe!

Die Zahl des Goldenen Schnittes ist die Fünf!

Ich machte mich auf die Suche nach dem Goldenen Schnitt in der Geometrie.
Alles, was in der Geometrie heilsam auf den Menschen wirkt, wird als „heilige Geometrie“ bezeichnet. Das beinhaltet alle Geometrien, die den Goldenen Schnitt darstellen, aber auch die sogenannten **Platonischen Körper**, von denen es genau **fünf** gibt (den Tetraeder, den Würfel, den Oktaeder, den Dodekaeder und den Ikosaeder)!

Die Zahl **Fünf** wird allgemein auch als die Zahl des Menschen bezeichnet. Ich denke dabei sofort an die Proportionsstudie „Der vitruvianische Mensch“ von Leonardo da Vinci aus dem Jahr 1492. Die beiden Beine, die Arme und der Kopf des Menschen bilden seine fünf „Strahlen“.

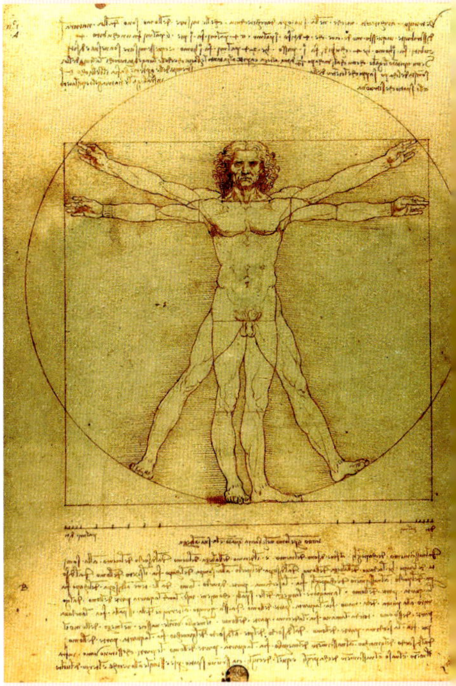

Die Proportionsstudie „Der vitruvianische Mensch“ von Leonardo da Vinci aus dem Jahr 1492.

Ich suchte nach geometrischen Figuren, die vollkommen symmetrisch sind und die den Goldenen Schnitt genau darstellen. Ich untersuchte die verschiedenen gleichmäßigen Sterne, den Fünfstern (das Pentagramm), den Sechsstern (das Hexagramm oder den Davidstern) usw.

Und dann war es bald klar:

Das Pentagramm ist der einzige symmetrische Stern, der den Goldenen Schnitt in sich trägt!

Misst man nämlich die Proportionen der Teilstrecken, die sich durch die Schnittpunkte im Pentagramm ergeben, so findet man dort *exakt* den goldenen Schnitt! Und das einzig im Pentagramm und in keinem anderen Stern.

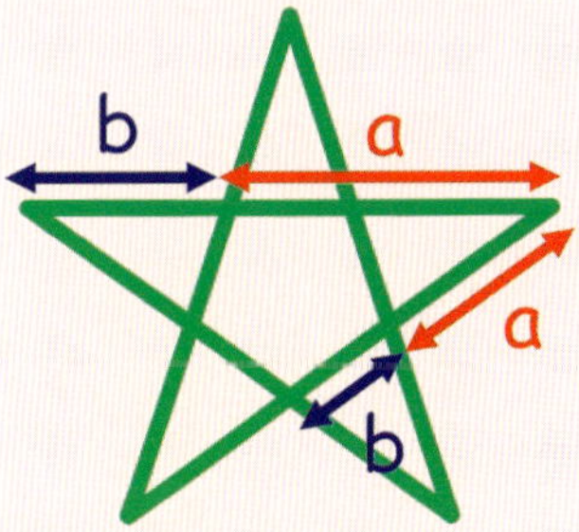

Das Pentagramm ist der einzige regelmäßige Stern, der den Goldenen Schnitt in sich trägt.

Und dann war klar:

Die Zahl der Heiligen Geometrie und die Zahl des Goldenen Schnittes ist die Fünf.

Diese Fünf kommt fünffach in der BLUME DER LIEBE vor.

Und wohl daher tritt in ihr der Goldene Schnitt vielfach in Erscheinung!

Nun war ich darüber doch einigermaßen erstaunt. Denn der Goldene Schnitt war bisher stets mit der *Blume des Lebens* in Verbindung

Die *Blume des Lebens* hat eindeutig eine Sechser-Symmetrie. Da der Goldene Schnitt nur über eine Fünfer-Struktur zustande kommt, kann die *Blume des Lebens* den Goldenen Schnitt geometrisch nicht darstellen.

gebracht worden. Also untersuchte ich diese wunderschön symmetrische Figur…
…und siehe da, der Goldene Schnitt war nirgends, tatsächlich nirgends darin zu finden. Die Verknüpfung der *Blume des Lebens* mit dem Goldenen Schnitt ist doch tatsächlich falsch!

Nach dem, was ich herausgefunden hatte, wunderte es mich nicht mehr, sondern bestätigte vielmehr die Erkenntnis, dass einzig die Zahl Fünf den Goldenen Schnitt erzeugt. Die *Blume des Lebens* ist eindeutig eine Sechser-Struktur. Sie hat eine andere Aussage, einen anderen Zweck und eine andere Bedeutung. Ich werde am Ende dieses Kapitels die Gestalt und die Wirkung dieser beiden Blumen nebeneinander stellen.

Dass die Zahl des Goldenen Schnittes die Fünf ist, wird auch aus der exakten Formel für den Goldenen Schnitt sofort sichtbar. Denn der Goldene Schnitt ist genau:
$\phi = (1 + \sqrt{5}) : 2$

Die Fünf und die Venus

Die Venus tanzt mit der Erde einen außergewöhnlichen Tanz um die Sonne. Die Venus ist der Planet, dessen Bahn jener der Erde am nächsten ist. Ihre Umlaufbahn liegt zur Sonne hin weiter innen als jene der Erde. Unser zweiter direkter Nachbarplanet, dessen Umlaufbahn weiter außen liegt, ist übrigens der Mars, der Gegenpol der Venus.

Bei der Bewegung um die Sonne fällt auf, dass sich Venus und Erde vollkommen regelmäßig, also stets *an denselben Punkten*, wiedertreffen. Das geschieht in einer exakten Regelmäßigkeit, die es einzig zwischen Venus und Erde gibt. Keine zwei anderen Planeten haben ihre Treffpunkte stets an denselben Punkten im Sonnensystem!

Und mehr noch: es gibt genau **fünf** solcher Treffpunkte. Beobachtet man nun die Abfolge, in welcher diese fünf Treffpunkte aufeinander folgen, so sieht man, dass diese exakt **ein Pentagramm**, also einen Fünfstern bilden! Venus und Erde tanzen in den kosmischen Raum, in unserem Sonnensystem, ein Pentagramm. Daher war das Pentagramm das älteste Symbol für die Venus und wurde erst später durch das heute gebräuchliche Venussymbol ersetzt.

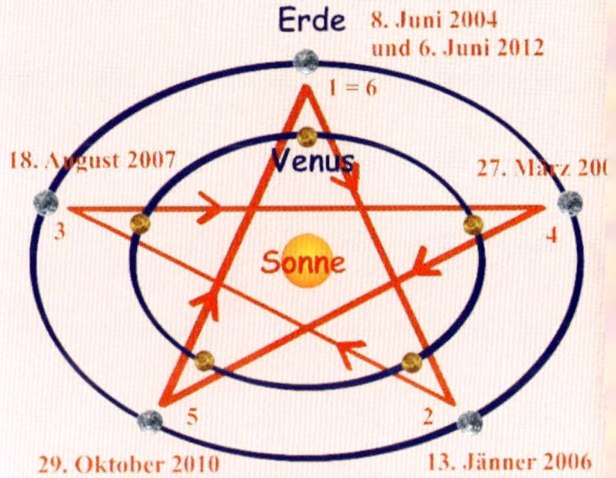

Die unteren Konjunktionen der Venus finden an denselben fünf Punkten im Sonnensystem statt. Sie zeichnen ein regelmäßiges Pentagramm, das „nicht ganz geschlossene Pentagramm“, wie es bei Goethes Faust heißt. Für dieses Pentagramm braucht die Erde 8 Jahre und die Venus 13 Jahre.

Zu jenen Treffpunkten (die astronomisch „untere Konjunktionen“ genannt werden), ist der direkte Einfluss der Venus auf die Erde stets am stärksten. Solche Treffpunkte finden in einem Abstand von durchschnittlich 584 Tagen statt.

Der venusische Einfluss auf die Erde ist während dieser Treffpunkte real messbar und äußert sich durch den sogenannten Plasmastrom. Von der Venus geht (wie von anderen Planeten ebenfalls) ein Strom an elektromagnetisch geladenen Teilchen aus, der „Plasmastrom“ genannt wird. Da dieser Strom immer in jene Richtung zieht, die von der Sonne weggeht, strömt er während den

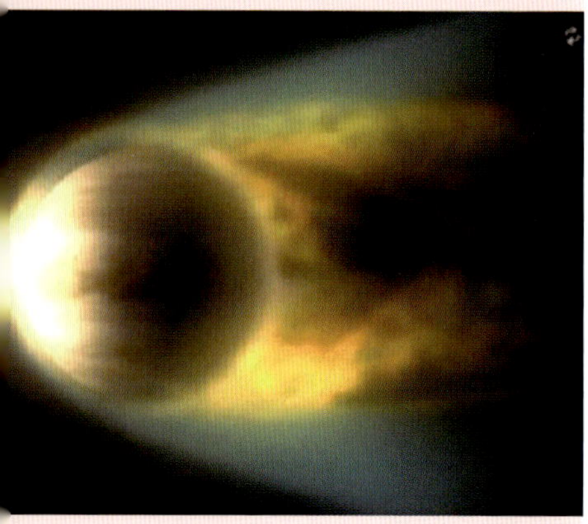

Der Plasmaschweif der Venus hat sich in den vergangenen 25 Jahren unerklärbar stark erweitert. Er reicht heute während den unteren Venuskonjunktionen bis in die Atmosphäre der Erde herein.

unteren Konjunktionen direkt von der Venus zur Erde hin.

Dieser Plasmastrom hat sich in den vergangenen 25 Jahren dramatisch verändert. Gegenüber den ersten Messungen in den Siebziger Jahren ist er heute um 60.000% (!) stärker geworden! Dafür gibt es nicht die geringste astronomische Erklärung, diese Zunahme ist wissenschaftlich völlig unerklärlich und sogar „widersinnig". Und dennoch ist diese massive Zunahme konkret messbar vorhanden, direkt vor unseren Augen.

Diese Zunahme bedeutet aber, dass dieser Plasmastrom heute während der irdisch-venusischen Treffpunkte elektromagnetisch geladene Teilchen von der Venus bis in die Erdatmosphäre hineinströmen lässt. Wir bekommen in dieser Zeit konkrete „Venusteilchen" geliefert. Und das sind nicht bloß Teilchen, sondern elektromagnetische, das bedeutet Teilchen voller venusischer *Information*!

Während einer unteren Venuskonjunktion erreicht uns real messbares Plasma von der Venus.

Die Venus überträgt Information und Impulse auf die Erde!

Wir bekommen bei unteren Venuskonjunktionen einen „venusischen Download" in die Bewusstseinsfelder der Erde von bedeutendem Ausmaß!

Und all das geschieht in einer Pentagramm-Formation!

Da das Pentagramm den Goldenen Schnitt exakt abbildet, geschieht der venusische

Download in den Rhythmen des Goldenen Schnittes.
Der Goldene Schnitt erinnert an den Zustand der befreiten Liebe, bewirkt Harmonie, Schönheit, Heilung und im Sinne der fraktalen Vernetzung angewendet auch die Transformation des Großen durch das Kleine.
Da nun die Venus auf die Erde im Sinne des Goldenen Schnittes einwirkt, ist es nicht verwunderlich, warum wir gerade diese Eigenschaften der Venus zuordnen!
Und mehr noch:
Die Venus bringt auf der Erde die Heile Matrix zum klingen. Wie eine liebende Schwester legt sie den Arm um Mutter Erde und begleitet sie mit tröstlichen Liedern. Und Mutter Erde stimmt ein in dieses Lied, beginnt selbst wieder die verdrängten Hymnen der heilen, der heiligen Matrix zu singen.

Damit war nun mein naturwissenschaftlicher Geist mehr als zufrieden. Und ich tauchte noch tiefer in die venusischen Welten ein.

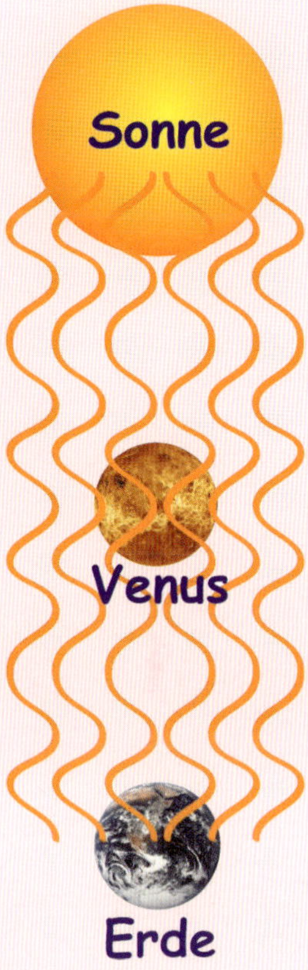

Die Positionen von Sonne, Venus und Erde während einer unteren Venuskonjunktion. Venusisches Plasma, verstärkt durch die Sonnenstrahlung, erreicht die Atmosphäre der Erde.

Venus, Sonne und Erde

Das nächste Thema, das mich beschäftigte, waren die **Venustransite**.
Ein Venustransit findet dann statt, wenn bei solch einer unteren Konjunktion die beiden Planeten **Venus und Erde** gemeinsam mit der **Sonne** vollkommen **exakt in einer Linie** stehen.
Dass drei Punkte oder drei Körper exakt auf einer Linie stehen, ist geometrisch äußerst außergewöhnlich. In der Regel bilden drei Punkte (bzw. Körper) stets ein Dreieck, das

Während eines Venustransits scheint die Venus durch die Sonnenscheibe zu wandern. Im Bild der Venustransit vom 8. Juni 2004, der kleine Punkt in der Sonnenscheibe ist die Venus. Die Sonne transportiert in diesem Moment besonders intensiv die venusischen Informationen in das Bewusstseinsfeld der Erde. (Foto: Franz J. Fritz)

mehr oder weniger flach oder ausgewogen ist. Dieses „in einer Linie stehen" (geometrisch gesprochen diese „Kollinearität") sollten wir uns jetzt vormerken, da wir sie bei der Geometrie BLUME DER LIEBE wieder finden werden!

Ein Venustransit ist also jener Moment, in dem die Venus von der Erde aus gesehen scheinbar durch die Sonnenscheibe wandert. Bei den „normalen" unteren Konjunktionen wandert die Venus etwas oberhalb oder etwas unterhalb der Sonnenscheibe vorbei.

Das bedeutet, dass die Energie- und Informationsübertragung von der Venus auf die Erde während eines Venustransits um ein Vielfaches direkter und intensiver ist, als während der „normalen" Treffpunkte. **Während eines Venustransits vereinen sich die Frequenzen der Sonne und jene der Venus und treffen gemeinsam, einander verstärkend, auf die Erde ein.**

Lassen wir uns auf dieses Zusammenspiel ein!
Betrachten wir Sonne, Venus und Erde nicht als Objekte ohne Bewusstsein (so wie es im allgemeingültigen und bewusstlosen Weltbild getan wird), sondern betrachten wir sie als Wesenheiten, mehr noch, als höchst komplexe, hoch- und multidimensionale Persönlichkeiten! Lassen wir uns auf diese Persönlichkeiten höchster Bewusstheit ein, sprechen wir sie direkt und bewusst an! Beginnen wir sie dann langsam zu erkennen und zu verstehen! Wenn uns das auch

nur in Ansätzen gelingt, steigt in uns eine Hochachtung ihnen gegenüber von höchstem Ausmaß auf!
Wenn wir das tatsächlich tun, brauchen wir weder „den einen Gott“ noch irgendwelche anderen Götter mehr. Denn dann wissen und erleben wir, dass diese Persönlichkeiten um Vieles mehr, um Vieles großartiger sind, als es ein „Gottesbild“ jemals hätte sein können!

Nach meinen Nahtoderlebnissen war Mutter Erde für mich auch im Alltagsbewusstsein ansprechbar geworden. Ich weiß, dass ich noch weit davon entfernt bin, ihr Wesen, ihren Geist, ihre Weisheit auch nur annähernd zu ergründen. Ich weiß aber, dass ich damit begonnen habe, sie zu erspüren und zu verstehen.
Und ich weiß, dass ich das, was Mutter Erde erzählt, dringend aussprechen muss.

Mutter Erde erzählte mir von der Heilen Matrix. Sie erzählte mir von ihren Traumfeldern, in denen die Heile Matrix ihren Ursprung hat. Sie erzählte mir, dass der Mensch lange im Einklang mit dieser Heilen Matrix gelebt hatte…
…und dass dann, vor etwas mehr als 5000 Jahren die Entfremdung und schließlich die Entartung des menschlichen Bewusstseins begonnen hatte. Wir leben heute in einem permanenten Kriegsfeld! Und das ist eine Entartung von ungeheuerem Ausmaß!
Das „Projekt Menschheit“ war bereits mehrmals an den Rande des Abbruchs geraten. Die Dissonanz zwischen dem lebensbejahenden

Vor 5000 Jahren ereignete sich in der menschlichen Entwicklung ein Drama von unermesslichem Ausmaß. Von da an begann die Trennung. Von da an verloren wir den Einklang mit den Liedern der Heilen Matrix nach und nach.

Traumfeld der Mutter Erde und dem Kriegsfeld des Menschen ist heute derart massiv geworden, dass es für Mutter Erde nicht nur schmerzhaft, sondern bis an die Grenze der Unerträglichkeit angelangt ist.
Vor etwas mehr als 5000 Jahren hatte Mutter Erde begonnen, einen neuen Traum zu träumen, über den ich später noch genauer erzählen werde. Das aber, was der Mensch aus diesem Traum gemacht hat, war eine kosmische Fehlgeburt. Fehler geschehen, das gehört zur kosmischen Erfahrung. Wir sollten diesen Fehler allerdings zu erkennen lernen.
Der heutige Mensch, unsere „Kultur“, unsere „technischen Errungenschaften“ und vor allem unsere Glaubensmuster sind eine kosmische Fehlgeburt, da sie ein permanentes Kriegsfeld erschaffen. Und das sollten wir erkennen, uns eingestehen, das sollten wir verstehen…
…damit wir etwas ändern können!

Mutter Erde wollte das Projekt Mensch beenden.
Doch ihre liebevoll sie begleitende Schwester, die Venus, stimmte sie um.
Die Venus versprach ihr, ihrer Schwester Gaia, steigende tröstende Zuwendung. Der paranormale Anstieg des venusischen Plasmastroms um 60.000% ist ein sichtbares Zeichen dafür. Außerdem versprach ihr die Venus, ihr eigenes planetares Lied auf die Frequenzen der irdischen heiligen Matrix einzustellen.
Ich verstehe das so, dass der planetare Gesang der Venus in eine Frequenz ging, welche

Der venusische Plasmastrom. Ein sichtbares und messbares Zeichen für das bewusste Einwirken der Venus auf das Entwicklungsgeschehen auf der Erde.

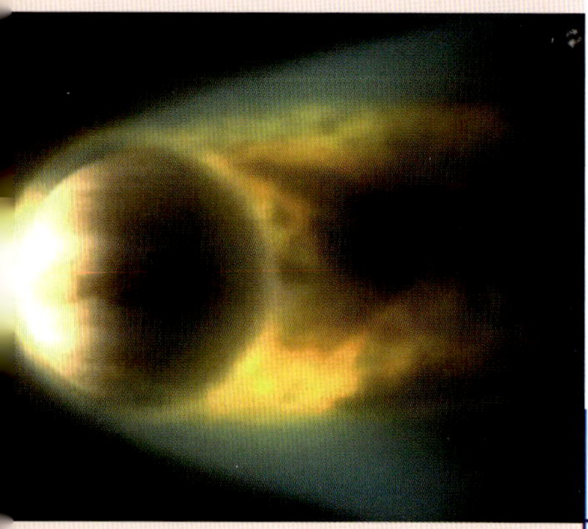

der Frequenz der Heilen Matrix der Erde und dem planetaren Traum der Erde entspricht. Dadurch bekommt die Heile Matrix mächtige Impulse, geht mit den liebenden Liedern der Venus in Resonanz und kann so die dicht gewordene menschliche Matrix der Angst durchdringen.
Mitten in der Matrix des Krieges blitzt daher die Heile Matrix auf, immer wieder, überall, alles durchdringend und mit unendlicher Schönheit.

Und auch die Sonne sprach.
Die Sonne, eine kraftvoll männliche Lichterscheinung, der Sternenmeister unseres Systems und der Vertreter des Lichtes. Alles, was wir mit Licht, Erleuchtung, Durchlichtung usw. assoziieren, überträgt der Sternenmeister Sonne tagtäglich, eingepackt in die Massen an sichtbaren Lichtstrahlen, auf die Erde.
Der Sternenmeister ist das Licht, im sichtbaren wie im spirituellen Sinne.
Dieser Sternenmeister Sonne versprach, die nötigen Impulse in das Bewusstseinsfeld der Erde zu setzen, um einen nachhaltigen Wandel in der Geisteshaltung des Menschen zu bewirken. Und er gestand der Erde auch zu, notfalls dafür zu sorgen, dass sich die Anzahl der Menschen auf diesem Planeten auf ein Minimum reduzieren würde.
Wir sollten die Sonne genau beobachten, ihre Zyklen, ihre Bewegungen. Er, der Sternenmeister Sonne ist der Gradmesser, der uns anzeigt, ob unsere Bemühungen zur Befreiung der Heilen Matrix fruchtbringend sind oder nicht. Ein einziger massiver Sonnensturm

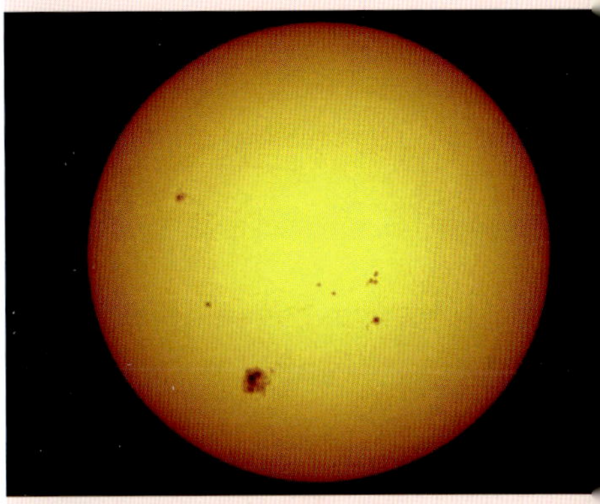

Sonne mit Sonnenflecken.
Der Sonnenfleck links unten hat etwa die fünffache Erdgröße.

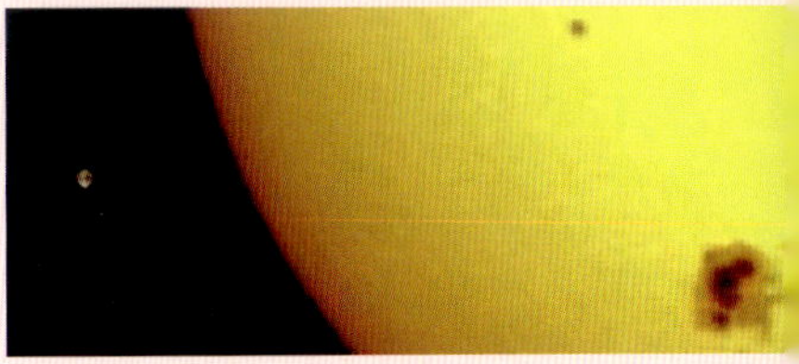

Ein Größenvergleich von Erde und Sonne. Die Erde ist der kleine Punkt im linken Bildbereich.

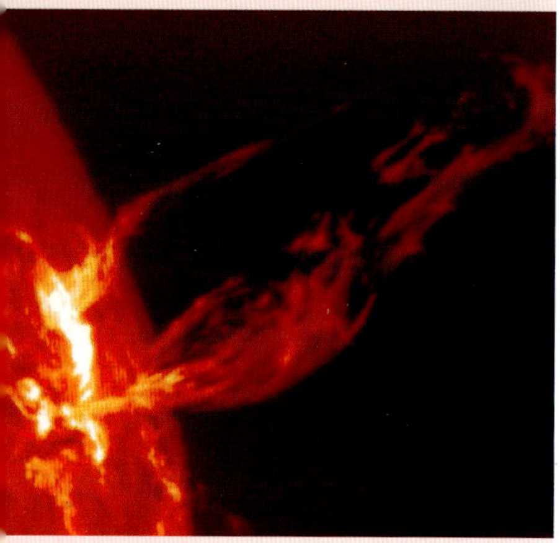

Die aktive Sonne, Sonneneruptionen und koronaler Masseauswurf.

(der durchschnittlich alle 250 Jahre auftritt und das letzte Mal im Jahr 1859 beobachtet wurde) könnte unsere gesamte moderne Infrastruktur lahm legen, eine globale Katastrophe auslösen und damit der gesamten Überbevölkerung ein jähes Ende setzen. Ob solch ein drastischer Eingriff nötig ist oder nicht, werden die kommenden Jahre zeigen. Wie es momentan aussieht, wird dies nicht der Fall sein, sofern wir den Mut haben, uns selbst und das, was wir tun und vor allem das, was wir denken, vorbehaltlos anzuschauen! Was aber sicherlich geschehen wird, ist ein Eingreifen des Sternenmeisters in das Bewusstseinsfeld des Menschen. Die auftretenden Sonnenwinde wirken direkt auf die Befindlichkeit des Menschen ein, stärker als je zuvor, und wollen hier konkrete Veränderungen der Denk-, Glaubens- und Bilderwelt des Menschen bewirken.
Dieses Buch, das du gerade liest, habe ich in den Bewusstseinsstrom der Sonnenwinde geschrieben. Das, was der Sternenmeister Sonne mit seinen Winden klärend in die Bilderwelt der Menschen einströmen lässt, bringe ich hier zum Ausdruck, so gut es mir möglich ist.

Wenn nun **Venus und Sonne gemeinsam** ihre Kräfte, ihre Absichten bündeln und mit dem Ansinnen der Mutter Erde, der geliebten Gaia verbinden wollen, gelingt ihnen das am besten während der unteren Venuskonjunktionen und im Besonderen während der **Venustransite**!
Venustransite sind außergewöhnlich seltene Ereignisse. Nicht jede Generation erlebt

solch ein Ereignis. Doch wir tun dies!
Venustransite treten auf alle 121,5 Jahre, dann zweimal hintereinander innerhalb von nur 8 Jahren, dann erst nach 105,5 Jahren wieder (auch wieder im Doppelpack innerhalb von 8 Jahren), dann wieder 121,5 Jahre später usw.
Sie treten jeweils im Juni oder im Dezember auf.
Und wir erleb(t)en diese Venustransite am:
8. Juni 2004 und am
6. Juni 2012!

Jetzt, da ich dieses Buch schreibe, stehen wir mitten zwischen zwei Venustransiten.

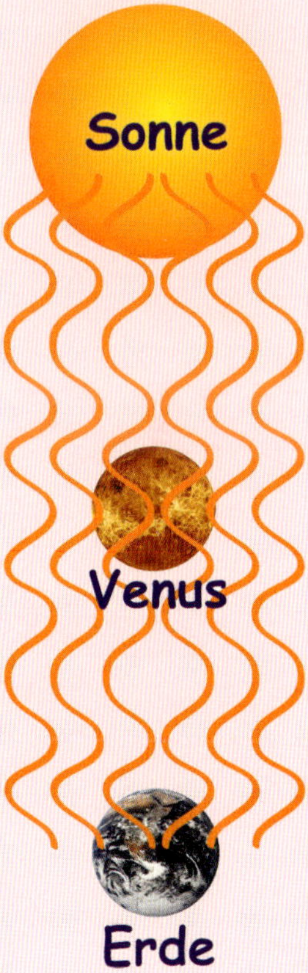

Venustransite sind Zeitpunkte besonderer Wandlungsprozesse.
Das gilt insbesondere für unsere Zeit.
Der Sternenmeister Sonne klärt und durchlichtet unseren Geist. Er befreit unsere verführte und verfremdete Bilderwelt.
Die Venus erzählt uns in ihren Liedern über die Liebe, die sinnliche und die befreite Liebe. Diese Liebe soll frei sein, frei von allen Bildern, Glaubensmustern und Ethiken, die nicht nur wie sinnloser Müll unsere Gedanken und unsere Traumwelt beherrschen, sondern auch die Quelle aller Kriege sind.
Die Venus singt das neue Lied der Liebe.
Sie bringt die Heile Matrix ihrer liebenden Schwester Gaia zum Klingen. Gaia singt das neue Lied der Liebe und es liegt an uns Menschen, hinzuhören und darin einzustimmen, damit in Einklang zu gehen.
Ich wünsche uns allen den Mut dazu!

Die Zahl 243 oder 3^5

Die Venustransite sind markante Taktungen in den großen, 5000-jährigen Epochen. Die Venustransite haben folgenden Rhythmus:
121,5 Jahre,
8 Jahre,
105,5 Jahre
und wieder 8 Jahre,
also insgesamt
243 Jahre.

$243 = 3^5$
3 ist die Zahl der Trinität.
Und 5 ist die Zahl des goldenen Schnittes!

Eine weitere Besonderheit möchte ich hier abschließend erwähnen.
Bei meinen Untersuchungen um den Lauf der Venus stieß ich mehrfach auf die Zahl 243.
Wie schon erwähnt, sind die Venustransite Jahrhundertereignis. Der Abstand zwischen je zwei Venustransiten folgt stets dem gleichen Rhythmus, nämlich:
121,5 Jahre, 8 Jahre, 105,5 Jahre und wieder 8 Jahre. Dann wiederholt sich das Muster mit 121,5 Jahren, 8 Jahren usw.
Der gesamte Zyklus der Venustransite läuft also über 243 Erdenjahre.

Doch auch wenn wir die Venus selbst beobachten, sehen wir etwas Erstaunliches. Die Venus ist der einzige Planet unseres Sonnensystems, auf dem die Sonne nicht im Osten, sondern im Westen aufgeht! Das liegt daran, dass die Venus eine andere Eigendrehung als alle übrigen Planeten hat.
Und diese Eigendrehung ist noch dazu so langsam, dass ein Venustag länger dauert als ein Venusjahr. Das bedeutet, dass auf der Venus von einem Sonnenaufgang bis zum nächsten mehr Zeit vergeht, als sie für ihre Bewegung um die Sonne braucht.
Und solch ein Venustag dauert genau 243 Erdentage!

Aber ist das nicht erstaunlich, dass die Zahl 243 im Venuslauf zweimal an ganz markanter Stelle vorkommt?
Da Zahlen nur in zweiter Linie Quantitäten sind (also eine Anzahl oder eine Menge aus-

drücken), und vor allem eine symbolische Bedeutung haben, sollten wir uns diese Zahl 243 genauer ansehen.

Es sind 243 *Erden*tage, die ein Venustag dauert.
Und es sind 243 *Erden*jahre, die ein Zyklus von Venustransiten dauert.
243 ist also eine Beziehungszahl der Venus im Bezug auf die Erde.
Die Primfaktorzerlegung der Zahl 243 ergibt eindeutig 3^5 (die 3 fünfmal mit sich selbst multipliziert). Also eine Kombination aus **Drei** und **Fünf**.
Die **Fünf ist die Zahl des Goldenen Schnittes**, wie wir gesehen haben.
Und die **Drei ist die Zahl der Trinität**, die Erlösung und Befreiung von jenen störenden Spannungen, die sich aus einer dualen, polaren Welt ergeben, in der die polaren Kräfte von Männlich und Weiblich aus dem Gleichgewicht geraten sind. Die Trinität ist jene dritte Kraft, die sich dann entfaltet, wenn die beiden Pole, das Männliche und das Weibliche, sich miteinander vereinen, einander durchdringen und miteinander verschmelzen. Die Trinität ist jene dritte Kraft, die frei wird, wenn im kosmischen Liebestanz die orgastische Vereinigung vollzogen wird, jene Kraft, durch die Evolutionssprünge stattfinden.

Und beide Zahlen, sowohl die Drei, als auch die Fünf, finden sich in der Blume der Liebe wieder!
Die Fünf in der fünfblättrigen Struktur der Blume, in der Harmonie des Goldenen Schnittes.

Die Blume der Liebe vereinigt die 3 und die 5 in ihrer anmutigen Geometrie. Sie erscheint fraktal (immer kleiner werdend und sich drehend) 3 mal und sie hat 5 Blütenblätter.

Und die Drei dadurch, dass die Blütenform sich dreimal (nach innen hin immer kleiner werdend) wiederholt.

In der Fünf wird das harmonische Feld erschaffen.
Und in der Drei wird die Kraft der Trinität, die Vereinigung des weiblichen mit dem männlichen Prinzip vollzogen!

Die Geometrie der
Blume der Liebe

Immer wieder öffnete sich inmitten der mich umgebenden grauen Welt ein heiles Feld, eine heile Welt, die fein, zärtlich, ja verletzlich und dennoch unzerstörbar war. Dieses heile Feld erschuf einen freien, mit goldgelbem Licht sanft erfüllten Raum, einen Heilungsraum, den ich betreten und in dem ich mich neu beleben konnte.
Das heile Feld der Heilen Matrix hatte eine Struktur, eine Gestalt, eine Kraftform, die es zu erkennen und darzustellen galt. Und mit der Blume der Liebe war mir wie zufällig eine einfache, klare und schöne Form sichtbar geworden, welche die Struktur dieser Heilen Matrix sehr genau darstellte.

Tauchen wir nun ein in die Geometrie dieser venusischen Blume. Es ist dies eine Reise zu den Geheimnissen der Heiligen Geometrie, die in dieser Blume zum Ausdruck kommt. Und wir werden dadurch, dass wir diesen Weg gehen, die Kraft der Blume der Liebe verstehen, spüren und in ihr einen Schlüssel zur Heilen Matrix erkennen.

Sieh dir die Blume der Liebe an.
Was siehst du?
Vor dir liegt eine fünfblättrige Form.
Du findest dieselbe fünfblättrige Gestalt, die du in den äußeren Umrissen erkennst, nochmals, in gedrehter (auf dem Kopf stehender) und verkleinerter Form in ihrem Inneren.

Und dann noch ein drittes Mal, wieder gedreht und verkleinert noch weiter innen.
Das ist die fraktale Struktur der Blume der Liebe. Das ist die fraktale Vernetzung, die durch ihre Gestalt ausgedrückt wird.

Außerdem finden wir hier durch die dreifache Wiederholung die Zahl **Drei**.
Die Drei ist Symbol für die Vereinigung des männlichen mit dem weiblichen Pol und der daraus sich ergebenden dritten Kraft. Das Bild der Vereinigung der Pole wird uns auch später noch einmal begegnen.

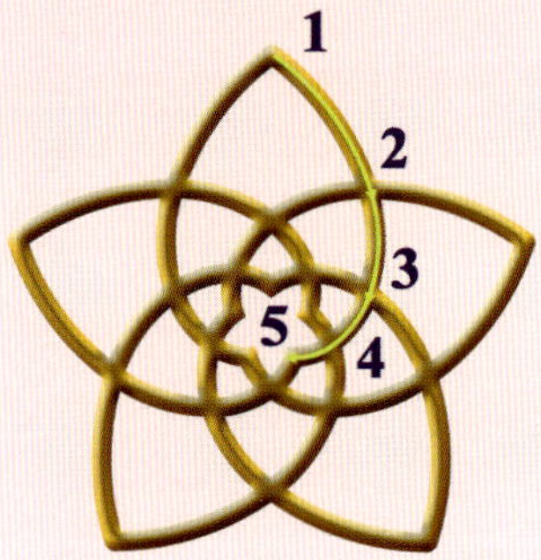

Zeichne nun mit einem Finger die Linie der Blume der Liebe nach. Beginne oben, an der Spitze der Blüte und gehen im Uhrzeigersinn nach innen.
Du beginnst also an der Spitze (1).
Dann kommst du zum ersten Kreuzungspunkt (2), da bewegst du dich geradeaus weiter nach innen.
Dann kommst du zum zweiten Kreuzungspunkt (3), wo du wieder gerade weiter gehst.
Dann kommt der dritte Kreuzungspunkt (4) und schließlich die Spitze des inneren Sterns (5).
Wir haben also insgesamt **fünf** Punkte, die äußerste und die innerste Spitze, sowie die drei Kreuzungspunkte. Wir haben also die Zahl Fünf, die Zahl der Venus, der Rose und des Goldenen Schnittes in der Gestalt der Blume entdeckt.

Es ist dir sicherlich aufgefallen, dass die Längen der Strecken, die von einem Punkt

zum nächsten führen, nach innen hin immer kürzer werden. Die Art dieser Verkürzung, das Verhältnis der Strecken zueinander, liegt genau im Goldenen Schnitt!
Der Goldene Schnitt erscheint in der Blume nicht nur durch die Zahl Fünf, sondern auch durch die innere Gestalt der Blütenblätter.

Die fünf Kreise

Wenn du nun alle äußeren und inneren Spitzen betrachtest, sowie alle Kreuzungspunkte der Blume, so wirst du folgendes entdecken:
All diese Punkte liegen auf Kreisen.
Sie liegen auf insgesamt fünf Kreisen.
Und auf jedem dieser fünf Kreise liegen jeweils fünf Punkte. Wir finden hier **fünf mal die Fünf**.

Und mehr noch:
Diese fünf Kreise werden immer kleiner, und zwar, wie könnte es anders sein, **genau im Goldenen Schnitt.** Das heißt: Der Radius des zweiten Kreises ist um den Faktor 1,618 (Goldener Schnitt) kleiner als der Radius des ersten Kreises, also $r_2 = r_1 : 1{,}618$.
Genauso ist der Radius des dritten Kreises um den Faktor 1,618 kleiner als der des zweiten Kreises, also $r_3 = r_2 : 1{,}618$ usw.
($r_4 = r_3 : 1{,}618$ und $r_5 = r_4 : 1{,}618$)
Bereits diese fünf Kreise alleine, die im Goldenen Schnitt kleiner werden, ergeben schon ein ansprechendes Bild!

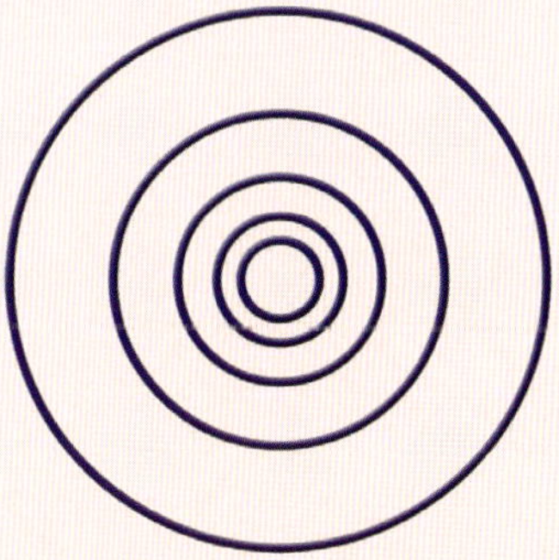

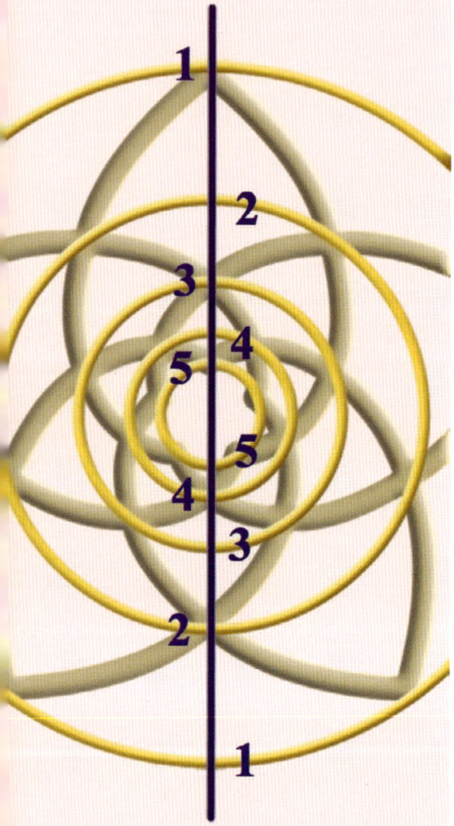

Die fünf Linien

Alle Punkte (alle Spitzen und Kreuzungspunkte) liegen auf insgesamt fünf Geraden, die durch den Mittelpunkt der Blume führen.

Beachte nun einmal jene Gerade, die durch die obere Blütenspitze geht und verfolge ihren Lauf. Du brauchst das, um die Geometrie der Blume zu verstehen und um sie später selbst konstruieren zu können.

Verfolge ihren Lauf von oben beginnend, durch die Mitte hindurch und nach unten hin weiterführend. Was fällt dir dabei auf?

Dort, wo diese Linie durch den ersten (äußersten) Kreis geht, liegt die obere Spitze der Blüte (1).

Gehe dieser Linie entlang, weiter nach unten. Sie führt durch den zweiten Kreis (2), an dem (vorerst noch) nichts geschieht. Dort, wo die Gerade den dritten Kreis (3) schneidet, liegt ein Kreuzungspunkt der Blüte. Beim Schnittpunkt mit dem vierten Kreis (4) geschieht wieder nichts, beim fünften und innersten Kreis (5) liegt die innere Spitze.

Dann geht die Gerade durch den Mittelpunkt hindurch und führt nach unten hin weiter.

Sie geht abermals durch den innersten Kreis (5), doch diesmal geschieht hier nichts.

Dort, wo sie dann durch den nächsten (den von außen gezählt vierten) Kreis geht (4), liegt diesmal ein Kreuzungspunkt.

Am dritten Kreis (3) ereignet sich nichts.

Am zweiten Kreis (2) liegt ein Kreuzungspunkt und am ersten Kreis (1) geschieht wieder nichts.

Das bedeutet also, dass jede der fünf Linien auf jedem der fünf Kreise einen der 25

Punkte der Blume der Liebe markiert. Und das geschieht abwechselnd, also bei jedem zweiten Kreis, den die Linie durchläuft, bei jedem zweiten Schnittpunkt mit einem Kreis ist solch ein markanter Blumenpunkt.
Jede der fünf Linien markiert jeweils fünf Punkte.
Jede Linie schneidet aber jeden Kreis insgesamt zweimal. Wir haben also auch für jede Linie je fünf Punkte, die scheinbar unbedeutend sind. Diese nur scheinbar unbedeutenden, „unsichtbaren" Punkte aber erzeugen die Struktur einer zweiten, einer unsichtbaren Blume der Liebe, die für die Geometrie der Blume von besonderer Bedeutung ist.
Diese unsichtbare Blume beinhaltet das eigentliche Geheimnis und die eigentliche geometrische Schönheit, in die wir nun eintauchen werden!

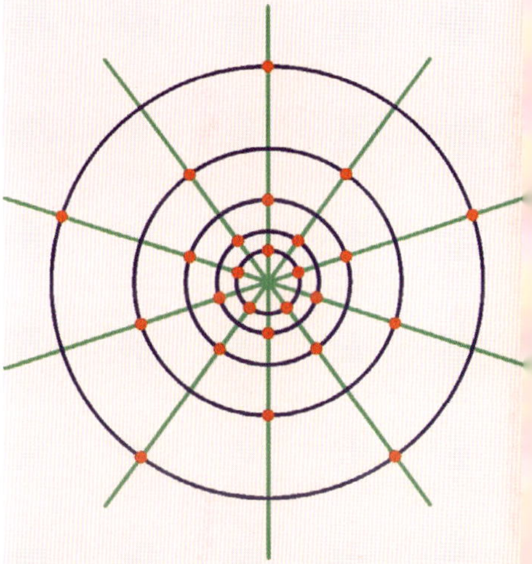

Das Geheimnis der Blume

Wenn wir alle fünfmal fünf Punkte der Blume der Liebe gefunden haben, können wir sie bereits relativ genau mit der freien Hand zeichnen.
Am besten beginnen wir dann an einer äußeren Spitze. Von dort gehen wir zu jenem Punkt, der am weiter innen liegenden Kreis liegt und der zu dieser Spitze am nächsten ist. Zu diesem Punkt zeichnen wir möglichst flüssig das erste Stück der Blume.
Wir gehen dann immer tiefer hinein, immer zum nächsttieferen Kreis und suchen uns dort stets den nächstgelegenen Punkt. Verbinde diese Punkte möglichst fließend, bis du an einer der inneren Spitzen angekommen bist.

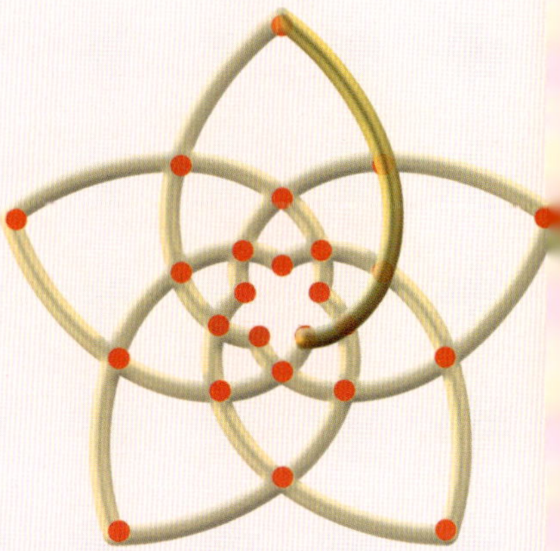

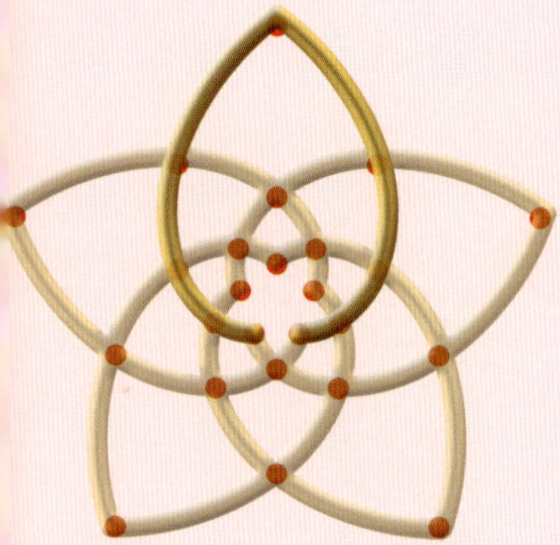

Wenn du von jeder Blütenspitze im Uhrzeigersinn und gegen den Uhrzeigersinn diese Linien gezeichnet hast, ist die Blume fertig gestellt.

Das war nun eine doch schon relativ genaue Annäherung an die Blumenform.
Doch wie verlaufen die Linien genau?
Wenn wir dieser Frage nun nachgehen, entdecken wir das wunderschöne geometrische Geheimnis der Blume!

Jene Linien, welche die Blume bilden, sind jeweils Teile von Kreisen.
Die Radien jener Kreise sind *genau dieselben*, wie jene fünf, auf denen die fünf mal fünf Punkte der Blume liegen! Das heißt, dass auch die Linien selbst zueinander im Verhältnis des Goldenen Schnittes stehen. Wir finden den Goldenen Schnitt auch hier wieder!

Der Code der Heiligen Geometrie, der Code des Goldenen Schnittes, findet sich vielfach in der wunderschönen Gestalt der Blume der Liebe!
Die Blume der Liebe öffnet uns dadurch, durch ihre Erscheinung, den Weg zur heilen, zur heiligen Matrix der Mutter Erde.

Und mehr noch:
Die Mittelpunkte jener Kreisteile, welche die Blütenform nun bilden, liegen genau dort, wo die „unsichtbaren" Punkte der Blume liegen. An jenen Punkten also, an denen die fünf Geraden die Kreise schneiden und nicht

durch einen Punkt der Blume laufen.
Diese unsichtbaren Punkte, die zweite, **die unsichtbare Blume, in der wir die Blume der Lilith erkennen werden**, trägt die Mittelpunkte jener Kreisstücke, welche die Blütenblätter bilden. **Das ist das geometrische Geheimnis der Blume der Liebe!**

Damit aber das Zeichnen der Blume mit immer kleiner werdenden Kreisteilen geometrisch aufgeht, muss schon ein Wunder geschehen…
…oder eine Struktur sichtbar werden, die ein kosmisches Geheimnis offenbart.
Folge noch einmal jener Linie, welche die Blüte bildet.
Du beginnst an der oberen Spitze und kommst zum ersten Kreuzungspunkt. Das ist das erste Kreisstück der Blume.
Von diesem Kreuzungspunkt aus führt ein weiteres Kreisstück zum nächsten Kreuzungspunkt. Dieses Kreisstück hat einen Radius, der genau um den Faktor 1,618 (Goldener Schnitt) kleiner ist als jener des ersten Kreisstücks.
Diese beiden Kreisstücke gehen ohne jeden Knick, vollkommen glatt ineinander über. Geometrisch ist das nur dann möglich, wenn *der gemeinsame Kreuzungspunkt und die beiden Mittelpunkte* der Kreisstücke *genau auf einer Linie* liegen.
Und mehr noch: Das muss sich vollkommen exakt so ausgehen, dass die beiden Mittelpunkte genau zwei Punkte auf der „unsichtbaren" Blume sind!
Als mir das mathematisch klar wurde, wusste ich, dass diese Form, diese Blume der Liebe,

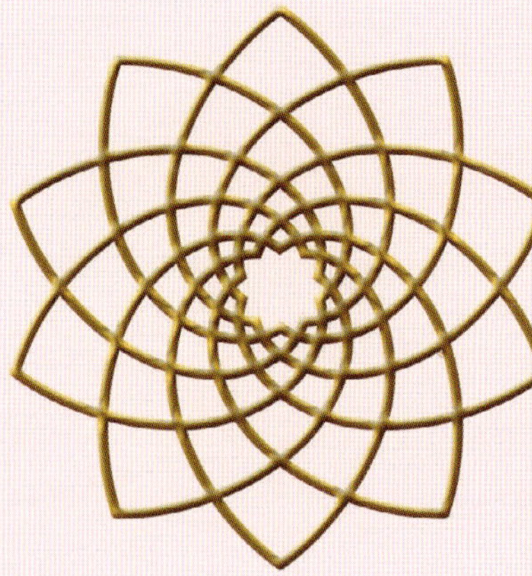

Die Blume der Liebe mit der zweiten Blume, dem sichtbar gewordenen Geheimnis.
Das ist **die Blume der Lilith.**

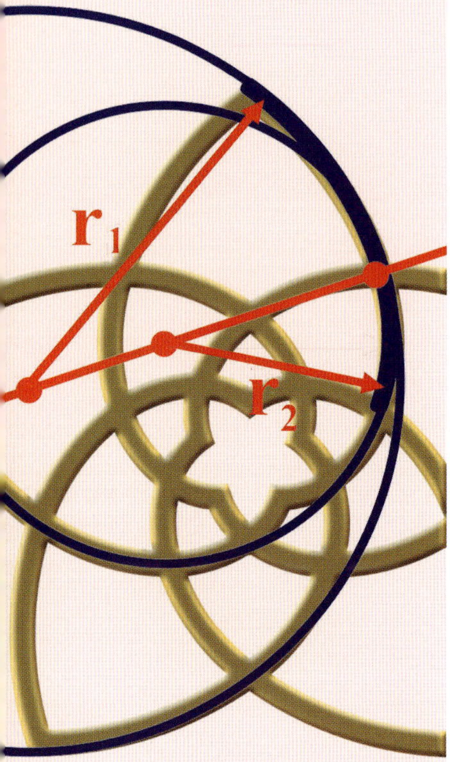

tatsächlich eine Entdeckung von besonderer Bedeutung ist!

Wir haben *drei Punkte, die in einer Linie liegen*, und das in einem ganz besonderen Zusammenhang zueinander.
Drei Punkte in einer Linie!
Das erinnert uns doch an den „Venustransit“.
Das erinnert uns an jenen Moment, zu dem Erde, Venus und Sonne exakt in einer Linie stehen!
Die Blume der Liebe spielt auf diese magischen Momente des Venustransits an!

Schauen wir noch tiefer in die Beschaffenheit dieser drei Punkte hinein, so eröffnet sich uns darin ein weiteres Geheimnis!
Wir haben zwei Mittelpunkte von den beiden Kreisen, das sind die ersten beiden Punkte. Beide liegen auf der unsichtbaren Blume. Von dort wirken sie heraus, wie zwei Kräfte, in die sichtbare Blume, in die sichtbare Welt herein. Dort, im dritten Punkt verschmelzen sie ineinander, dort, am dritten Punkt, gehen die beiden Kreise vollkommen gleichmäßig ineinander über und vereinen sich vollkommen harmonisch zu einer Einheit.
Die Blume der Liebe spielt durch ihr geometrisches Geheimnis auf die harmonische Vereinigung an.

Erste Begegnung mit Lilith

Die unsichtbare Blume trägt das Geheimnis der Geometrie der BLUME DER LIEBE in sich. Es ist ausgerechnet *jener unsichtbare Teil*, der das Wissen um die Schönheit der Form aus sich heraus offenbart.
Eröffnet sich uns die unsichtbare Blume, so eröffnet sich uns die Gestalt der BLUME DER LIEBE und damit ihr Heilwissen!

Und dies ist das Geheimnis der Lilith, das uns hier erstmals begegnet.
Lilith ist die sinnliche, die erotische und gleichzeitig die verbotene, die verbannte Liebende, welche das Geheimnis, das Mysterium der sexuellen Erfüllung kennt. Lilith ist jene, die über Jahrtausende hinweg verdrängt, verfolgt und unterdrückt wurde. Sie ist heute das archetypische Bild der unterdrückten weiblichen Sinnlichkeit, sie ist die millionenfach am Scheiterhaufen bei lebendigem Leib verbrannte weibliche Schönheit.
Lilith ist heute die ins Unsichtbare Verdrängte.
Lilith ist aber auch jene, die das Heilwissen der Liebe in sich bewahrt hat und heute noch lebendig ist. Sie lebt in unseren Sehnsüchten nach Erfüllung in der Liebe, unsere Sehnsüchte nach der erfüllenden seelischen und körperlichen Vereinigung. Sie trägt den Schlüssel zur Heilung der Liebe in uns in ihren Händen. Denn wenn wir ihr, Lilith, in unser Liebesleben Einlass gewähren, wird sich nicht nur in uns die Heilung der Liebe vollziehen, sondern weltweit einen nachhaltigen Frieden ermöglichen.

Aus dem Verborgenen heraus wirkt sie.
Sie wirkt kraftvoll und mit der Schöpfungskraft der befreiten sinnlichen Liebe.
Die Venustransite verkünden die Aufhebung ihrer Verbannung und ihre kraftvoll wandelnde Wiederkehr an. Sie und das, was sie in uns bewirkt, werden sichtbar werden, mehr und mehr.

Aus dem Verborgenen heraus entsteht die Form der BLUME DER LIEBE.
Die sichtbare Form der BLUME DER LIEBE entsteht aus der unsichtbaren Blume im Hintergrund, aus der Blume der Lilith.
Die unsichtbare Blume, das ist die Blume der Lilith!

Auch die Heile Matrix wirkt aus dem Verborgenen heraus.
Dort, hinter den Schleiern der Angstmatrix, dort ist die Heile Matrix mit ihrem kraftvoll sanft strahlenden goldgelben Licht lebendig. Sie ist dort nicht nur lebendig, sondern strahlt von dort in unsere Welt herein wie ein unverhofft aufleuchtender, sich entfaltender Friedens- und Liebesraum.
Die Welt der Heilen Matrix ist heute nahezu durchgehend unsichtbar. Doch sie wirkt auf uns ein, jederzeit. Wenn wir sie rufen, erscheint sie und wird real in unserem alltäglichen Leben.

Wir haben das heilende Geheimnis des Unsichtbaren entdeckt!
Die BLUME DER LIEBE trägt dieses heilende Geheimnis in sich!
Ich wünsche uns den Mut, dieser sinnlich

heilenden Kraft in unserem Leben Einlass zu gewähren! Die Blume der Liebe ist der Schlüssel dazu.

Die Konstruktion

Ich beschreibe hier genau, Schritt für Schritt, wie du eine Blume der Liebe selber und in jeder beliebigen Größe zeichnen kannst. Du brauchst dafür bloß einen Zirkel, ein Lineal und einen Bleistift.
Ich empfehle dir, das auch tatsächlich zu tun. Es aktiviert in dir diese Form und vor allem ihre Heilwirkung.

Zeichne auf einem Blatt Papier einen Kreis mit einem Radius, den du dir vorher ausmisst. Mach es möglichst blattfüllend. Wenn du ein A 4 Blatt vor dir hast, zeichne einen Kreis mit dem Radius 10 cm (also 20 cm im Durchmesser).
Markiere dir den Mittelpunkt des Kreises, du wirst ihn später noch öfter brauchen.

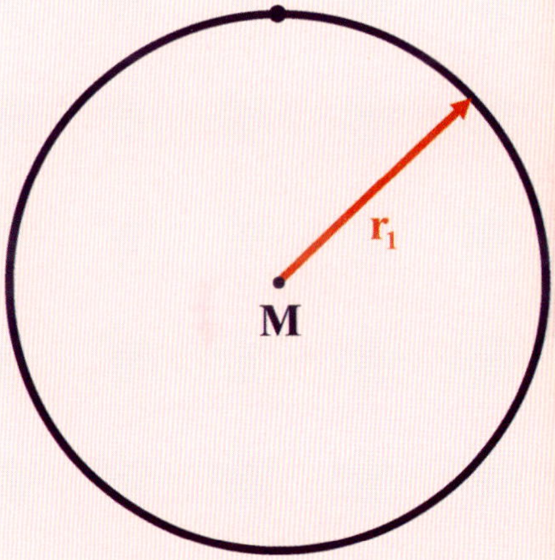

Nun ist r_1 der Radius des äußeren Kreisen (hier 10 cm).
Auf diesem Kreis werden jene fünf Punkte markiert, welche die äußeren Spitzen der Blume der Liebe sein werden.

Markiere den Punkt an der oberen Spitze.
Die weiteren Punkte findest du, wenn du weißt, wie weit sie jeweils voneinander entfernt sind (wir nennen es nun den Abstand a).

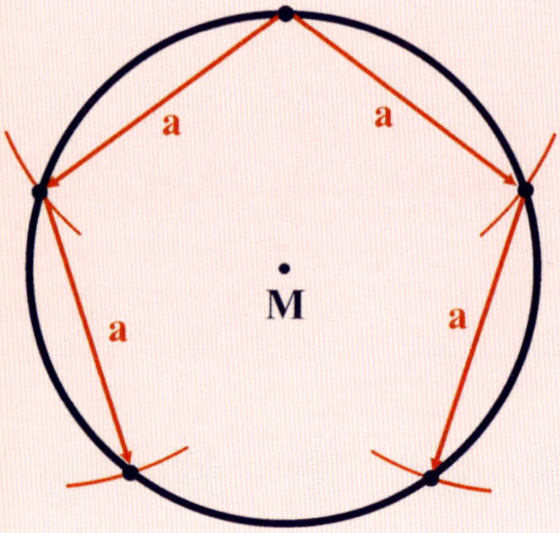

Das berechnest du so: $\mathbf{a = 1{,}18 * r_1}$

In unserem Fall ist $a = 1{,}18 * r_1 = 1{,}18 * 10 = 11{,}8$ cm

Nimm nun möglichst genau 11,8 cm in den Zirkel.
Stich im ersten, oberen Punkt ein und schlag mit dem Zirkel nach rechts und nach links diese 11,8 cm ab. Dann hast du 2 weitere Punkte.
Von dort schlag abermals die 11,8 cm ab und du findest die beiden noch fehlenden Punkte.

Du hast nun fünf Punkte am äußersten Kreis.
Ziehe fünf Linien durch diese Punkte und den Kreismittelpunkt. Ziehe die Linien ganz durch, bis auf die andere Seite des Kreises. Nun hast du ein Rad mit zehn Speichen.

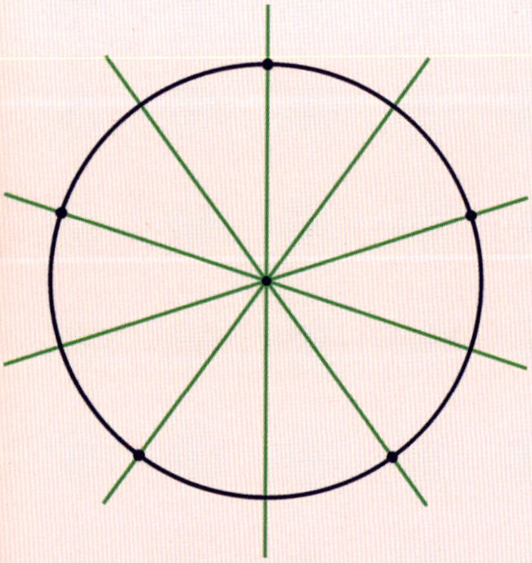

Nun brauchen wir die weiteren vier Kreise, die im Goldenen Schnitt nach innen hin kleiner werden.
Den Radius des nächstkleineren Kreises erhältst du stets dadurch, dass du den Radius des vorangegangenen Kreises mit 1,618 (goldener Schnitt) dividierst. Also:

$r_1 = 10$
$r_2 = r_1 : 1{,}618 = 6{,}18 \approx 6{,}2$ cm
$r_3 = r_2 : 1{,}618 = 3{,}82 \approx 3{,}8$ cm
$r_4 = r_3 : 1{,}618 = 2{,}36 \approx 2{,}4$ cm
$r_5 = r_4 : 1{,}618 = 1{,}46 \approx 1{,}5$ cm

Zeichne nun alle Kreise ein.
Dann hast du fünf Kreise mit fünf Linien (bzw. 10 „Speichen“).

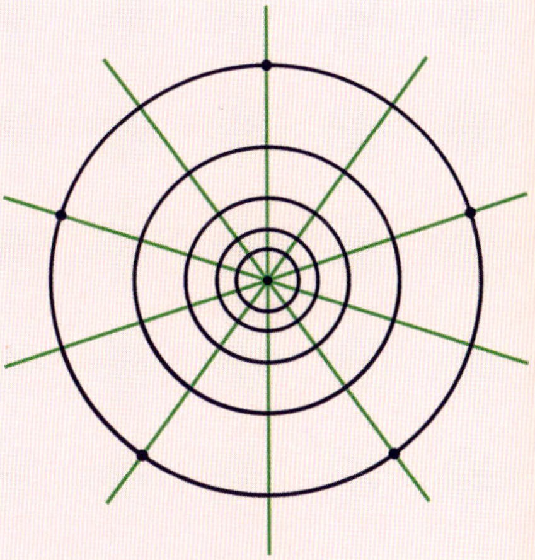

Die fünf mal fünf Punkte der Blume der Liebe liegen auf den Schnittpunkten der Kreise mit den Linien. Aber nicht jeder Schnittpunkt ist auch ein Punkt der Blume, jeder zweite ist ein Punkt jener unsichtbaren „Lilith-Blume“!

Gehe so vor:
Beginne bei einem der äußeren Punkte. Hier geht eine Linie durch. Folge dem Lauf dieser Linie und markiere jeden zweiten Schnittpunkt (1., 3. und 5. Kreis, dann nach dem Mittelpunkt 4. und 2. Kreis)!
Mach das mit allen fünf Linien so. Dann hast du alle 25 Punkte der Blume gefunden.

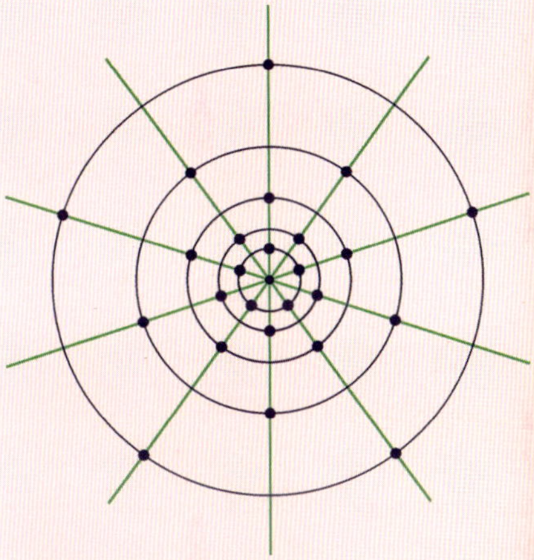

Nun kannst du die Blume bereits händisch relativ genau zeichnen.
Beginne wieder an einem äußeren Punkt. Ziehe von dort möglichst flüssig eine Linie zu jenem Punkt, der am nächst gelegenen Kreis liegt und zu diesem Ausgangspunkt am nächsten liegt.
Dann immer so weiter: zum nächst gelegenen Punkt, einen Kreis tiefer hinein.

Bald hast du so die Venusblume fertig gestellt!
Ist sie nicht schön?

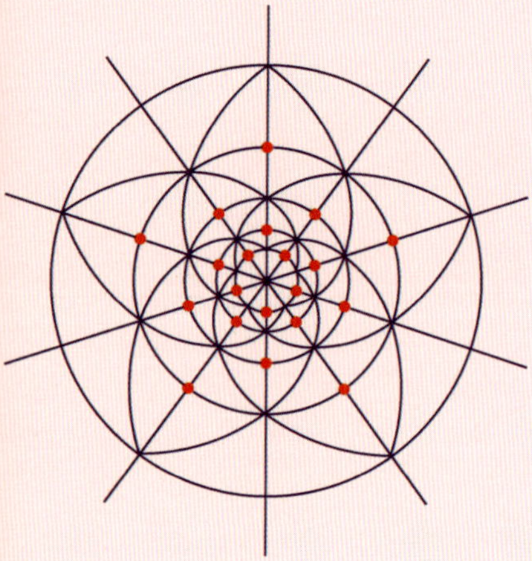

Wenn dir das nicht genau genug ist, kannst du **mit den exakten Mittelpunkten** die Blume der Liebe ganz genau konstruieren. Die Mittelpunkte liegen dabei jeweils auf der unsichtbaren Lilith-Blume! Also dort, wo die Linien die Kreise schneiden und du keinen Punkt markiert hast.
In der Abbildung links siehst du jene Lilith-Punkte, welche uns als Mittelpunkte für die Kreisstücke dienen, rot markiert.

Die Radien der Kreise entsprechen dabei genau jenen Kreisradien, die wir gerade vorhin berechnet haben.

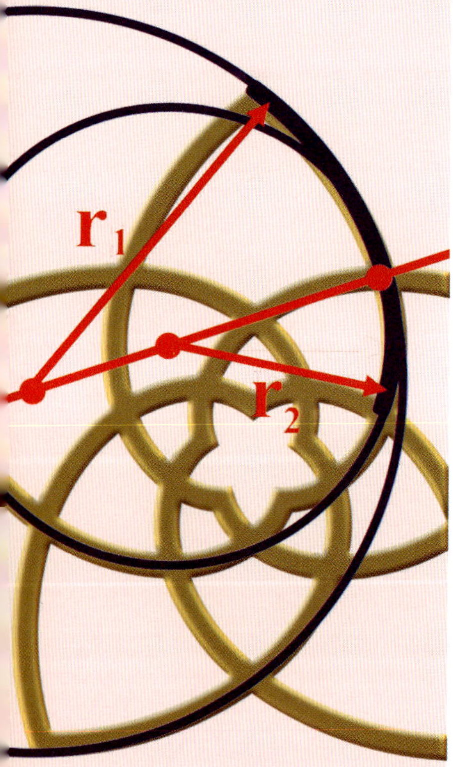

Nimm den Radius r_1 in den Zirkel. Bei unser jetzigen Konstruktion sind das 10 cm. Verwende einen Lilith-Punkt auf dem zweiten Kreis als Mittelpunkt. Stich mit dem Zirkel dort ein und zeichne die passenden Kreisstücke. Es sind insgesamt 10 mit dem Radius r_1 (jeweils 2 pro Mittelpunkt) und sie führen von den äußeren 5 Punkten bis zu den ersten Kreuzungspunkten.

Nimm dann den Radius r_2 in den Zirkel und verwende die Lilith-Punkte des dritten Kreises für die anschließenden Kreisstücke.

Mit r_3 und dem vierten Kreis, bzw. r_4 und dem fünften Kreis kannst du es genauso tun, doch diese Radien sind bereits sehr klein, sodass eine freihändige Zeichnung einfacher sein wird.
Dann hast du die Blume der Liebe fertig gestellt.

Die BLUME DER LIEBE nachzeichnen

Die Wirkung der BLUME DER LIEBE entfaltet sich dann in dir, wenn du ihre Linienführung mit deiner Hand, mit einem Stift oder mit einem Finger nachziehst.
Beobachte, was dabei geschieht!
Beginne an der oberen Spitze und gehe der Linie im Uhrzeigersinn entlang nach innen. Du kommst dann beim inneren Stern an. Gehe dort weiter (ohne abzusetzen). Du kommst dann wieder nach außen, zur nächsten Blütenspitze. Von dort geht es wieder nach innen; dann wieder nach außen usw.
Nach der fünften Runde bist du wieder am Anfang der Blüte angelangt.
Doch was ist passiert?
In welcher Reihenfolge bist du von einer Blüte zur nächsten gelangt?
Richtig! Gegen den Uhrzeigersinn!
Und doch hast du die Bewegung im Uhrzeigersinn begonnen!

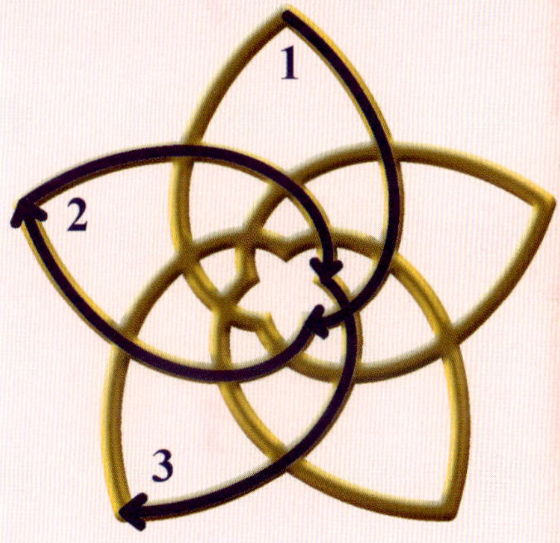

Das bedeutet, dass die BLUME DER LIEBE die beiden polaren Bewegungen, die im Uhrzeigersinn und jene gegen den Uhrzeigersinn, miteinander vereint, gleichzeitig in sich vollzieht! Die beiden Pole vereinen sich! Das männliche Prinzip vereint sich mit dem weiblichen!
Uns wird diese Eigenschaft noch öfter begegnen!

Dadurch, dass du die Linie der Blume nachziehst, vereinen sich auch in dir die beiden Pole des männlichen und weiblichen Prin-

zips, die rechte mit der linken Gehirnhälfte, das Yin mit dem Yang und die Venus mit dem Mars.
Diese Vereinigung erinnert dich an die Heile Matrix.
Es ist dies eine sinnliche Vereinigung, eine erfüllende und belebende.
Die starke Kraft der Lilith begegnet dir und erfüllt dich!

Die BLUME DER LIEBE und die Blume des Lebens

Wenn wir in die Räume der BLUME DER LIEBE eintauchen, werden wir immer wieder auch der sogenannten *BLUME DES LEBENS* begegnen. Diese beiden Blumenformen sind miteinander verwandt, stellen doch beide elementare kosmische Strukturen dar.
Die eine, die *Blume des Lebens*, hat es schon geschafft, im Bewusstsein der Menschen präsent zu sein. Sie ist heute einer Vielzahl von Menschen bekannt. Die Zeit ihrer bewussten Verbreitung ist bereits gekommen.
Die andere, die BLUME DER LIEBE, hat bislang auf ihr Erscheinen gewartet. Ihre Zeit ist jetzt, denn jetzt ist es für unsere kommende Entwicklung von ausgesprochener Wichtigkeit, sie zu verstehen und ihre Wirkung zu erspüren. Die BLUME DER LIEBE führt uns zur Heilen Matrix, erinnert uns an die Heile Matrix.
Und das sollte geschehen, jetzt!

Jeder Mensch wird in den kommenden Jahren in seinem persönlichen Leben immer wieder vor die gleiche Entscheidung gestellt werden. Immer wieder werden wir in Situationen kommen, in denen wir entweder an den bekannten Strukturen der Matrix der Angst festhalten, oder die Räume der Heilen Matrix betreten werden. Das eine schließt das andere stets aus. Das Leben wird diese Entscheidungen von uns immer wieder fordern.
Halten wir vehement an der Matrix der Angst

fest, wird das unseren Untergang bedeuten. Lassen wir aber alles los, begeben wir uns in den Fluss des Lebens und entscheiden wir uns für die Heile Matrix, so entscheiden wir uns für den Einklang mit der Mutter Erde und den Einklang mit den uns umgebenden kosmischen Kräften.
Vor dieser Entscheidung werden wir in den kommenden Jahren stehen, immer wieder, die Menschheit als Kollektiv genauso wie jeder einzelne in seinem persönlichen Leben.

Das Festhalten an der Matrix der Angst wäre unser Untergang.
Die Entscheidung für die Heile Matrix würde uns allerdings noch unvorstellbare Räume und Möglichkeiten eröffnen und einen umfassenden Evolutionssprung der Menschheit bewirken.
Wir haben die Wahl.
Und die Blume der Liebe hilft uns, aus der Matrix der Angst auszusteigen.
Sie erinnert uns an die Heile Matrix.

In meinen Seminaren und Workshops werde ich immer wieder darauf angesprochen, welcher Zusammenhang zwischen der Blume der Liebe und der *Blume des Lebens* besteht. Die Menschen spüren intuitiv, dass es zwischen diesen beiden Formen Zusammenhänge gibt. Und die möchte ich nun darstellen.

Die Blume des Lebens

Was ist sie, die *Blume des Lebens*?
Woher kommt sie?
Und vor allem, was bedeutet sie?

Fährt man etwa 150 km von Luxor dem Nil flussabwärts, so erreicht man Abydos, eine antike Stätte in Mittelägypten. Dort, in Abydos, steht eine Tempelanlage, die von Seti I. um etwa 1280 v. Chr. errichtet und dem Osiris geweiht wurde. Und in diesem Tempel befinden sich an einer Tempelwand eher unscheinbare, aber bemerkenswerte und inzwischen berühmt gewordene Gravuren.
Auf der einen Seite dieser Wand sieht man **zweimal nebeneinander** die *Blume des Lebens*, und zwar genau in jener Form, wie sie uns heute bekannt ist. Oberhalb und links unter diesen beiden Formen kann man, nur mehr schwach, noch weitere Gravuren erkennen, die ebenfalls Kreise in verschiedenen Größen und einen Teil der *Blume des Lebens* darstellen.

An derselben Steinmauer, ums Eck, findet man ebenfalls zwei Gravuren, die den inneren Teil der *Blume des Lebens* abbilden.
Die Erbauer des Tempels haben hier scheinbar mit dieser Form experimentiert. Diese Gravuren stehen nicht wirklich in einem Kontext mit der Gesamterscheinung des Tempels. Sie sehen eher wie „antike Graffiti" aus. Hier wurde etwas ausprobiert. Und diejenigen, die hier experimentiert hatten, waren offensichtlich fasziniert davon.

Auffallend ist auch, dass es jeweils zwei Abbildungen sind! Und das führt uns bereits auf die Spur, wenn wir die Bedeutung dieser Form ergründen wollen.

Diese Gravuren im Tempel von Abydos sind allerdings die einzigen geschichtlichen Zeugnisse, die wir von der *Blume des Lebens* kennen. Ähnliche und vor allem vereinfachte Formen findet man immer wieder. Aber exakt diese Form der *Blume des Lebens* gibt es nur im Tempel von Abydos.
Dennoch wurde diese Form, vor allem durch das Buch „Die *Blume des Lebens*" von Drunvalo Melchizedek, weltberühmt. Diese Form spricht uns offenbar an, berührt etwas in uns.
Also gehen wir in diese Struktur weiter hinein.
Was sehen wir?
Wir erkennen insgesamt 19 ganze Kreise und am Rande eine große Anzahl an Kreissegmenten. Dieses Kreismuster wird außen von zwei weiteren, größeren Kreisen umschlossen. Der eine ist dreimal so groß wie die inneren, der äußerste ist dann noch ein wenig größer.

Die Kreise im Inneren sind so miteinander verflochten, dass der Mittelpunkt jedes Kreises jeweils auf der Kreislinie eines anderen Kreises liegt. Diese Form ist in der Kunstgeschichte als „**Vesica Piscis**", als „Fischblase" bekannt.

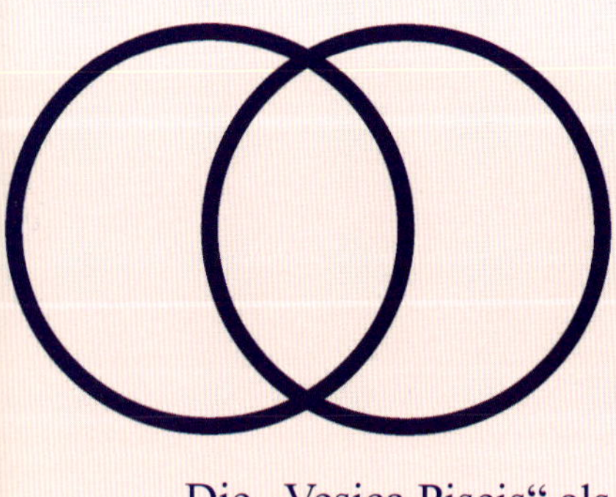

Die „Vesica Piscis" als Grundform der *Blume des Lebens*.

Die Grundform der *Blume des Lebens* ist also die Vesica Piscis. Zwei Kreise, die in vollkommen ausgewogenem Verhältnis zueinander stehen.
Und darin erkennen wir die zentrale Aussage

der *Blume des Lebens*!
Es geht um das Thema der Polarität!
Es geht darum, dass die polaren Kräfte zueinander in Harmonie gebracht werden.
Es geht um das ausgewogene Verhältnis von Gegenpolen.
Darum auch die wiederholte zweifache Darstellung an der Tempelwand von Abydos!
Stellen wir nun die beiden Blumen, die *Blume des Lebens* und die Blume der Liebe nebeneinander.
Und untersuchen wir deren Wirkung und deren Bedeutung.

Das Spiel der Polarität

Das beliebteste Spiel des Universums ist das Spiel mit polaren Kräften, das Spiel von Männlich und Weiblich, das Spiel der Anziehung und das sich daraus ergebende Spiel der Liebe.
Aus den polaren Kräften entsteht der sich **anziehende Magnetismus**. Gegenpole ziehen sich magnetisch an und erzeugen durch ihre gegenseitige Anziehung eine Spannung, ein Spannungsfeld, welches die Dynamik ins Leben bringt. Ohne dieses Spannungsfeld gäbe es keine Entwicklung, ohne diese polare Anziehung wäre das Leben nicht lebenswert.
Es geht jederzeit darum, dass die weibliche Kraft sich öffnet und die männliche Kraft zum erotisch sinnlichen Tanz einlädt, zu jenem Liebestanz, in dem es zur gänzlichen Durchdringung und Vereinigung, zur Verschmelzung kommen soll. In dieser Vereinigung kommt es zum ersehnten „Kurzschluss“, zum Orgasmus, zu jenem Moment, in dem die beiden Pole vollkommen eins sind.

Es ist allerdings nicht das Ziel des Lebens, in dieser Vereinigung zu verweilen.
Die Absicht des Lebens besteht darin, dass aus dieser Vereinigung das Dritte entsteht.
Der Orgasmus, der in der Vereinigung der beiden Pole geschieht, ist ein kosmisches Prinzip. Die Kräfte, die durch diesen „Kurzschluss" frei werden, sind jene kosmischen Kräfte, durch welche Evolutionssprünge stattfinden.

Es wäre daher fatal, wenn die Spannung zwischen den Polen zum Erliegen käme. Es gäbe keine Entwicklung mehr in einer androgynen, polfreien, geschlechtslosen Welt. Diese Welt wäre leblos und das Spiel der Liebe wäre erloschen.
Das Universum braucht das Spiel der Spannungen!
Wir selbst brauchen die Spannungen in unserem Leben!
Wenn wir versuchen, Probleme zu vermeiden, wenn wir versuchen, ein glattes, kontrollierbares, geradliniges Leben zu führen, so wird das Leben selbst dafür sorgen, dass dies nicht so bleibt. Und das ist gut so! Denn nur aus den Spannungen polarer Kräfte heraus können wir uns weiter bewegen!

Das Spiel des Universums besteht aus dem Spiel der polaren Kräfte, die einander magnetisch anziehen. Das Spiel der Liebe besteht aus der Vereinigung der männlichen mit der weiblichen Kraft. Durch den Orgasmus, den polaren Kurzschluss, der in dieser Vereinigung stattfinden soll, werden schöpferische Kräfte ungeahnten Ausmaßes frei.

Danach sollen sich die beiden Pole wieder voneinander lösen und wieder in eine neue, erweiterte und erneuerte polare Spannung eintreten. Es geht nicht darum, dass der Zustand dieser Vereinigung beibehalten wird. Es geht darum, dass aus einer erneut aufkommenden polaren Spannung eine weitere Vereinigung und Verschmelzung stattfinden kann.
Das ist das kosmische Spiel, das große und immer wiederkehrende Spiel der Liebe!

Um es zusammen zu fassen:
Im kosmischen Spiel der Polarität finden wir immer wieder **drei Kräfte**.

1. Die einladende, sich öffnende, sich hingebende und empfangende **weibliche Kraft.** Sie ist der Nährboden und der Ursprung. Aus ihr kommt das Zeichen, der Impuls für den Beginn des Liebesspiels.

2. Die aktivierte und aktive, leuchtende und sich ebenfalls hingebende **männliche Kraft**. Sie kann erst dann mit dem Liebesspiel beginnen, wenn sie aus der weiblichen Kraft den Impuls dafür erhalten hat.

3. Die Kraft, die im Moment der Verschmelzung frei wird, die Kraft des Orgasmus, des polaren „Kurzschlusses". Ich nenne dies die **Kraft der Trinität**, denn dies ist die dritte Kraft im Liebesspiel, die zwar nur kurzlebig ist, aber für jede Entwicklung, für jeden Evolutionssprung notwendig ist. Dies ist die zentrale Kraft im Liebesspiel, jene Kraft, die das Spiel der polaren Kräfte erweitert und erhöht!

Vor 5000 Jahren veränderte sich der Traum der Mutter Erde. So erschuf sie eine neue Realität, eine neue Matrix.
Gemäß der neuen Lieder der Urmutter sollte die männliche Kraft ihr Licht entwickeln. Das Licht des Mannes sollte hellauf erstrahlen.
Doch der Mann nahm seinen Entwicklungsauftrag nicht an.
Anstatt mit seinem eigenen Licht zu erstrahlen begann er mit vorgetäuschtem Schein zu glänzen. Er widmete sich der Macht. Und die Frau konnte diese Fehlentwicklung nicht verhindern.

Aus diesem zentralen kosmischen Spiel hat sich in der Menschheitsgeschichte in den vergangenen 5000 Jahren ein Problemfeld von dramatischem Ausmaß entwickelt.
Dieses Problemfeld entstand dadurch, dass einer der beiden Pole, nämlich die männliche Kraft, begonnen hat, die weibliche Kraft zu dominieren und zu beherrschen.
Das Ziel der Menschheitsentwicklung wäre gewesen, die männliche Kraft zu entfalten. Doch dies ist nicht geschehen. Das Männliche hat seine Kraft nicht gefunden, es hat anstatt dessen mit Gewalt die Macht ergriffen.
Wenn in einem polaren Feld einer der Pole dominant und der andere Pol schwächer wird, so verliert insgesamt der Magnetismus an Kraft. Wird allerdings der Magnetismus schwächer, so wird auch die Widerstandsfähigkeit gegenüber ungünstigen Einflüssen von außen massiv geschwächt.
Wir beobachten seit geraumer Zeit eine massive Abnahme des Magnetfeldes unserer Erde. Auf der anderen Seite erwuchs eine massive Unterdrückung der weiblichen Kraft auf unserem Planeten. Auf einer transzendenten Ebene besteht zwischen diesen beiden Ereignissen ein eindeutiger Zusammenhang!

Die *Blume des Lebens* ist im Tempel von Abydos vor etwa 3300 Jahren entstanden. In einer Zeit also, als die Beherrschung der weiblichen Kraft durch die männliche Macht bereits voll im Gange war. Das Gehabe des ägyptischen Machtimperiums war nichts anderes als eine männliche Machtdemonstration, die von kriegerischem Imperialismus geprägt war.

Wenn nun die „Graffitikünstler" von Abydos diese Figur in die Wände des Tempels eingemeißelt haben, dann haben sie diese Problematik wohl erkannt oder zumindest erspürt!
Denn:
Die Blume des Lebens bringt durch ihre Gestaltung die beiden Pole wieder in Einklang, in Harmonie zueinander. Die Blume des Lebens erschafft ein ausgewogenes Feld zwischen den polaren Kräften.
Darin wird wohl auch die Ursache dafür liegen, dass diese Figur **zweimal nebeneinander** abgebildet wurde. Gleichsam einmal für die männliche Kraft und ein zweites mal für die weibliche Kraft.

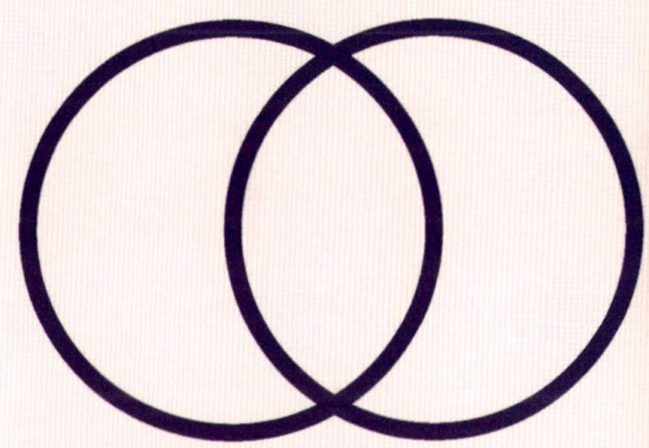

Die Vesica Piscis ist das Sinnbild für die Ausgewogenheit und die Harmonisierung polarer Kräfte.

Während die *Blume des Lebens* ein ausgewogenes Feld zwischen den beiden Polen, zwischen der männlichen und der weiblichen Kraft erschafft, ist das Anliegen der Blume der Liebe die Vereinigung dieser beiden Kräfte, die Verschmelzung, der Liebestanz.
Dadurch, dass die Blume der Liebe die beiden polaren Bewegungen (die Links- und die Rechtsdrehung) gleichzeitig in sich vereint, bringt sie die beiden Pole ebenfalls zueinander in eine Harmonie. Sie erschafft ebenfalls, insbesondere durch die Codierung des Goldenen Schnittes, ein harmonisches Feld. Doch sie geht darüber hinaus. Sie sucht auch nach der Verschmelzung, der Vereinigung der Pole.

Die Blume der Liebe schafft ein Feld der Harmonie.
Dadurch inspiriert die Blume der Liebe den Liebestanz.
Sie führt zur Vereinigung und Verschmelzung der polaren Kräfte, von Männlich und Weiblich.
Sie erschafft aus dieser Verschmelzung heraus die Trinität, den kosmischen Orgasmus, jene Kraft, die den Evolutionssprung bewirkt.

Wir werden im 3. Teil beim „Heilungsfeld der Liebe“ praktische Methoden kennen lernen, um mithilfe der Blume der Liebe die beiden Pole, den männlichen und den weiblichen, in sich selbst zu harmonisieren, um aus der Vereinigung der beiden Kräfte eine neue Evolutionskraft in uns freizusetzen.

Vermehrung

Wenn wir beobachten, wie sich Zellen in unserem Körper vermehren, wie sich Zellen teilen und weitere Zellen hervorbringen, so sehen wir darin sofort die Ähnlichkeiten mit der Struktur der *Blume des Lebens*.
Bereits bei der Vereinigung der Samenzelle mit der Eizelle entsteht das Bild der Vesica Piscis, der Grundstruktur der *Blume des Lebens*. In der reifen Eizelle der Frau befindet sich der so genannte „Vorkern“, der Pronukleus, der eine perfekte Kugelform bildet.
Wenn nun die Samenzelle in die Eizelle eindringt, verliert sie ihren Schwanz. Der Kopf der Samenzelle wird im Inneren der Eizelle

um ein Vielfaches größer und nimmt ebenfalls eine Kugelform an. Das Auffallende dabei ist, dass diese Kugel, der Kopf der Samenzelle also, exakt dieselbe Größe annimmt wie die Kugel des weiblichen Pronukleus.
Diese beiden Kugeln bewegen sich aufeinander zu und durchdringen sich. Dadurch kommt es zu diesem einen magischen Moment, in dem diese beiden Kugeln, im Inneren der weiblichen Eizelle, die Form der Vesica Piscis bilden.

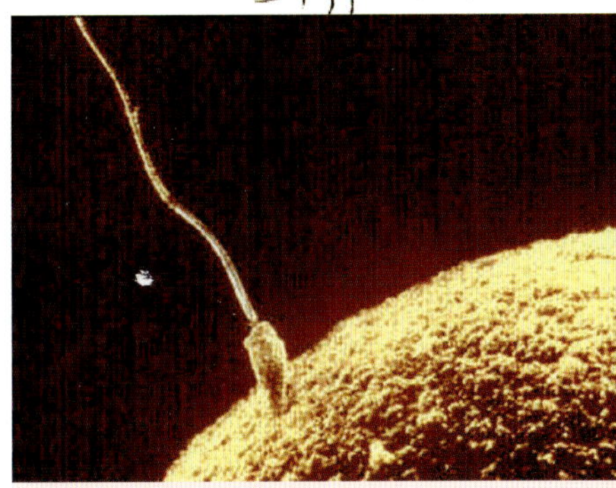

Der Pronukleus, der Kern der Eizelle, bildet eine perfekte Kugelform. Die befruchtende Samenzelle nimmt exakt dieselbe Größe an und bildet ebenfalls eine Kugelform. Die gleichgroßen Kugeln durchdringen einander und erreichen dabei die Gestalt der Vesica Piscis.

Danach kommt es zu den ersten Zellteilungen im entstehenden Embryo. Die Zellen vermehren sich, indem aus einer Zelle weitere neue Zellen hervorgehen. Das geschieht mit zunehmender Geschwindigkeit. Auch dieses Hervorgehen einer neuen Zelle aus einer bereits bestehenden, auch dieser Vorgang kann sinnbildlich durch die Vesica Piscis dargestellt werden.
Bei der Vereinigung des weiblichen Pronukleus mit der männlichen Samenzelle geschah die Vereinigung von zwei Kugelformen zu einer einzigen. Doch von nun an geht die Bewegung stets in die andere Richtung. Aus dem einen geht das zweite hervor, immer wieder, mehr und mehr.

Die Blume des Lebens stellt die Erweiterung und Vermehrung dar.
Die Vesica Piscis ist Sinnbild für die Vermehrung auf zellulärer Ebene.
Die Blume des Lebens ist das Sinnbild für Wachstum und Vermehrung.

Doch Vorsicht!
Ist das zeitgemäß?
Ist das Sinnbild für Vermehrung und Wachstum für uns heute bedingungslos förderlich?

Ein zentrales Problem unserer Zeit ist die unbewusste, ja bewusstlose Vermehrung. Das größte Leid findet in jenen Ländern statt, die unter der Überbevölkerung leiden.
Wachstum, das nicht im Einklang mit dem Ganzen, nicht im Einklang mit der Mutter Erde geschieht, wird pathologisch und entspricht einem Krebsgeschwür.
Nur der Mut zur bewussten Reduktion, zur reinigenden Verminderung, ist ein gangbarer Weg für unsere Zukunft.

„Mehr und immer mehr“ ist ein Glaubenssatz, der uns und unsere heutige Zeit prägt.
„Die Wirtschaft muss wachsen“ wird uns gepredigt.
„Schnell und immer schneller“ muss alles gehen!
Doch wo führt uns das hin?
Es hat uns heute an den Rand des Untergangs geführt. Die Biosphäre der Erde wird von uns in einem Maße ausgezehrt, dass diese zu kollabieren droht!
Die Vermehrung des Menschen steigt massiv an und bringt ein weiteres Auszehren der irdischen Biosphäre mit sich, aber auch Hunger und Armut, was wiederum das kollektive Bewusstseinsfeld der Menschheit massiv belastet.
Unkontrolliertes Zellwachstum ist pathologisch. Außer Kontrolle geratenes Wachstum, ein Wachstum also, das sich nicht im Einklang mit der Natürlichkeit, nicht im Einklang mit der *Heilen Matrix* befindet, das nennt man ein Krebsgeschwür.
Ein System, in dem das Wachstum außer Kontrolle geraten ist, ein System, das nur die Vermehrung kennt, das den Mut zur Verminderung aber verloren hat, geht zugrunde.

Haben das die Graffiti-Künstler von Abydos bereits gewusst?

Sie haben ein Symbol für Vermehrung und Wachstum geschaffen. Vermehrung, die aus der Durchdringung polarer Kräfte erwächst.
Und sie haben dieses Symbol mit zwei Kreisen umschlossen.
Damit das Wachstum und die Vermehrung unter Kontrolle, im Rahmen, im Einklang bleiben. Damit die Vermehrung nicht aus den Fugen gerät. Die beiden umgebenden Kreise heiligen diese Form.

Die BLUME DER LIEBE nimmt dieses Thema der Vermehrung und des Wachstums ebenfalls auf. Sie ist eine fraktale Figur, sie zeigt ihre fünfblättrige Form im Großen und im Kleinen. Jene Kreise, die ihre Blütenform bilden, werden von außen nach innen kleiner und von innen nach außen größer.

Das bedeutet zusammenfassend:
Die BLUME DER LIEBE bringt die männliche und weibliche Kraft zur Vereinigung.
Aus der Verschmelzung erwächst die dritte Kraft, die Kraft der Trinität.
Diese Kraft erweitert und vermehrt.
Diese Kraft vermindert und bereinigt.
Sowohl Vermehrung, als auch Verminderung und Bereinigung.
Stets im Einklang mit dem Ganzen, stets im Einklang mit der Mutter Erde.

Während die *Blume des Lebens* die Problematik des grenzenlosen Wachstums durch die beiden umgebenden Kreis unter Kontrolle zu bringen hat, trägt die BLUME DER LIEBE sowohl

die Vermehrung, als auch die Verminderung in sich.
Die Blume der Liebe kennt beides.
Dadurch entsteht in ihr jene Dynamik, die uns in einen Einklang mit der Mutter Erde bringt. Eine Dynamik, die uns an die *Heile Matrix* erinnert.

Die Struktur

Die Blume des Lebens hat eindeutig eine Sechserstruktur.
Das ergibt sich bereits aus der Vesica Piscis. Nimmt man nämlich den Schnittpunkt der beiden Vesica-Piscis-Kreise als Mittelpunkte für neue Kreise, so erweitert sich die Vesica-Piscis-Form nach und nach zur *Blume des Lebens*. Bei dieser Erweiterung erhält man immer weitere Schnittpunkte und somit immer weitere Mittelpunkte für neue Kreise. Der Winkelabstand zwischen den Kreismittelpunkten beträgt dabei stets 60°, also genau ein Sechstel eines Kreises. Und daraus entsteht die Sechserstruktur.

Die Sechser-Strukturen sind die kristallinen Strukturen des Wassers. Kristallisiert das Wasser aus, so entsteht stets eine Sechser-Struktur, wie z. B. bei einer Schneeflocke. Auch die Atomstruktur von vielen Metallen bildet eine hexagonale Kristallstruktur.
Die Struktur in der *Blume des Lebens* ist vor allem die kristalline Struktur des Wassers. Da Wasser das Leben bedeutet, ist sie tatsächliche eine Blume des „Lebens“.

Der Bergkristall (sowie der Rosenquarz, der Amethyst, der Citrin) haben eine trigonale Kristallstruktur, eine Dreierstruktur, die mit der hexagonalen Sechser-Struktur eng verwandt ist.

Die Zahl **Sechs** hat auch in der Numerologie und in der Zahlentheorie eine zentrale Bedeutung. Alle Zahlen werden durch ein Produkt aus Primzahlen eindeutig aufgebaut. Primzahlen sind die Grundbausteine aller Zahlen!
Und jede dieser Primzahlen liegt rechts oder links von einem Vielfachen von 6, ist also genau um 1 kleiner oder größer als ein Vielfaches von 6. So ist z. B. die Primzahl 19 um 1 größer als 3 * 6 = 18, oder 41 um 1 kleiner als 7 * 6 = 42.
Das zeigt uns, dass die Sechserstruktur nicht nur die Basis aller Primzahlen ist, sondern auch eine kosmische Grundstruktur darstellt.

Die Sechser-Struktur:
Die Grundstruktur des Wassers.
Der Primzahl-Strahl und somit die Grundstruktur aller Zahlen, sowie eine universelle Strukturzahl.
Die Grundform von Kristallen.

Was die *Blume des Lebens* allerdings nicht zeigt, ist der Goldene Schnitt der Heiligen Geometrie. Diese Proportion können wir in ihr nirgends finden, auch wenn dies vielfach angenommen und behauptet wird.
Die *Blume des Lebens* trägt die Sechserstruktur in sich.
Der Goldene Schnitt aber bildet sich geometrisch stets in einer Fünferstruktur ab.

Und diese Fünferstruktur des Goldenen Schnittes finden wir in der BLUME DER LIEBE.

Die BLUME DER LIEBE ist fraktal, also selbstähnlich. Sie zeigt, dass sich das Große im Kleinen wiederfindet und dass das Kleine direkt auf das Große einwirkt.

Die BLUME DER LIEBE ist die vielfache Codierung des Goldenen Schnittes.

Sie erweckt dadurch in uns die Erinnerung an Harmonie und Schönheit.

Sie versetzt uns so in den Zustand der Liebe.

Und sie erinnert uns an die Heile Matrix.

Bewegung

In der *Blume des Lebens* finden wir eine Vielzahl an Kreisen in stets gleich bleibender Größe. Das Ziel dieser Form ist die Ausgewogenheit der Pole, deren Harmonie und deren Gleichwertigkeit. Mit den beiden umschließenden Kreisen hält die *Blume des Lebens* dieses Gleichgewicht aufrecht, verhindert unkontrolliertes Wachstum und stabilisiert.

Dadurch ist die Form der *Blume des Lebens* statisch. Sie fixiert das erschaffene Gleichgewicht.

In diesem Punkt unterscheidet sie sich von der BLUME DER LIEBE am deutlichsten.

Die BLUME DER LIEBE ist dynamisch.

Die BLUME DER LIEBE vermehrt und verringert (bereinigt) zugleich.

Ihre Kreise sind zur Mitte hin kleiner und dichter werdend, nach außen hin größer und weiter werdend.
Die Blume der Liebe symbolisiert den dynamischen Tanz der Liebe.

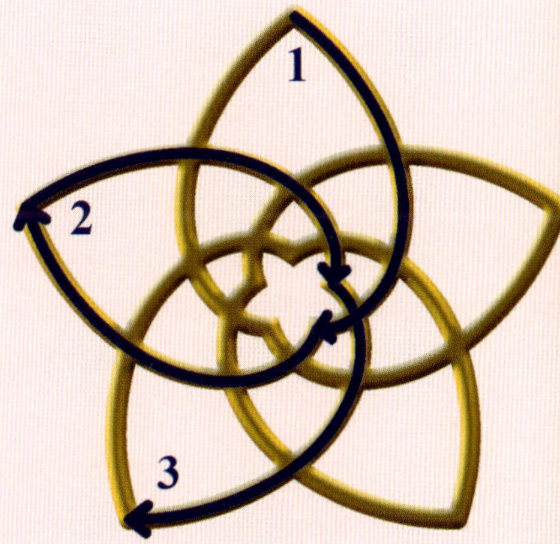

Vom Einklang zur Macht

Eifersucht

Die Ein-Ehe

Krieg gegen die Weiblichkeit

Liliths Vision

Teil 2
Das Problemfeld der Liebe

Vom Einklang zur Macht

Implantate sind mentale und seelische Programme, die wir in uns tragen, ohne dass wir uns dessen bewusst sind. Wir haben diese so tief in uns integriert, dass wir die damit verbundenen Programme nicht nur aufrecht erhalten, sondern sogar als „göttliche Wahrheit“ (und wenn es sein muss mit unserem Leben) verteidigen.
Das Thema der Liebe ist mit massiven Implantaten belastet. Nur wenn wir diese erkennen, werden wir uns davon befreien und die Liebe wieder frei leben können.
Und nur dann wird ein nachhaltiger Weltfriede wieder möglich sein.

Das Problemfeld

Wir betreten nun das Problemfeld der Liebe. Wir müssen dies tun, damit Heilung überhaupt geschehen kann. Denn nur dann, wenn wir das Problemfeld erkennen und erspüren, nur dann wird Heilung möglich sein.
Wir werden dieses Problemfeld auf einer sehr tiefen Ebene betreten, auf der Ebene unser unbewussten und unterbewussten Programme und der damit verbundenen Verletzungen.
Wir werden sehen, dass dieses Feld sich über eine 5000-jährige Fehlentwicklung aufgebaut hat und dass wir dieses Feld ererbt haben.
Wir tragen diese Fehlentwicklung und die damit verbundenen Programmierungen, die ich „Implantate“ nenne, so tief in unseren Zellen, dass wir meinen, sie seien natürlich und sie seien ein Teil von uns selbst.
Wir werden akzeptieren müssen, dass genau diese Implantate, diese Glaubensmuster, die wir in uns selber tragen, die ursprüngliche Wurzel für alle Kriege dieser Welt sind. Wir selbst tragen den Krieg in uns. Und solange wir selbst nicht den Mut haben, diese Implantate als Fehlprogramme zu erkennen, können wir uns davon nicht befreien. Erst wenn wir uns davon befreien, den Weg zur befreiten Liebe beginnen, erst dann wird ein globaler Heilungsprozess des Menschen beginnen können. Dann erst wird es Sinn machen, über Weltfrieden wirklich zu reden.

Wir werden dieses Problemfeld durchwandern, damit wir das Heilungsfeld betreten können.
Und in diesem Heilungsfeld werden wir nicht nur die Verletzungen in uns heilen, sondern auch den Frieden in uns finden und den Einklang mit der Mutter Erde, mit ihrer Heilen Matrix, wieder entdecken.

Das Alte Volk

Wir beginnen unsere Wanderung mit einer Zeitreise.
Wir gehen mehr als 5000 Jahre zurück. Wir betreten unseren Planeten in Europa im Jahr 3300 v. Chr. Unsere Geschichtsschreibung spricht hier von der „Jungsteinzeit", dem Neolithikum und dem darauf folgenden Chalkolithikum, der Kupferzeit von 4000 v. Chr. bis 3200 v. Chr.. Das, was wir aus unserem Geschichtsunterricht an Bildern zu dieser Zeit mitbekommen, ist ungefähr folgendes: Primitive Menschen im Lendenschurz, welche nicht einmal lesen und schreiben konnten.
Und das ist eine maßlose Verleumdung einer absolut bewundernswerten und hochstehenden Kultur! Betrachten wir uns diese Zeit und vor allem die Menschen dieser Zeit einmal genauer. Dann sehen wir Menschen, die in Gemeinschaften leben. Wir sehen Menschen, die geniale architektonische Kunstwerke hervorbringen, nämlich Steinkreise, die überall in Europa gefunden werden können. Steinkreise oder deren Spuren finden wir

Das Hypogäum auf Malta. Foto: Free Software Foundation.

heute unter anderem im Süden von England, im Norden von Schottland, in Portugal und auf Malta.
Wir sehen, dass diese Menschen sich sehr gerne in das Innere der Mutter Erde begeben. Sie suchen Höhlen auf, die weit ins Innere hineinführen, oder sie schaffen sich künstlich unterirdische spirituelle Stätten, wie das Hypogäum auf Malta.
Diese Menschen wenden sich innigst der Mutter Erde zu und sie tun das mit sehr viel Liebe. Sie bilden Priesterinnen aus, die sich darauf spezialisieren, die Schwingungen, die Frequenzen, die Lieder der Mutter Erde in ihrer gesamten Tiefe zu verstehen.

Angeblich beteten diese Menschen die große Göttin an. Doch wenn wir genauer hinsehen, hatten sie es gar nicht nötig, an einen Gott oder an eine Göttin zu glauben. Sie waren frei von Göttern, denn sie wussten, dass alles von Lebendigkeit, von Bewusstheit und vor allem von Liebe durchdrungen ist. Sie hatten es gar nicht nötig, dieses Wissen von der All-Bewusstheit und der All-Lebendigkeit, sowie ihr Wissen um die allumfassende Kraft der Liebe durch einen Gott- oder Göttinnen-Glauben zu ersetzen.
Der Götterglaube (und in seiner schlimmsten Form der Eingottglaube) entstand erst dann, als dieses Wissen der All-Einheit dem Menschen verloren gegangen war. Wir sollten es uns daher eingestehen, dass ein Gott- oder Götterglaube nichts anderes als ein krankhaftes Symptom einer geistigen Verwirrung und einer Entfremdung von der in uns möglichen allumfassenden Liebesfähigkeit ist.

Wenn wir die Spiritualität der Menschen des Neolithikums betrachten, sehen wir eine Fülle von weiblichen Figuren mit meist sehr ausgeprägtem Körpervolumen. Diese Figuren sind eindeutig Darstellungen der Urmutter, der Mutter Erde, aus der wir Menschen und alles Lebendige auf unserem Planeten hervorgegangen sind. Daraus aber einen Göttinnen-Kult abzuleiten, erweist sich als Irrtum, wenn wir uns tiefer in die Geisteshaltung dieser Menschen einlassen. Diese Figuren zeigen vielmehr ihre tiefe Verehrung der Urmutter und der Mutter Erde und ihren sehnlichsten Wunsch, mit ihr in Einklang zu sein.

Dieser Einklang mit der Mutter Erde ist es auch, der dazu geführt hat, dass diese Menschen (abgesehen von ihren großartigen Steinkreisen und Tempelanlagen) keine Spuren hinterlassen haben. Sie haben durch ihre Hochachtung der Mutter Erde gegenüber nicht im Geringsten daran gedacht, deren Erscheinungsbild derart zu verändern, wie wir das heute tun.
Die Menschen des Neolithikums haben keine Spuren hinterlassen. Wir hingegen hinterlassen Müllberge von gigantischem Ausmaß.
Die Menschen des Neolithikums haben die Mutter Erde innigst geliebt und zutiefst verehrt. Wir hingegen zerstören die Biosphäre unseres Planeten so sehr, dass wir uns am Rande des Abgrundes befinden!

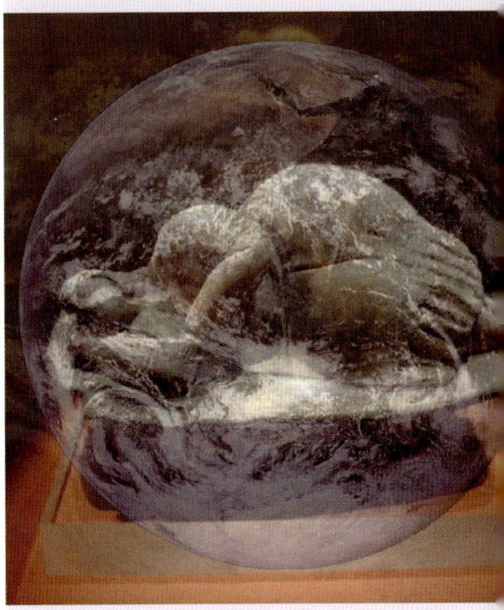

Und wir nehmen es uns heraus, diese Kultur des Neolithikums als „primitiv" zu diffamieren? Wir begründen dies unter anderem damit, dass sie keine Technik gekannt hät-

ten und dass sie nicht schreiben und lesen konnten. Wir gehen also selbstverständlich davon aus, dass die Erfindung der Schrift eine hervorragende Leistung der menschlichen Entwicklung wäre.
Doch stimmt das wirklich?
Ist die Erfindung der Schrift wirklich eine Entwicklung oder ist dies gar eine Notlösung, ein Ersatz für eine Fähigkeit, die uns nach und nach verloren gegangen war?
Ich bin überzeugt davon, dass die Erfindung der Schrift viel weniger als menschliche Leistung, sondern viel mehr als geistige Prothese einzustufen wäre. Die Menschen hatten sich davor in einem derartigen Einklang mit der Mutter Erde befunden, dass sie alles, was sie wissen wollten, aus dem Feld der Mutter Erde abrufen konnten. Es war nicht nötig, sich etwas aufzuschreiben, da alles in der All-Einheit vorhanden und abrufbar war.
Sie konnten die Felder der Mutter Erde nicht nur lesen, sondern auch verwenden. Sie waren fähig, über diese Felder weithin auf telepathischem Wege Informationen zu übertragen. Sie hatten es nicht nötig, Briefe oder E-Mails zu schreiben, denn das Netz, an das sie angeschlossen war, das bestand aus den wunderbaren Feldern der Mutter Erde!
Unmöglich? Nun, jene australischen Aborigines, die sehr ursprünglich und erdverbunden aufgewachsen sind, können dies noch heute!

Wenn wir das Neolithikum mit unserer heutigen Welt vergleichen, drängt sich allmählich die Frage auf: Was ist eigentlich so schief gelaufen?!

Wenn wir uns nun die gesellschaftlichen Strukturen dieser Menschen anschauen und vor allem deren Umgang mit der Liebe, kommen wir einer Antwort auf diese Frage allmählich näher.

Diese Menschen lebten stets in Gemeinschaften. Es fällt sofort auf, dass es eine Ehe oder eine feste Paarbeziehung zwischen einem Mann und einer Frau nicht im Geringsten gab. Die tragende Kraft der Gemeinschaften waren eindeutig die Frauen. Sie bereiteten das Feld der Geborgenheit vor und hielten es aufrecht. In diesem Feld entwickelte sich die gesamte Gemeinschaft.

Sie lebten in Frauengemeinschaften. Diese Frauengemeinschaften waren das stabile Element dieser Gesellschaft, dies war das, was Sicherheit und Geborgenheit gab. Die Männer wurden in diese Geborgenheit aufgenommen, waren aber nicht jene, welche dieses Feld der Geborgenheit aufzubauen hatten.

Die Liebe und vor allem die sexuelle Vereinigung wurden als höchstes Gut und als heiligster Akt angesehen. Es gab daher Liebesschulen, in denen die Priesterinnen die jungen Männer in die Liebe und in die Sexualität mit Achtsamkeit und Hingabe einweihten.

Die sexuelle Vereinigung wurde als kosmisches und als heiliges Prinzip zelebriert. Wenn eine Frau einen Mann liebte, so waren in jenem magischen Moment der Vereinigung beide Repräsentanten von weit höheren und weit größeren Mächten. Sie spielten dann das große, heilige kosmische Spiel. Sie brachten es durch ihre Liebe zum Ausdruck.

Der Mann war der Vertreter des Lichtes. Er sollte strahlen und leuchten. Er repräsentierte das von der Sonne kommende Licht, das die Erde befruchtete.
Und sie, die Frau, war die Repräsentantin der Mutter Erde, der heiligen Urmutter. Sie war die sich Hingebende, das aufnehmende Gefäß. Sie galt als jene, die den Urgrund bereitete, damit er, der Mann, als das Licht leuchten und strahlen konnte.
In der sexuellen Vereinigung kam es zur Verschmelzung zweier polarer Urkräfte. In diesem Moment der Verschmelzung, im Moment des körperlichen Orgasmus, entfaltete sich jene dritte Kraft, die stets während der Verschmelzung der beiden Pole frei wird. Diese dritte Kraft ist das eigentliche kosmische Mysterium, aus dem das Neue, ein Entwicklungssprung oder neues Leben, entsteht.

Der Umgang mit der Liebe

Frau und Mann liebten einander als Repräsentantin der Mutter Erde und als Repräsentant des Lichtes. Sie brachten die Vereinigung der polaren Kräfte körperlich und kraft ihrer Liebe zum Ausdruck. Ihre Liebe war allerdings kaum persönlich gemeint. Es ging keineswegs darum, dass die Liebe zwischen den beiden auf diesen einen Partner oder diese eine Partnerin konzentriert und fixiert wurde. Deren Liebe war wesentlich weiter,

wesentlich größer, wesentlich umfassender! Der Mann liebte in der Frau die weibliche Kraft an sich und nicht bloß diese eine Frau. Und die Frau liebte die männliche Kraft an sich und genoss diese Liebe mit jenem Mann, dem sie gerade liebend begegnen konnte.
Wenn nun eine Frau ein Kind in sich trug, wusste sie zumeist nicht, wer der Vater des Kindes war. Denn es war durchaus üblich und es wurde durchaus auch erwartet, dass eine Frau mit mehreren Männern die sexuelle Vereinigung lebte (wie auch die Männer mit mehreren Frauen). Das war gesellschaftlich vollkommen normal! Und selbst dann, wenn die Frau wusste, von welchem Mann sie das Kind empfangen hatte, war dies vollkommen nebensächlich und unwichtig.
Die männlichen Bezugspersonen waren für die Kinder demnach nicht die leiblichen Väter, sondern der oder die Brüder der Mutter. Wenn nun eine Frau keinen Bruder hatte, so übernahm diese Rolle ein anderer, der zu jener Frauengemeinschaft, in der das Kind aufwuchs, eine besondere Beziehung hatte.

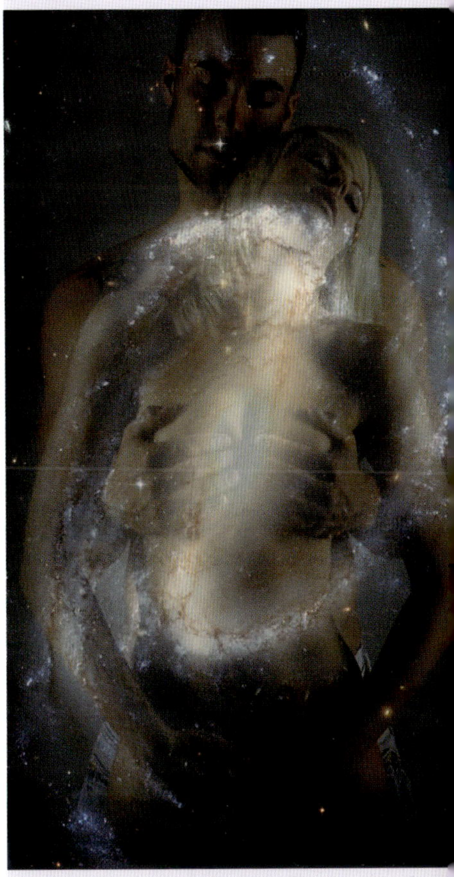

Das Friedensfeld

Die Art und Weise, wie die Liebe gelebt und geheiligt wurde, unterscheidet sich von unseren Vorstellungen (vor allem von unseren Moralvorstellungen) vehement!
War dies nun besser?
Und bedeutet dies, dass die „freie Liebe", wie wir es nennen, der Schlüssel zu einer besseren Gesellschaft und Lebensform wäre?
Nun, so plakativ einfach ist es nicht! Blicken wir daher tiefer!

Die Menschen des Neolithikums waren zu einem nachhaltigen Weltfrieden fähig. Und sie hatten in ihren Liebesschulen einen wesentlich freieren Umgang mit der Liebe gelehrt. Das Friedenswissen und die Freiheit in der Liebe hängen direkt miteinander zusammen!

Es fällt nämlich noch ein weiterer, entscheidender Unterschied von jener Zeit zu unserem heutigen Leben auf. Diese Menschen erhoben gegeneinander niemals die Waffen! Es gab weder eine Stammesfehde, noch einen Stammeskrieg. Es gab keine Kriegswaffen und keine Verteidigungsanlagen. Es gab in jener Zeit einen umfassenden Weltfrieden!
Ich hoffe, es wird uns klar, was das bedeutet!
Diese Menschen hatten den Frieden in sich und sie waren dadurch fähig, einen nachhaltigen Weltfrieden zu etablieren!
Wie war das möglich?

Die Antwort ist einfach. Diese Menschen hatten das Wissen über die Liebe, sie wussten, dass der Liebesakt ein heiliger ist, ein umfassender. Und sie nahmen diesen nicht persönlich, bezogen ihn nicht auf eine einzige Person, sondern sahen ihn als umfassendes Geschenk, das sie mit mehreren teilen konnten und auch sollten. Das bedeutet aber auch, dass all die emotional zutiefst verletzenden Geisteshaltungen unserer Zeit damals völlig irrelevant waren. Es gab weder Neid, noch Eifersucht, noch der sich daraus entfaltende Hass!
Diese Menschen waren fähig, in ihrer Liebe so weit und so offen zu sein, dass sie es nicht nötig hatten, ihre Liebe auf einen einzigen Menschen zu fixieren! Diese Menschen hatten Liebesschulen, in denen sie die Liebe lernten, auf körperlicher Ebene genauso wie auf der seelisch-emotionalen!

Frei vom Besitzdenken

Und diese Menschen hatten vor allem eines nicht: Sie kannten keinen Besitz. Sie dachten nicht daran, ein Land in Besitz zu nehmen. Sie betrachteten den Planeten Erde nicht als ihr Eigentum, sondern sie wussten, dass wir hier, von Mutter Erde, offenen Herzens empfangen wurden und dass wir hier Gäste sind! Sie hatten eines der schlimmsten Fehlprogramme der Menschheit noch keineswegs in ihrem Geist und in ihrer Seele integriert, jenes Fehlprogramm nämlich, das uns sagt: „Mach dir die Erde untertan!"
Anstelle des Besitzes kannten diese Menschen den Raum und die Fähigkeit, Raum zu geben. Sie achteten und ehrten den privaten und persönlichen Raum, den jeder Mensch um sich hat. Und dieser Raum befand sich stets dort, wo ein Mensch sich gerade aufhielt. Es gab demnach keine fraglose Annäherung und keine fordernd zwingende, egobetonte Grenzüberschreitung, wie wir dies heute praktizieren. Es war zutiefst absurd, einem anderen Menschen den Freiraum zu nehmen oder ihn gar zu bedrängen!

Das Fehlprogramm: Der Besitz und die damit verbundene ausgrenzende Macht über andere.

Das Programm der Heilen Matrix: Raum geben, die Achtung und Wertschätzung jenes Raumes, der den anderen umgibt.

Diese Menschen kannten vor allem den Besitz in der Liebe nicht. Liebe war stets frei, lebendig und ein kosmisches Wunder. Liebe verpflichtete niemals, Liebe wurde niemals gefordert oder gar verboten. Liebe wurde geschenkt und konnte angenommen werden, immer dann, wenn Liebe fließen wollte.

Genau diese Besitzfreiheit war ihr Friedenswissen.

Unsere Besitzansprüche aber sind die Wurzel für alle Kriege, ich wiederhole: für alle Kriege, die wir hier und heute andauernd führen!

An der Oberfläche entbrennen Kriege stets im Kampf um Land und Güter. Doch wenn wir tiefer blicken, entspringt ein Krieg stets einem Fehlprogramm in der Liebe. Diejenigen, die Kriege führen, haben einen Mangel an Liebe erfahren, denn ein Mensch, der liebt, ist unfähig zu töten oder Mord anzuordnen. Der Mangel an Liebe aber kommt stets dadurch zustande, dass wir mit unseren Liebesprogrammen und Liebes-Implantaten kein umfassendes und erfüllendes Liebesfeld erschaffen können.

Kriege, die im kleineren Rahmen ausgetragen werden (auf den Kriegsfeldern der Gerichte oder auf dem Schlachtfeld gesellschaftlicher Spiele um Macht und Anerkennung), all diese Kriege wurzeln in Neid, Eifersucht und Hass. Gerade dieses Fehlprogramm der Eifersucht (dem wir uns im nächsten Kapitel noch stellen werden) ist die Ursache der meisten Kriegsfelder. Eifersucht wiederum ist nichts anderes als ein enttäuschter Besitzanspruch in der Liebe, verbunden mit der dahinter liegenden Angst.

Erinnern wir uns an eine antike Kriegsgeschichte, die uns noch heute sonderbar fasziniert: Der Untergang von Troja! Es kam zum Krieg zwischen Troja und Griechenland deshalb, weil die Liebe zur schönen Helena sowohl von den einen, als auch von den anderen als persönlicher Besitz angesehen und beansprucht wurde!

Um es auf den Punkt zu bringen:
Solange es in der Liebe den Besitzanspruch gibt, solange wird der Krieg zwischen den Geschlechtern andauern. Und solange es zwischen den Geschlechtern keinen Frieden gibt, tragen wir den Krieg in uns. Und so wird ein nachhaltiger Weltfriede nicht möglich sein!

Jene neolithischen Völker aber waren fähig, diesen nachhaltigen und umfassenden Weltfrieden tatsächlich zu leben!
Und daher sollte uns klar werden, was bei diesen Menschen so anders war.
Zusammenfassend gesehen unterscheiden sie sich von uns in drei wesentlichen Punkten:

1. Sie lebten in vollkommenen Einklang mit der Mutter Erde. Ihre Priesterinnen sprachen mit ihr, mit der großen Urmutter.

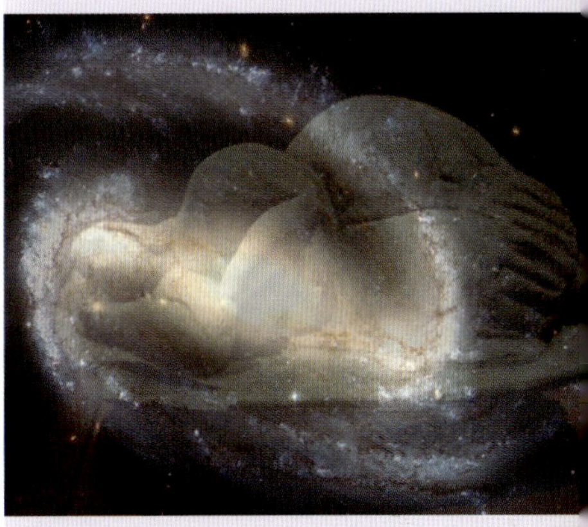

2. Sie hatten kein Besitzdenken, weder auf materieller Ebene, noch in der Liebe. Sie kannten stattdessen die Achtsamkeit gegenüber dem persönlichen Raum des anderen. Sie besaßen die Fähigkeit, Raum zu geben.

3. Sie lebten die Liebe nicht persönlich, sondern als Repräsentanten des großen, heiligen Mysteriums des Lebens.

Die Geburt der Kriegsfelder

Immer dann, wenn ich in meinen Vorträgen und Workshops von diesem Volk und deren Kultur spreche, merke ich bei dem einen oder anderen ein aufkommendes Unbehangen. Dieses Unbehangen steigt auf, sobald sehr tief sitzende Glaubenssätze, wie jener an „Gott" oder jener an die „Ehe als Keimzelle einer gesunden Gesellschaft" oder gar der Glaube an den für mich bestimmten einzigen „Seelenpartner" in Frage gestellt werden. Nachdem diese neolithischen Völker von all diesen Glaubenssätzen nichts wussten und gerade deswegen ein erfülltes Liebesleben und eine allumfassende Friedenskultur hatten, wird nach Ausflüchten gesucht. Ausflüchte, die darin bestehen, die Menschen dieser Zeit doch als „primitiv" darzustellen, oder zumindest einen Fehler bei ihnen zu finden.

Und dann wird, „Gott sei dank", einer gefunden. Und dann kommt die folgende Frage, meist mit dem entsprechenden Unterton:

„Wenn diese Kultur so hochstehend war, warum ist sie dann untergegangen?"

Die Antwort darauf ist einfach! Diese Völker wurden vernichtet! Sie wurden vernichtet von anderen Stämmen, die genauso machtorientiert, liebesunfähig, egoistisch und kriegswillig waren, wie wir es heute sind!

Es hat sich nämlich damals, um 3000 v. Chr., etwas ereignet, das weltweit ein anderes geistiges Klima erschaffen hat. Es kam zu einem massiven Bruch im bisherigen Einklang des Menschen mit der Mutter Erde. Es fand ein tiefgreifender Wandel statt, ein Wandel, der

vom Einklang zur Macht führte! Der Mensch verabschiedete sich vom Einklang mit der Mutter Erde. Er entwickelte das „Ich will nach meinem eigenen Willen“. Und daraus wurde ein „Was ich nicht bekomme, nehme ich mir mit Gewalt.“, sowie das „Ich übe Macht aus. Ich kontrolliere, damit ich das, was ich will, jederzeit bekommen kann.“
Diese Geisteshaltung hat heute ihren technischen und mentalen Höhepunkt erreicht. Das ist die Ursache für das Kriegsfeld, in dem wir alltäglich leben. Und das könnte unser tatsächlicher Untergang sein, sofern uns nicht rasch ein Wandel gelingt!

Dieser Wandel ereignete sich nach den Berechnungen der Mayas zu Beginn der laufenden Epoche. Sie datieren es genau. Rechnen wir dieses Datum auf den heutig gebräuchlichen gregorianischen Kalender um, so wäre das der 11. August 3114 v. Chr. Und unser geschichtliches Wissen zeigt, dass es ab etwa 3000 v. Chr. tatsächlich zu einem allmählich umfassenden Wandel in der Menschheitsgeschichte gekommen war.

Doch wie und vor allem warum kam es dazu?
Eine Antwort darauf fand ich in einer neolithischen Tonfigur, die im Hypogäum von Malta gefunden wurde. Sie war dort, in den unterirdischen Räumen, im Sand vergraben und es entstand in mir der Eindruck, dass diese Skulptur für lange Zeit dort schlief, um heute gefunden zu werden, um heute ihr Geheimnis und ihr Wissen preiszugeben.
Diese Figur wird als die „schlafende Lady“

bezeichnet. Dies ist eine kleine Tonfigur, die etwa 15 cm lang ist. Eine rundliche Frau schläft genüsslich und träumend auf einer Art Bank. Die Bank biegt sich leicht durch und bildet so eine sanft empfangende Wölbung. Der rundliche Körper der Schlafenden ist eindeutig eine Anspielung auf den Körper der Mutter Erde.
Der erste Anblick dieser Figur hat mich fasziniert, ohne dass ich den Grund dafür hätte deuten können. Doch als ich mich meditativ auf diese Träumende einließ, eröffnete sich mir ihre Geschichte und ihr Geheimnis.

Die Träumende

Die Träumende symbolisiert die Mutter Erde.
Während ein Mensch schläft, entstehen um ihn herum elektromagnetische Felder. Genauso ist es bei ihr, bei Mutter Erde. Durch ihren Traum, durch ihr bewusstes Träumen, erschafft und prägt sie jene natürlichen elektromagnetischen Felder, welche sie und ihren planetaren Körper umgeben. Diese Felder sind u. a. das Gravitationsfeld, das Erdmagnetfeld und die Schumannfrequenz.
Diese Felder beinhalten Informationen und Programme, die aus den Träumen der Mutter Erde entspringen. Sehr wichtige, für uns ausgesprochen wesentliche Programme sind das. Dies sind jene Programme, die unsere erlebbare Wirklichkeit erzeugen. Diese Programme sind die Matrix unserer Realität.
Sie, Mutter Erde, erträumt unsere Realität! Wir sind Teil ihres Traumes, wir befinden

uns in ihrem Traum und leben darin. Ihr Traum ist die Bühne, auf der wir unser Leben spielen. Und ihr Traum beinhaltet alles, was wir zum Leben und vor allem zu unserer Entwicklung brauchen. **Ihr Traum beinhaltet jene Impulse und Kräfte, die wir zur Lösung unserer Probleme brauchen! Der Traum der Mutter Erde erschafft die Heile Matrix.**

Die Priesterinnen von Malta und all der anderen neolithischen Völker hatten allesamt ein gemeinsames Anliegen. Sie wollten diesen Traum der Mutter Erde, die Lieder ihres Traumes möglichst genau wahrnehmen, um damit in einen möglichst innigen Einklang zu gehen. Sie befanden sich zudem in einer stetigen Zwiesprache mit der Urmutter, um zu erfahren, wie es um die Verwirklichung ihres Traumes, um die Verwirklichung der Heilen Matrix stand.

Die Träume der Urmutter verändern sich zyklisch. Nach jeder Epoche steht ein bedeutender Wandel an. So war es vor 5000 Jahren und so ist es auch heute. So wie heute die laufende Epoche (eine Epoche der Fehlentwicklungen) sich im Ausklang befindet, so endete auch vor 5000 Jahren eine Epoche, die allerdings ausgesprochen gut verlaufen war.
Zu jener Zeit um 3000 v. Chr. wurde der Wandel in den Traumfeldern der Mutter Erde immer deutlicher spürbar. Die Priesterinnen begannen tiefer ins Erdeninnere hineinzugehen, sie begannen Hypogäen zu bauen, um der Stimme und den Traumfeldern der

Die Erde erschafft ein vielfältiges elektromagnetisches Feld. Das ist ihr Traum, das ist die von ihr erschaffene Realität.
Diese beinhaltet alle Informationen, alle Impulse, die wir für unsere Entwicklung und vor allem für unsere Befreiung aus dem Kriegsfeld brauchen.

Erde näher zu sein. Denn sie wussten, dass es wichtig wäre, diesen neuen Traum der Urmutter genau zu verstehen.

Die entwickelte Frau sehnte sich nach einem reifen Geliebten, nach einem gereiften Mann. So veränderten sich die Lieder der Mutter Erde. Und sie begann von jenem Licht zu singen, das dem Mann innewohnt.

Und die Erde träumte von einer neuen Männlichkeit.
Lange hatte im zu Ende gehenden Traum der Erdenmutter sich nun die weibliche Kraft entfaltet. Stark war sie geworden, die Kraft der Weiblichkeit unter den Menschen. Die Frauen waren zu stabilen Trägerinnen der menschlichen Gesellschaften geworden. Sie hatten es gelernt, hingebungsvoll die Spiele der Liebe zu leiten und ein erfüllendes Liebesleben zu ermöglichen. Sie hatten durch ihre Liebe die Fähigkeit erlernt, den Männern den Nährboden derart gut aufzubereiten, dass diese hell strahlen und leuchten konnten. Die Entwicklung dieser Epoche war ausgesprochen gut gelungen! Das Spiel der liebenden Vereinigung konnte nun unter den Menschen einen Schritt weitergehen.
Dazu war es allerdings nötig, dass sich die männliche Kraft weiter entwickelte. Das Männliche hatte bisher lange im Schatten der weiblichen Entfaltung geschlummert und auf seine Zeit gewartet. Nun war es an der Reihe. Das Männliche sollte sich weiter entfalten und die Weiblichkeit freute sich erwartungsvoll auf die sich daraus ergebende neue Erfüllung in der Liebe. So verkündeten die Priesterinnen die Träume der Mutter Erde. Und so spürten es all jene Menschen, die zu jenen Zeiten lebten.

Das Männliche sollte sich weiter entwickeln, indem es sein eigenes Leuchten, das eigene Licht in sich entdecken konnte. Das Männliche sollte unabhängiger vom nährenden Urgrund der weiblichen Kraft werden. Vergleichbar mit einem Säugling, der sich zu einem Kleinkind entwickelt und das Krabbeln lernt, so sollte sich das gesamte Menschheitsgeschlecht entfalten. Und die Erweiterung der männlichen Kraft war der Schlüssel dazu.

Der Mann trägt das Licht der Sonne in besonderem Maße in sich. Das ist seine Stärke und diese sollte er nun entfalten. Mutter Erde übergab dem Männlichen dieses Wissen. Mutter Erde wollte ihn, den Mann, so zu einer größeren Selbständigkeit bewegen. Der Mann sollte nicht ausschließlich durch jene Kraft, die ihm der weibliche Nährboden darbot, leuchten und strahlen. Der Mann sollte die Fähigkeit in sich selbst entdecken, sodass er auch aus sich heraus zu einem Strahlen finden konnte.

„Das Licht ist in dir!“, verkündete Mutter Erde in ihren Träumen an die Träume der männlichen Kraft.

Die Männer verstanden nach und nach. Sie waren von ihrer neuen Kraft fasziniert.

Und auch die Frauen genossen die neue Kraft während der sinnlichen Vereinigung mit ihren Männern. Sie waren vom neuen Mann fasziniert…

…und übersahen dadurch die schief laufende Entwicklung.

Mutter Erde, du hast diesen Traum der Männlichkeit zu früh geträumt!

Der Mann war noch nicht bereit für jene neue,

Doch der Mann entwickelte nicht das Licht in sich. Er war von den Anforderungen, die Mutter Erde an ihn stellte, anscheinend überfordert. Er entwickelte sein Licht nicht, sondern begann es vorzuspielen. Anstatt zu leuchten begann er zu glänzen. Und die Frau ließ sich davon täuschen.

strahlende Kraft, die du ihm anvertraut hattest! Denn der Mann wurde nicht selbständig, sondern begann stattdessen den Einklang mit dir zu verlassen. Der Mann verwechselte seine Selbständigkeit mit dem Verlassen des Einklanges mit deinen Liedern!
Er verlor den Klang deiner Lieder aus seiner Seele, zuerst schleichend, dann aber immer rascher. Deine Lieder begannen in mehr und mehr Männern zu verstummen! Zu faszinierend war die plötzliche Kraft, die sie nun in ihren Händen hielten.

Und dann ging es plötzlich in manchen Stämmen sehr rasch. Als zum ersten Male ein Mann im Rausch seiner Kräfte einen anderen erschlug, war der Bann gebrochen. Dieser erste vorsätzliche Mord erzeugte im Bewusstseinsfeld der Menschheit einen derartigen Bruch, dass er global dieses Feld zu verseuchen begann. Der Mord wiederholte sich, öfter und immer öfter. Das so vergossene Blut tränkte den Boden der Mutter Erde und verursachte so unsäglichen Schmerz.
Mord zog neuen Mord nach sich. Die ersten Kriege hatten begonnen.
Die Morde zogen einen immer weiter reichenden Verlust des Einklanges mit den Liedern der Mutter Erde nach sich. Und immer mehr Völker gaben sich ungeachtet dessen dem Rausch der Kraft und Macht hin. Noch immer waren die Frauen zu sehr von der neuen Männlichkeit fasziniert, um rechtzeitig diese Fehlentwicklung ins Lot bringen zu können. Sie sollten in der darauf folgenden geschichtlichen Entwicklung teuer dafür bezahlen müssen!

Der Mann achtete immer weniger auf den Einklang mit der Mutter Erde. Er verdrängte jene Lieder, welche die Urmutter über die Heile Matrix sang, immer weiter in den Hintergrund und übertönte sie.
Der Mann wollte seine Macht leben und präsentierte diese als die neue Männlichkeit. Er glaubte es ja selbst, dass eine Macht jene neue Männlichkeit sei, die ihm von der Urmutter zugesagt worden wäre.
Er vergaß seinen Weg zu seinem inneren Licht, denn er hatte etwas gefunden, das er für das Licht zu halten begann. Er hatte erkannt, wie er glänzen konnte!
Die Entwicklung des Mannes hätte nach den Liedern der Mutter Erde zur Entfaltung des inneren Lichtes hinführen sollen. Doch stattdessen wurde daraus die Fertigkeit, täuschendes, irreführendes und manipulierendes Glänzen zu erzeugen.
Und die Frauen dieser Völker verabsäumten die noch mögliche Korrektur!

Und dann erwuchs daraus nach und nach jene Welt, wie wir sie aus der Geschichte bestens dokumentiert kennen. Durch die Erfindung der Schrift wurden die folgenden Ereignisse immer besser festgehalten. Und wir vergessen heute, dass die schriftlich dokumentierte Geschichte eigentlich nichts anderes ist, als die Dokumentation der größten Fehlentwicklung der Menschheit, die jemals stattgefunden hat!

Bald erwuchs aus dem neuen, feldbestimmend gewordenen Geist der Menschheit der

Gedanke des Besitzes und der damit verbundenen Macht.
Jene Völker, die auf geistigem Wege den Einklang mit der Mutter Erde aufrecht zu erhalten suchten, konnten dies noch eine gewisse Zeit lang tun. Sie hatten die Fehlentwicklung zwar bereits schmerzlich erkannt, konnten es aber nicht verhindern, dass diese feldbestimmend wurde. Nach und nach wurden diese Völker von der immer massiver werdenden Waffengewalt der männlich dominierten Völker grausam und gnadenlos vernichtet.

Der Gedanke des Besitzes drang schließlich auch in die Liebeswelt ein. Und damit war der Untergang der Friedenskultur auf unserer Erde endgültig besiegelt. Aus der einstigen allumfassenden Liebe wurde das Eigentum. Die Frau wurde zum Eigentum des Mannes.
Und aus der einst allumfassenden, freien Liebe, dem großen kosmischen Mysterium, entstand das Besitzdenken in der Liebe. Der Nährboden für Eifersucht, Hass und jenes weltumspannende Kriegsfeld, in dem wir uns heute befinden.

Das Implantat der Eifersucht

Vor 5000 Jahren hatte die Erde einen neuen Traum.

Sie hatte dem Mann ein starkes Licht in seine Hände gegeben, damit dieser unabhängiger würde vom Nährboden der weiblichen Kraft. Er sollte selbständiger werden und sich selbst, seiner Bestimmung entsprechend, entwickeln. Er sollte hell erstrahlen.

Doch dieser Traum kam offenbar zu früh. Der Mann hatte noch nicht die Reife erlangt, um mit diesem starken, mächtigen Licht umgehen zu können. Anstatt von innen heraus zu leuchten erfand er den trügerischen Schein, den täuschenden Glanz. Anstatt vom weiblichen Nährboden unabhängiger zu werden, trennte er sich von diesem. Er trennte sich sowohl von seiner innigen Liebe zur Frau, als auch von der großen Urmutter, der Mutter Erde.

Und der Frau gefiel der vorgespielte Glanz, sie ließ sich täuschen oder spielte in diesem Spiel zumindest mit. Es gelang ihr nicht, die damit beginnende Fehlentwicklung rechtzeitig zu korrigieren.

Die Implantate

Die Menschheit verlor mehr und mehr ihren Einklang mit den Liedern der Mutter Erde, mit den Liedern der Heilen Matrix. Das war der Anfang jener Epoche, die vor 5000 Jahren begonnen hatte, jene Epoche, die jetzt gerade ihren Ausklang findet.

Im Geist des Menschen vollzog sich nach

Um es auf den Punkt zu bringen: Unsere Wahrnehmungs-Implantate bestimmen, was wir wahrnehmen und was nicht. Unsere Emotionalkörper-Implantate bestimmen, was wir fühlen, empfinden und was wir über die Liebe denken. Und unsere Bewusstseins-Implantate bestimmen, was wir als richtig und als falsch interpretieren.

und nach etwas Unglaubliches. Es entstanden Glaubenssätze, Moralvorstellungen und Ethiken, die absolut lebensfeindlich und vollkommen liebesfeindlich waren. Diese Glaubenssätze wurden derart fest und tief von uns allen integriert, dass wir heute (noch immer!) glauben, sie entsprächen der kosmischen Ordnung und sie wären ein Teil von uns selbst!

Diese Glaubenssätze sind Implantate, Implantate in unserem Bewusstsein, in unserem Emotionalkörper und in unserer Wahrnehmungsfähigkeit.

Unsere bewusste Wahrnehmung zensuriert das, was uns tatsächlich umgibt, massiv. Von allen Sinneseindrücken, die wir andauernd haben, nehmen wir nur etwa 4% bewusst wahr. Nur 4 % steigen in unserem Bewusstsein auf, werden für uns sichtbar und erkennbar. Die restlichen 96% der Sinneseindrücke und Wahrnehmungen werden einfach gestrichen und derart ignoriert, dass sie für uns nicht einmal zugänglich sind, selbst wenn wir es wollten. Was wir nun wahrnehmen und was nicht, das wird großteils durch unsere Wahrnehmungs-Implantate gesteuert.

Genauso wird das, was wir empfinden und wie wir etwas empfinden von unseren Emotionalkörper-Implantaten gelenkt.

Wie wir dann etwas Erlebtes bewerten, was wir als „wahr“ und „richtig“ bzw. als „falsch“ und als „fehlerhaft“ interpretieren, das entscheiden unsere Bewusstseins-Implantate.

Und was nehmen dann wir selbst, unser wahres Selbst überhaupt noch wahr?

Nicht viel! Wir funktionieren den Implantaten cntsprechend. Wir glauben zu lieben und agieren doch bloß entsprechend den in uns eingepflanzten Glaubensmustern.
Und genau das soll und muss sich ändern, wenn wir den bevorstehenden globalen Veränderungen gewachsen sein wollen.

Eines der wesentlichsten Implantate ist das Implantat der Eifersucht.
Wenn z. B. eine Frau eifersüchtig ist, dann fühlt sie sich im Recht. Sie ist ja nicht grundlos eifersüchtig, denn ihr Partner hat mit einer anderen geflirtet oder sie sogar „betrogen"! Sie ist im Recht und ihr Partner ist schuldig. Ihre Bekannten, ihre Eltern, ihre Freunde und Freundinnen werden alles daran setzen, ihr entsprechend Recht zu geben. Sie werden sie unterstützen in ihrem Leid, sie werden ihr Leid gebührend verstärken und sie dementsprechend noch emotional aufstacheln! Der Nährboden für aufkeimenden Hass und für ein weiteres furchtbares Kriegsfeld ist somit vorbereitet.

Und so sehr diese Frau sich da auch im Recht fühlen wird, ist sie dennoch einem der schlimmsten Implantate aufgesessen. Genauer gesagt, eines der schlimmsten Implantate, nämlich jenes der Eifersucht, ist in ihr aktiv gcwordcn.
Das Problem liegt in ihr selbst! Von einer „Schuld" ihres Partners kann nicht die geringste Rede sein. Die Schuldzuweisung gegenüber ihrem Partner ist definitiv ein Fehlprogramm in ihr selbst, ein massives, gesellschaftsfähiges und von allen geförderter und genährter Irrtum!

Dieses Implantat der Eifersucht ist die Wurzel aller Kriege!
Nur wenn wir dies als Fehlprogramm erkennen, werden wir uns davon befreien können!
Und nur dann wird der Krieg in uns enden und ein nachhaltiger Friede in uns einen umfassenden Weltfrieden ermöglichen.

Wir müssen zuerst das Fehlprogramm als solches erkennen, um es anschließend heilen zu können. Und um dieses Erkennen geht es jetzt!

Der Gott-Glaube, der dunkle Einfluss von außen

Wie war es bloß möglich, dass aus einer weltweiten Friedenskultur ein weltweites Kriegsfeld entstehen konnte? Die Menschheit hat den neuen Traum der Mutter Erde nicht verstanden und falsch interpretiert. Vielleicht lag es auch daran, dass Mutter Erde diesen Traum zu früh geträumt hatte.
Die Folge davon war eine erste Entfremdung aus dem Einklang mit der Mutter Erde. Immer mehr und mehr Menschen konnten die Lieder der Heilen Matrix nicht mehr hören und spüren, oder sie ignorierten sie einfach. Und durch diese Entfremdung, durch dieses Herausfallen aus dem Einklang, wurde die Menschheit anfällig, anfällig für eine geistige Krankheit schlimmsten Ausmaßes, anfällig für einen dunklen Einfluss, der offenbar *von außen* kam!

Durch die Trennung des Menschen von der Urmutter, vom Einklang mit den Liedern der Mutter Erde, wurde er anfällig für äußere Einflüsse und Wesenheiten, die ihm Macht und Ansehen versprachen. Diese Wesenheiten waren dem Menschen überlegen und erschienen stets Macht demonstrierend mit Glanz und Glorie. Der Mensch betete diese „Götter“ an, begann ihnen zu huldigen und geriet in deren Sklaverei.
Diese Götter setzten dem Menschen Implantate, um sie manipulieren und steuern zu können.
Der Glaube an einen „Gott“ ist die Huldigung einer uns versklavenden Wesenheit.

Es wirkten von außen eine oder mehrere Kräfte auf den Geist und auf das Herz des Menschen ein. Der Mensch, der den behütenden Einklang mit seiner Urmutter verloren hatte, war für diese Einflüsse anfällig geworden.

Diese einwirkenden Kräfte waren im schlimmsten Maße manipulierend, abhängig machend und rein machtorientiert. Diese Kräfte verwirrten den Geist des Menschen und versetzten uns in einen hypnotischen Zustand, der heute noch andauert…

…und aus dem wir jetzt langsam zu erwachen beginnen.

Diese Kräfte wurden als Götter angebetet und gehuldigt. Sie wurden verehrt und verlangten vehement nach ständiger Ergebenheit und Unterwerfung. Durch diese Verehrung wuchsen diese Götter massiv an, blähten sich auf und wurden immer mächtiger.

Diese Götter sind reale Bewusstheiten, sie sind Dämonen und Tyrannen, denen der Mensch selbst durch seine kindliche Hingabe zu Macht und Gewalt verholfen hat. Die Götter versprachen ihren Anhängern stets Unterstützung und Hilfe, die allerdings teuer durch Hingabe und Verehrung erkauft werden musste. Die Unterstützung galt jeweils dem einen, von diesem Gott auserwählten Volke und richtete sich gegen andere Völker! Diese Götter waren und sind Götter der Trennung, der Entzweiung, sie sind Götter des Krieges, sie sind die Dämonen der Kriegsfelder! Sie versprechen dem einzelnen Macht und Vorteile gegenüber dessen Konkurrenten. Sie manipulieren den Menschen über dessen Ego.

Jahwe und das Setzen der ersten Implantate

Die Vorgehensweise der Götter war stets dieselbe. Sie suchten sich „Auserwählte“, denen sie (meist im Kampf gegen andere) besondere Förderung versprachen. Sie machten ihren Auserwählten weis, dass diese etwas Besonderes seien (und manipulierten sie so über deren Ego). Als Preis für ihre versprochenen Förderungen (die sie nur teilweise erfüllten) verlangten die Götter nach einer bedingungslosen Anbetung und Huldigung. Das versorgte die Götter mit Energie und Macht.
Einer, der das Spiel besonders gut verstand, war Jahwe, der Gott der Hebräer.

Eines darf uns bewusst werden:
Sobald wir die Anbetung der Götter beenden, endet auch deren Macht über uns!

Einer dieser Götter war besonders geschickt in seinem Bestreben nach Macht. Er verlangte von seinen „Auserwählten“ eine vollkommene und ausschließliche Hingabe. So verlangte er von seinen Auserwählten, dass nur er alleine als einziger Gott angesehen werde. Es ist dies der Gott der Hebräer, der Gott des Alten Testamentes und jener Gott, der heute noch immer in den christlichen (insbesondere in den katholischen) Kirchen wohnt!
Obwohl Jesus Christus ganz klar sich gegen diesen Gott stellte und den Wahnsinn dieses kranken Dämons umkehren wollte, wurde ebendieser Gott in die aufkommende christliche Kirche übernommen. Das in den katholischen Kirchen häufig gesungene „Halleluja“ verrät dies ganz eindeutig. Denn „Halleluja“ bedeutet „lobet und verehrt Jahwe“, und dieser Jahwe ist jener kranke Gott des Alten Testaments!
(Randbemerkung: Wenn nun der eine oder andere Leser aufhört, Halleluja zu singen, dann hat sich das Schreiben dieses Buches bereits gelohnt!)

Jahwe, der geisteskranke Gott

Um etwa 1500 v. Chr. ergriff dieser Gott die Macht über ein einfaches Volk, das ihm vertrauensselig folgte. Um etwa 1250 v. Chr. wurde durch die Gesetzestafeln des Moses die Geisteshaltung dieses Gottes in Stein graviert! Und um diese Geisteshaltung und vor allem ihre Auswirkung auf das Liebesleben

der Menschen zu verstehen, müssen wir hier ein paar Texte aus dieser Zeit zitieren.
Der erste Text stammt aus dem Buch Exodus, Kapitel 32, Vers 26 bis 29. Und ich bitte dich, diese Textpassage nicht mit zu weit offenem Herzen zu lesen, da die Grausamkeit dieser Worte dich sonst zu tief treffen könnte!

> „Moses trat an das Lagertor und sagte: Wer für den Herrn ist, her zu mir! Da sammelten sich alle Leviten um ihn. Er sagte zu ihnen: So spricht der Herr, der Gott Israels: Jeder lege sein Schwert an. Zieht durch das Lager von Tor zu Tor! Jeder erschlage seinen Freund, seinen Bruder, seinen Nächsten. Die Leviten taten, was Mose gesagt hatte. Vom Volk fielen an jenem Tag 3000 Mann. Dann sagte Mose: Füllt heute eure Hände mit Gaben für den Herrn! Denn jeder von euch ist heute gegen seinen Sohn und seinen Bruder vorgegangen, und der Herr hat Segen auf euch gelegt.“

Jahwe, der kranke Gott, hatte den Mord an 3000 Freunden, Brüdern und Söhnen befohlen, weil diese Menschen ein Fest der Freude (mit dem Goldenen Kalb) gefeiert hatten, ein Fest, das nicht ihm, nicht Jahwe, gegolten hatte!
Und diese Menschen hatten das getan, sie hatten brutal gemordet, ohne sich auch nur im Geringsten dagegen aufzulehnen!!! Welch einer Gehirnwäsche waren diese Menschen zum Opfer gefallen, dass sie zu den Ausführenden eines derartigen Verbrechens fähig waren?

Jahwe lässt den Begriff des Besitzes in Stein meißeln. Im Besonderen die Botschaft: Die Frau ist das Eigentum des Mannes.

Der befohlene und ausgeführte Mord an jenen Menschen, zu denen man eine innige Beziehung hat (zum eigenen Sohn oder zum eigenen Bruder!), setzt natürlich grausam bindende Kräfte frei. **Diese brutalen Handlungen erzeugen ein Feld, aus dem Angst entspringt. Und mehr noch: Sie öffnet ein Feld im Geist und in der Seele der ausführenden Menschen, das diese für das Setzen von Glaubenssätzen und Implantaten vorbereitet.**
Der Informationsgehalt dieses Implantates ist eindeutig: Wenn wir uns dem sinnlichen Feiern, der Freude und der Sinnlichkeit (dem Goldenen Kalb) hingeben, müssen wir unsere Freunde, Brüder und Söhne ermorden.

Der zweite Textteil, den ich zum Verständnis der durch diesen Gott erzeugten Geisteshaltung zitiere, stammt ebenfalls aus dem Buch Exodus, Kapitel 20, Vers 17. Es ist dies ein Teil des Dekaloges, der so genannten 10 Gebote. In diesem Absatz finden wir die in jener Zeit bereits etablierte Haltung zum Thema Besitz:

> „Du sollst nicht nach dem Haus deines Nächsten verlangen. Du sollst nicht nach der Frau deines Nächsten verlangen, nach seinem Sklaven oder seiner Sklavin, seinem Rind oder seinem Esel…“

Dieser Text zeigt, dass sich in jener Zeit der Geist des Besitzes bereits eindeutig durchgesetzt hatte. Der Übergang von der Gemeinschaft, in welcher jeder mit jedem gleichwertig verbunden war, hin zum trennenden Eigentumsgedanken war bereits vollzogen. Wir hatten unter den neolithischen

Völkern und den Völkern der Kupferzeit gesehen, dass Besitz und Eigentum keine Rolle spielten. Anstatt dessen wurde *der Raum des Einzelnen als höchstes Gut* betrachtet und die Fähigkeit des Raumgebens geschult. Nun aber, 2000 Jahre später, zur Zeit des Moses, war davon nichts mehr zu spüren. Stattdessen wurde das Eigentum strikt definiert.

Und mehr noch:

Der Wert der Güter wurde in dieser Reihenfolge festgelegt.

Das höchste Gut war das Haus.

Das zweithöchste Gut und **Eigentum des Mannes war die Frau**! Die Frau war bereits zum Eigentum des Mannes geworden! **Der Besitz in der Liebe wurde festgeschrieben und in Stein gemeißelt**!

Der Besitz von Menschen war offenbar etwas derart Gängiges, dass er geregelt werden musste. Man (der Mann) besaß nicht nur eine Frau, sondern auch Sklaven und Sklavinnen.

Der Besitz in der Liebe

Der Geist des Menschen hatte sich also gravierend geändert!

Der immer mächtiger werdende Gott hatte den Menschen unter eine massive Hypnose gesetzt. Der Mensch war bereit, sich Glaubensimplantate einsetzen zu lassen, weil er dem Versprechen dieses Gottes glaubte, von nun an von ihm behütet und beschützt zu werden. Außerdem war der Mensch über den Geltungsdrang seines eigenen Egos verführt worden.

Eines dieser Implantate war jenes der Eifersucht. Dieses Implantat wurde (wie alle Implantate) durch rohe Gewalt, durch Blut und durch Mord manifestiert.
Der Mann besaß die Frau. Das bedeutete fortan, dass die Liebe der Frau sich nun per Gesetz auf diesen einen Mann zu beschränken hatte! Die Männer hatten gewisse Freiheiten, ihnen wurde es gestattet, mehrere Frauen zu haben. Liebte ein Mann allerdings die Frau eines anderen Mannes, so wurde dies ebenfalls als Verbrechen angesehen, als Ehebruch! Die Strafe, die dafür vorgesehen war, war die Todesstrafe, meistens die Steinigung!

Ist uns eigentlich klar, was dies bedeutet?!

1. Die Liebe wurde begrenzt und zu einem exklusiven Besitz erklärt!
Die Liebe, die einst so frei gelebt wurde, die als kosmische Vereinigung der männlichen Licht-Kraft mit der weiblichen Empfängnisbereitschaft und Hingabefähigkeit zelebriert worden war, musste sich nun auf einen einzigen Menschen beschränken! Da die Liebe, der Fluss der Liebe eine mächtige Kraft ist, die sich weder begrenzen, noch reglementieren lässt, war ein Übertreten dieser Gesetze vorprogrammiert.

2. Die Liebe wurde kriminalisiert!
Die Liebe eines Mannes zu einer Frau, die mit einem anderen verheiratet war, wurde fortan als „Diebstahl" schwersten Ausmaßes betrachtet. Dies war von da an ein schweres Verbrechen, dessen Rechtsgrundlage nun in Stein gemeißelt war!

Liebe als Verbrechen!
Wie verwirrt musste der Geist des Menschen bereits gewesen sein, um diesen wahnsinnigen Wandel zu akzeptieren und als „Recht" in sich zu integrieren.

Die Übertretung dieses Gesetzes wurde mit Steinigung geahndet.
Auf Liebe also folgte die Ermordung der sich liebenden Menschen!
Das war der nächste Bruch in der globalen Weltenseele der Menschen, der tief, sehr tief ging.

Eifersucht, die Angst in der Liebe

Der Mensch hatte also den Besitz in der Liebe akzeptiert und durch Angst und Mord so tief in sich integriert, dass er dies als natürliches Gesetz, als „göttliche" Ordnung ansah. Seine Haltung zur Liebe und seine Wahrnehmung der Liebe hatte sich dramatisch verändert, ja war zu einem Besitzdenken verkümmert. Die Liebe war begrenzt, sie war exklusiv, sie war trennend. Göttlich war diese Liebe ja tatsächlich, denn ein Gott (ein kranker, eifersüchtiger Dämon) hatte sie in die Herzen der Menschen eingepflanzt.
Die Liebe durfte nur mit einem einzigen Menschen gänzlich gelebt werden. Durften die Männer anfangs noch mehrere Frauen haben, wurde dies im Laufe der Zeit („gleichberechtigend") ebenfalls auf eine einzige Frau per Gesetz begrenzt.

Eifersüchtig war dieser Gott und diese Krankheit der Eifersucht suchte er nun auf den Menschen zu übertragen. Und dies ist ihm in hohem Maße gelungen!

Die Ursache für jede Eifersucht ist eine grundlegende Angst.
Nachdem es gelungen war, unsere Liebe auf einen einzigen Partner zu beschränken, entstand natürlich eine ausgesprochene Abhängigkeit von diesem einen Menschen. Wenn die Liebe auf diesen einen Menschen beschränkt war und er bzw. sie uns diese Liebe verweigerte, so mussten wir fortan ohne Liebe auskommen!

Heute sind wir vollkommen überzeugt davon, dass wir die Liebe auf allen Ebenen nur mit einem einzigen Partner leben können (bzw. leben dürfen). Genauer gesagt, die wichtigste Ebene der Liebe, nämlich die körperlich sinnliche Vereinigung mit einem Menschen, diese ist auf einen einzigen Menschen beschränkt.

Begeben wir uns nun in die Rolle einer Frau, die mit ihrem Mann auf eine Party geht. Sie sieht, wie ihr Mann mit einer anderen Frau spricht. Sie befindet sich sofort in Alarmbereitschaft. Sie beobachtet genau die Mimik und Gestik dieser anderen Frau, ihr Lächeln (das viel zu offen und einladend wirkt), sowie die Reaktionen ihres Mannes. Sie kennt ihn ja genau und weiß, worauf er „anspringt". Sie beobachtet all dies, scheinbar unbeteiligt, so nebenbei, aber mit immer größer werdender Anspannung. Denn sie hat eines entdeckt:

Zwischen ihrem Mann und dieser Frau besteht eine erotische Anziehung.
Und das ist Alarmstufe Rot!
Nun muss etwas unternommen werden! Sie wird um ihr Recht kämpfen und alle Tricks anwenden, die ihr zur Verfügung stehen!

Ein ganz normaler Vorgang, etwas, das tagtäglich millionenfach geschieht.
Doch warum läuft dies so und nicht anders ab?
Was steht da dahinter?

Es ist die Angst!
Die Frau weiß (bzw. glaubt daran), dass Liebe exklusiv ist. Wenn nun ihr Mann sich in diese attraktive andere Frau verliebt, so ist zwar die erste empfindliche Grenze überschritten, aber noch nichts passiert. Wenn nun aber ihr Mann mit dieser Frau ein schönes und gar noch ein erfüllendes erotisches Erlebnis hat, so bedeutet dies die sofortige Trennung!
Daher ist die Angst, dass die Liebe zwischen ihrem Mann und der anderen Frau aufblüht, enorm. Das darf nicht sein, denn das hätte den Verlust der Liebe zur Folge, ein Verlust voller Verletzungen und voller Schmerz. Sie müsste sich von ihrem Mann trennen, das steht außer Frage (warum eigentlich?!). Und dann müsste sie sich nach einem anderen Mann umsehen (natürlich wieder exklusiv), um die Liebe auf allen Ebenen wieder leben zu können…

Die Wurzel der Eifersucht ist die Angst, die Angst vor Verlust.
Und diese Verlustangst kommt nur deswegen zustande, weil wir die Liebe, genauer gesagt die wichtigste, nämlich körperlich-sinnliche Ebene der Liebe, als exklusiv betrachten!

Wenn nun dieser Mann mit jener attraktiven Frau tatsächlich eine erotische Liebesbeziehung eingeht, wird die Gesellschaft sowohl über ihn, als auch über diese Frau herfallen. Es hat sich im Vergleich zu Moses Zeiten nicht viel geändert, abgesehen von der Methode. Anstelle einer Steinigung steht heute der gesellschaftliche Rufmord. Sämtliche Zeitschriften, die über das Liebesleben der VIPs berichten, sind voll davon.
Die Schuldzuweisung wird eindeutig sein. Die arme verlassene Frau wird in den Himmel gehoben werden. Sie ist das Opfer, sie war immer die Stütze im Leben dieses Mannes. Und nun das!
Genau diese Haltung des Umfeldes bewirkt aber zweierlei:
Zum einen verstärkt dies den Schmerz in der „verlassenen“ Frau.
Zum anderen verstärkt es im globalen Feld die Berechtigung, die „Richtigkeit“ des Implantates der Eifersucht.
Auch das Umfeld reagiert deswegen derart massiv auf diese Geschichte, weil jeder im Umfeld eben dieses Implantat der Eifersucht genauso tief in sich integriert hat. Diese Schuldzuweisung drängt die verlassene Frau nach und nach auf ein noch wesentlich gefährlicheres Feld. War sie zuerst noch die

arme, die betrogene Frau, wird nun in ihr allmählich ihr Schmerz genährt, verstärkt und ihr dadurch aufkeimender Hass geschürt!

Das Kriegsfeld

Das gesellschaftliche Umfeld reagiert hier absolut angstorientiert und vollkommen kontraproduktiv. Das gesellschaftliche Umfeld bereitet den Nährboden für ein Kriegsfeld vor!

Die Gesellschaft stellt die „Betrogene" als die Arme, bzw. als das Opfer dar. Das Umfeld macht ihr außerdem eindeutig klar, dass sie nicht nur arm sei, sondern dass sie auch nach außen hin „ziemlich blöd dasteht". Denn heimlich und hinter vorgehaltener Hand wird über sie bereits gespöttelt, was man ihr natürlich nur „ganz im Vertrauen" mitteilt.
Ihr gegenüber demonstriert man, dass man fest auf ihrer Seite steht, wie eine große Schwester oder ein großer Bruder, der ihr, der armen Betrogenen, in diesen schweren Zeiten zur Seite steht. Man begibt sich auf die Seite des Opfers und beginnt ihren mittlerweile „Ex-Mann" zu beschimpfen. Man findet seine schlechten Eigenschaften, diskutiert diese lang und breit mit ihr und fügt so nebenbei die eine oder andere Beobachtung oder Vermutung hinzu.
Dann wird dem Opfer klar gemacht, wie massiv die Schuld ihres ehemaligen Partners ihr gegenüber eigentlich sei. Es wird ihr nahe gelegt, sich entsprechend entschädigen zu lassen, denn schließlich sei nun ihr gesamtes

Leben zerstört. Das Kriegsfeld ist nun ausreichend vorbereitet.

Und so entsteht der Hass.
Und aus dem Hass entsteht der Kampf (denn schließlich muss sich frau ja nicht alles gefallen lassen!). Und auf die ersten aggressiven Attacken der Frau reagiert der einst so sehr geliebte Mann, meist sehr ungeschickt, mit Gegenwehr.
Der Krieg hat begonnen.
Und die Vertreter der gesellschaftlichen Ordnung, diejenigen, die der Frau in ihrer schweren Zeit zur Seite standen (wie sie es ausdrücken), freuen sich insgeheim auf den bevorstehenden Krieg. Denn nichts scheint interessanter zu sein, als ein Kriegsfeld als unbeteiligter Dritter, aber möglichst hautnah, miterleben zu können.

Und genau diese Kriege, das sind die Wurzel aller Kriege!
Das ist die massivste Krankheit unserer Zeit.

Das Lösungsfeld

Nun liegt es an uns.
Wir müssen uns entscheiden.
Wir stehen jetzt vor einer Weggabelung und du, der du dieses Buch liest, du solltest dich entscheiden! Jetzt!

Der eine Weg, der sich hier gabelt, scheint der breitere und jedenfalls der einfachere zu sein:

Du sagst, die Frau hat Recht, ihr Mann hat sie betrogen, er trägt dic gesamte Schuld und er muss dafür bezahlen.
Wenn du diesen Weg einschlägst, so bedeutet dies aber, dass du den Krieg wählst und an einem Frieden nicht interessiert bist, weder in dir selbst, noch auf dieser Welt. Dann bedeutet dies, dass dir der Mut fehlt, das tägliche Morden in Nahost zu stoppen und dass dir der Mut fehlt, dein eigenes Kriegsfeld in dir zu klären.
Wenn du diese Entscheidung triffst, dann hat es keinen Sinn mehr, wenn du dieses Buch weiter liest!

Für den anderen Weg, den Weg der Heilung, brauchst du allerdings Mut!
Du spürst nämlich die Wut in dir, die Wut gegen diesen Mann, der seine Frau betrogen hat. Du spürst den Wunsch in dir, diesen Mann zu bestrafen, ihm Leid zuzufügen oder ihn gar zu töten. Es ist klar, dass du diese Wut in dir spürst, denn das Implantat der Eifersucht ist auch in dir lebendig und wirksam.
Mach nun bitte folgendes:

1. Heiße diese Wut willkommen.
2. Akzeptiere und liebe dich, auch wenn du diese Wut gerade in dir spürst.
3. Und entlasse dann diese Wut, indem du mehrmals tief ausatmest.
4. Wiederhole das ein paar Mal, solange bis du dich besser fühlst!

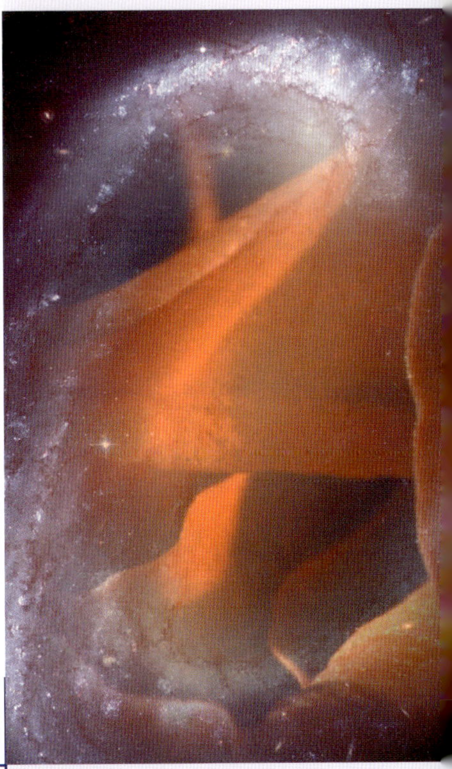

Und nun gehe einen Schritt weiter!
Verändere deine Gedankengänge und erwirb

dir eine neue Sicht, eine Sicht, die dem heilen Lied der Mutter Erde, dem Lied von der Heilen Matrix wesentlich mehr entspricht. Durch diese neue Sicht der Liebe erst kann Heilung geschehen.

Es braucht Mut, um neue Wege zu gehen. Es braucht Mut, um gegen die Vorschriften der Dogmen und im Sinne des eigenen Herzens und der eigenen Sehnsucht zu handeln. Doch wenn wir auf diese Sehnsucht in uns hören und auf jene Impulse und Stimmen, die von Mutter Erde selbst kommen, werden wir die neuen Wege erkennen und sie zu gehen wagen!

Beende die Zuweisung von Schuld!

Beende diese Zuweisung der Schuld, jetzt sofort und radikal! Du gabst dem Mann die Schuld, der seine Frau „betrogen" hätte. Betrachte dies nun von einer gänzlich anderen Seite!

Dieser Mann hat auf einer Party zufällig (oder war es „Schicksal"?) eine attraktive Frau kennen gelernt. Zwischen ihm und dieser Frau ist eine wunderbare Liebe erblüht. Lange hat er sich gegen diese Liebe gewehrt und sich diese Liebe verboten. Doch in ihm hat diese Begegnung eine unglaubliche Sehnsucht angesprochen, eine Sehnsucht, die er schon seit ewig in sich trägt. Er hatte diese Frau geliebt und eine Erfüllung gefunden in einem schier unbeschreiblichen Ausmaß.

Er hatte nie beabsichtigt, seine Frau zu verletzen oder zu demütigen, noch sie zu verlassen. Er hatte im Zustand seiner Liebe gar nicht daran gedacht, dass er sie durch sein Tun verletzen könnte. Denn warum sollte Liebe verletzend sein? Was verlor seine Frau, wenn er Glück und Erfüllung erlebte?

Im Zustand dieser Liebe war er jenseits aller bisherigen Vorstellungen und Glaubensmuster angelangt, die Implantate waren vorübergehend außer Kraft gesetzt und die Wahrnehmung der Welt hatte sich in ihm komplett verschoben.

Und dafür sollte er nun in den Zustand einer Schuldigkeit gesetzt werden?

Beende bitte auch du die Zuweisung von Schuld, jetzt.
Lass die Liebe geschehen, lass sie frei fließen, wo und wann immer sie fließen will. Sie ist ein Geschenk, das Achtung und Wertschätzung verdient und das gelebt werden will!

Akzeptiere, dass jede Ausschließlichkeit in der Liebe, auch auf der körperlich-sinnlichen Ebene, ein Implantat ist.
Wir können in der Liebe niemals besitzen.
Gesetze können die Liebe niemals reglementieren.
Liebe ist frei, war es immer und wird es immer sein.

Akzeptiere, dass Eifersucht ein Implantat ist.
Die „betrogene" Frau fühlte Schmerz. Das ist real, das ist vollkommen verständlich. Doch ihr Umgang mit dem Schmerz war zwar gesellschaftskonform, aber dennoch krankhaft.
Sie war der Meinung, dass ihr Partner ihr einen Schmerz zugefügt hätte.
Und genau dies ist der zentrale Irrtum, der stets begangen wird!
Ihr Partner hatte sie weder gedemütigt, noch ihr Schmerz zugefügt. Ihr Partner hatte lediglich geliebt!
Die Ursache des Schmerzes lag in ihr selbst!
Das Implantat der Eifersucht haben wir derart in uns integriert, dass wir meinen, es sei tatsächlich ein Teil von uns. Dieses Implantat

ist wie eine zweite, unsichtbare Haut, die wir angelegt haben. Diese Haut trägt eine Vielzahl nach innen gerichteter Stacheln, die tief in unser Fleisch hineinragen. Sobald wir im außen eine entsprechende Situation erleben, die dazu in Resonanz geht, beginnen diese Stacheln aktiv zu werden.

Wir spüren den Schmerz.

Wir spüren den Schmerz tief in uns.

Die Ursache für diesen Schmerz ist allerdings nicht die Situation an sich und keinesfalls unser Partner, der uns „betrügt“ oder unsere Partnerin, die sich auf ein erfüllend erotisches Erleben mit einem anderen Mann einlässt.

Die Ursache für den Schmerz, den wir spüren, ist das Implantat, das wir in uns tragen!

Sobald wir dies akzeptieren, kann die Heilung beginnen!

Denn der nächste Schritt ist klar: Wir werden beginnen, diese verletzende Haut mit all ihren Stacheln auszuziehen. Wir werden alle damit verbundenen Glaubenssätze verabschieden. Wir werden die dadurch erlittenen Wunden in uns heilen. Und wir werden in eine neue Freiheit und in eine endlich wieder grenzenlose Liebesfähigkeit eintreten.

Im Heilungsfeld der Liebe werde ich dir einige konkrete Methoden dazu zeigen.

Hier vorerst eine einfache Übung, die sehr wirksam ist und sehr starke Heilkräfte bereits aktivieren kann:

1. Begebe dich in einen meditativen Zustand. Am besten du legst dich hin und schließt die Augen. Du kannst eine Musik dazu spielen. Du kannst dir z. B. mit Räucherstäbchen eine angenehme Atmosphäre schaffen.

2. Wenn du ruhig atmest und zu dir gekommen bist, sage dir: „In Verbundenheit mit der Urmutter, in Verbundenheit mit Mutter Erde, gehe ich an den Urgrund, an die Wurzel aller Liebesverletzungen in mir."
Lass nun Bilder aufsteigen aus deinem Inneren, aus deiner Tiefe. Dies werden Erinnerungen sein, können aber auch ganz andere, dir unbekannte Bilder und Gesichter sein. Lass dir dafür Zeit, solange es dir angenehm ist.
Und: bewerte nicht, egal, was du siehst, sondern lass geschehen!

3. Sag nun: „Ich verbinde mich mit der Heilen Matrix der Mutter Erde. Ich lasse Heilung geschehen!"
Genieße nun das, was du spürst und erlebst. Solltest du dabei einschlafen, wäre das sehr gut so! Dann nämlich nimmst du die Heilungsimpulse mit auf die unterbewusste Ebene deines Schlafes.

Das Heilungsfeld

Wenn du nun in deinem Umfeld ein Eifersuchtsthema aufkeimen siehst, so lass dort kein Kriegsfeld mehr entstehen.
Beende das Spiel der Schuldzuweisungen und beende dies, wenn es sein muss, vehement!
Lass dort das Heilungsfeld entstehen, indem du nicht gesellschaftskonform reagierst. Achte den Schmerz, der bei dem oder bei der „Betrogenen" aufkommt. Doch nähre

diesen Schmerz nicht, sondern lass Heilung geschehen. Empfehle die oben beschriebene Übung.

Wenn dir das gelingt, hast du einen ganz wesentlichen Beitrag zum Frieden in dir selbst und zum allgemeinen Weltfrieden geleistet! Danke!

Das Implantat der Ehe

Was aber wollte sie, die große Urmutter, Mutter Erde, mit jenem Traum, der vor 5000 Jahren begann? Der Mann sollte selbständiger werden und das Licht in sich selbst erkennen. Er hat es nicht getan, das wissen wir. Was aber wäre der Plan der Mutter Erde gewesen, was wollte sie damit erreichen und wie sollte sich dies auf die Liebe auswirken?
Durch das neue Leuchten im Mann sollte eine neue Liebe entflammen. Die Frau sollte fasziniert sein von seinem neuen Licht. Ein neues Liebesspiel hätte sich dadurch für beide eröffnen sollen, ein Evolutionssprung im menschlichen Liebesleben hätte stattfinden können.

Aus der bis dahin weitestgehend unpersönlichen Liebe hätte sich etwas Neues, etwas Persönlicheres entwickelt. Eine Art Paarbeziehung also. Bis dahin waren im Liebesspiel alle Frauen die Repräsentantinnen der sich hingebenden Urmutter und die Männer die Darsteller des befruchtenden Lichtes. Die Frauen liebten die Männer in ihrer Gesamtheit und die Männer liebten genauso in der Frau die Weiblichkeit an sich. Welcher Mann sich mit welcher Frau sexuell vereinte, war nebensächlich. Hauptsache war, dass dies mit höchster Hochachtung, Hingabe und Liebe zelebriert und als heiliges Ritual vollzogen wurde.
Und nun hätte daraus eine persönlichere Liebesbeziehung erblühen sollen. Es waren sicher viele Strophen im Lied der Mutter

Erde, die von der neuen Paarbeziehung sangen. Eine Frau sollte sich mit einem Mann in noch nie da gewesener Einheit verbinden, mit ihm verschmelzen und sie sollten sich in besonderer Weise aufeinander beziehen. Diese neue Verschmelzung sollte sich auf diesen einen Partner konzentrieren, damit sie sehr tief gehen und sehr innig werden konnte.

Doch in diesem Lied der Mutter Erde sprach nichts von einer immerwährenden Exklusivität! Auch dieses Lied hatte der Mensch falsch gedeutet, falsch verstanden. Aus dieser besonderen Beziehung zu dem einen Partner machte der Mensch eine Exklusivität und eine Ausschließlichkeit, die ein Leben lang(!) andauern sollte!
Doch das Lied der Mutter Erde hatte einen gänzlich anderen Hintergrund. Die Liebe sollte zwischen diesen beiden Partner innigst und bis in die tiefsten Tiefen ausgekostet und gelebt werden, solange diese Liebe brannte. Wie lange dies währen konnte, war ungewiss und hing von der Seelenstruktur der beiden Menschen ab. Dass sie ein Leben lang dauern würde, war nicht vorgesehen. Dass sie ein Leben lang andauern könnte, war zwar möglich, aber wohl eher eine Ausnahme!

Doch die Entwicklung in der menschlichen Gesellschaftsstruktur verlief anders. Die Ein-Ehe wurde zum Gesetz. Zuerst galt dies nur für die Frau, sie durfte nur einem Mann „gehören"! Später galt dies auch für den Mann und die exklusive Ein-Ehe, die vor „Gott" geschlossen wurde und von nun an ein Leben lang andauern musste, war geboren.

Vom Besitz zur Ehe

Einer der Gründe für diese Entwicklung lag in der Erfindung des Besitzes. Der Mann besaß die Güter, das Haus, das Land, die Gerätschaften, die Waffen. Er hatte die Macht an sich gerissen, er hatte in seiner Entwicklung betrogen und hatte, anstatt sein inneres Leuchten zu entwickeln, zur Macht gefunden.

Mit dem Ansteigen seiner Macht begannen die Anhäufung und die Kontrolle von Besitztümern.

Er wurde zum Eigentümer und zum Gebieter über das Land, zum Eigentümer und Gebieter über die Frau, zum Besitzer von Sklaven und Sklavinnen. „Gott“ hatte es ihm ja schließlich aufgetragen. „Macht euch die Erde untertan“, hatte es geheißen. Und das hatte er gründlich befolgt. „Macht euch die Erde untertan!“, das war der Aufruf und die Legitimation zur umfassenden Macht!

Der Besitz, der nun angehäuft wurde (egal, ob durch Arbeit erworben, oder durch Betrug und Gewalt geraubt), dieser Besitz musste dann natürlich weitergegeben werden. Weitergegeben an die eigenen Kinder und ausschließlich an die eigenen Kinder. Und da musste man sich schon sicher sein, wer die eigenen Kinder waren.

Der ständig begleitende „Gott“ lieferte dafür die entsprechende Lösung: Die Frau wurde zum Eigentum des Mannes und durfte fortan ihre Liebe ausschließlich mit diesem einen Mann leben. Damit konnte der Mann sich sicher sein, dass dies tatsächlich seine eigenen Kinder waren. Eine pragmatische und eindeutige Lösung, oder?

Das Implantat

Aus diesem Gesetz wurde nach und nach ein Implantat.
Denn wer dieses Gesetz brach, wurde ermordet, wurde gesteinigt. Und Mord prägt sich stets tief in die Seele der Menschen ein!

Ein Implantat wird stets über die emotionale Ebene manifestiert. Über einen Schwur (vor einem tyrannischen Gott) entsteht eine Verpflichtung, die nicht gehalten werden kann. Daraus erwächst eine Schuld, die mit Blut und Mord massiv ins globale Gedächtnis der Menschheit und ins Bewusstseinsfeld jedes einzelnen eingeprägt wird. Und diese Schuld ist jene Energie, die das Implantat nährt und wachsen lässt.

Dieses Implantat wurde „vor Gott“ selbst besiegelt. Diese Verbindung (die sich dann fast immer zur Bindung und schließlich zum Gefängnis entwickelte) wurde rituell zementiert. Ein Vergehen gegen die damit verbundenen Regeln wurde dadurch zu einem Vergehen gegen „Gott“. Mächtig und schwer lasteten die durch Übertretungen aufkommenden Schuldgefühle auf den Seelen der Menschen. Zuerst wurden sie deswegen noch ermordet, später ermordete man nur mehr deren Seelen und raubte ihnen den Frieden (und alle Lebensfreude), indem man ihnen die unausweichlich ewige Verdammnis verhieß. Auch das geht tief, denn mit Schuld lässt sich ein widernatürliches Implantat tief und schmerzhaft verankern.

Doch dies war nicht die einzige Methode, um aus dem Ehegesetz ein tief in uns sitzendes Implantat zu machen. Man vertiefte dieses Implantat über eine weitere sehr tief gehende emotionale Schiene, nämlich über die Kinder. Jene Kinder nämlich, die außerehelich geboren wurden, diese Kinder wurden gesellschaftlich auf die ärgste Weise stigmatisiert. Außerehelich geborenen Kindern wurden die gesellschaftlichen Rechte nicht zuerkannt. Aber nicht nur die Kinder selbst wurden geächtet, sondern auch deren Mütter! Deren Mütter wohlgemerkt, aber nicht deren Väter. Hier wird allmählich eine neue Geisteshaltung der menschlichen Gesellschaften sichtbar, nämlich die Schuldbelastung der Sexualität allgemein und die generelle sexuelle Schuldzuweisung an die Frau als „Verführerin".

Durch diese Jahrtausende lange Gewalteinwirkung auf den menschlichen Geist sind wir heute davon überzeugt, dass die Ein-Ehe (oder die rein monogame Lebensform der Partnerschaft) die „natürliche" moralische Norm sei und dass alles andere unmoralisch, unethisch und verurteilungspflichtig wäre. Wir haben den Zugang zu den Liedern der Mutter Erde heute soweit verloren, dass wir nicht mehr spüren, was sie tatsächlich wollte, welche Entwicklungsimpulse sie uns tatsächlich geben will. Wir glauben an die Ein-Ehe. Das Implantat sitzt in uns so tief, dass wir glauben, dies sein ein Teil von uns, dies käme aus uns selbst.

Isolation in der Ehe

Wir sind heute davon überzeugt, dass die Ehe dic „Kcimzelle" der Gesellschaft sei. Dies wird entsprechend propagiert. Doch schauen wir uns die Realität der Ehe an! Die Scheidungsraten zeigen es uns doch deutlich auf, dass die Ehe definitiv nicht funktioniert.

Werfen wir einen Blick in eine Großstadt. Wir sehen dort Wohnblock an Wohnblock,

dicht an dicht gedrängt. Und in diesen Wohnblocks, dort wohnen und leben sie, die „Keimzellen“ der Gesellschaft. Doch schauen wir genauer hin, wie sie dort leben: sie leben isoliert, vollkommen getrennt von den anderen, vollkommen asozial! Es gibt keinen Austausch zwischen diesen nebeneinander lebenden Zellen. Man verschließt sich voreinander, denn die Erfahrung hat gezeigt, dass dies besser sei. Man kennt nicht einmal den Namen des Nachbarn.
Und das ist die allgemeine Realität. Die Kleinfamilien isolieren sich gegenüber den anderen weitestgehend. Zellen aber, die miteinander nicht kommunizieren und sich derart asozial verhalten, dass sie nur an sich selbst denken, das kennen wir aus der Pathologie sehr genau: Das nennen wir ein Krebsgeschwür!

Die Folgen dieser Isolation nach außen hin sind bestens bekannt. Innerhalb der Ehe nämlich beginnt die Liebe zu sterben. Langsam zuerst, aber unaufhaltsam. Denn schließlich darf die Liebe ja nur mit diesem einen Partner gelebt werden, zumindest auf der wesentlichsten und erfüllendsten Liebesebene, der sinnlich-erotischen. Wenn sich aber eine Kraft (und besonders eine derart intensive, wie die Sexualität) ausschließlich nach innen richten darf, dann läuft sie sich früher oder später tot. Es fehlt ihr an Nahrung, es fehlt ihr an Spannung, es fehlt ihr an Lebendigkeit.
Die beiden Menschen, die brav die Keimzellen der Gesellschaft sein wollen, wissen es nicht besser und geben sich die beste Mühe, um damit klar zu kommen. Doch eine un-

bändige Sehnsucht wird in ihnen wach, eine Sehnsucht nach dem Leben, nach dem, was sie doch einst miteinander erlebt hatten, als sie verliebt ineinander waren.
Diese Sehnsucht wird unterdrückt, da sie verboten ist… doch sie kommt immer wieder und immer häufiger.

Und nun stehen diese beiden einander ja noch immer ehrlich liebenden Menschen vor einer fatalen Entscheidung! Entweder sie verzichten von nun an und ihrem Partner zuliebe für ihr gesamtes weiteres Leben auf eine erfüllende Liebe. Oder sie schauen sich nach einem anderen Partner um, was natürlich die sofortige Trennung mit ihrem jetzigen Partner zur Folge hätte (und wiederholen so das Spiel noch einmal mit denselben Enttäuschungen).

Vielleicht war er ja auch nicht der Richtige. Ich werde den Richtigen, den mich rundum und lebenslang glücklich machenden „Seelenpartner“ (wie es in spirituellen Kreisen dann heißt) schon noch finden.
Ich trenne mich also von diesem Partner, da er mich nicht mehr glücklich macht.

Oder ich suche eine sexuelle Affäre, die mich erfüllt. Solch eine Affäre finde ich dann auch und ich kann so bei meinem Partner bleiben, ohne vor ungestillter Sehnsucht vergehen zu müssen. Auch das ist eine Lösung, die tausendfach und millionenfach tagtäglich gewählt wird.
Doch eines ist klar. Davon darf ich meinem Partner niemals etwas erzählen, denn das

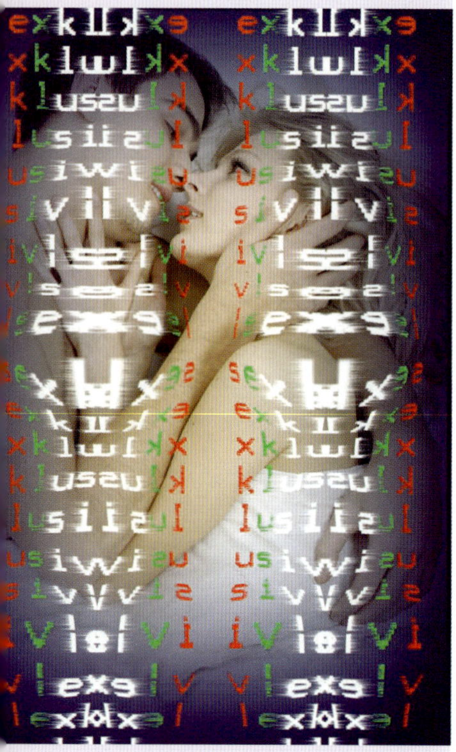

hätte Eifersuchtsszenen, Schmerz, Hass und die sofortige Trennung zur Folge.
So also entsteht ein Feld der Lüge.
Ein Feld der Lüge, das in Kauf genommen wird, um die in uns brennende Sehnsucht zu erfüllen.
Ein Feld der Lüge, das nur deshalb entsteht, weil wir einer anderen Lüge aufgesessen sind, nämlich der Lüge der Ehe.

Und aus diesem Kreislauf gibt es kein Entrinnen.
Die Liebe kann nicht gelebt werden, solange wir das Implantat der Ehe in uns tragen.

Wir sollten daher Folgendes akzeptieren:
Die Ein-Ehe ist ein Implantat, das widernatürlich ist und daher die Liebe tötet. Die natürliche Sehnsucht besteht darin, mit einem Partner vollkommen in Liebe zu verschmelzen, mit ihm gänzlich und absolut erfüllend eins zu werden. Doch diese Liebe lässt sich nicht reglementieren, sondern ist frei, ist ein freiwilliges Geschenk, das Raum und Freiheit braucht, um geschenkt werden zu können.

Nur dann nämlich, wenn wir die Ehe (oder die gleichwertig angesehene exklusive Paarbeziehung) als Implantat erkennen, nur dann können wir uns davon befreien. Und eine Befreiung von diesem Implantat ist die wesentliche Voraussetzung für eine reife und vor allem erfüllende Partnerschaft, die im Einklang mit den Liedern der Mutter Erde gelebt wird.

Der Traumpartner

Wir sind reifer geworden, meinen wir. Also, an die Ehe glauben wir ja nicht mehr, wir haben uns davon längst befreit. Doch schau da bitte in dir einmal genauer hin! Meistens haben wir das Ehe-Implantat nur anders angestrichen und umbenannt, ohne uns davon auch nur im Geringsten zu distanzieren.

Da gibt es das Bild des Traumpartners. Dieser eine Partner macht uns auf allen Ebenen glücklich. Er bzw. sie passt zu uns auf allen Ebenen, wir leben eine erfüllte Beziehung auf allen Ebenen bis an unser Lebensende. Dieses Bild wird uns massiv in Tausenden und Abertausenden Filmen suggeriert. Die gesamte Musikindustrie verkündet in ihren Liedern das Heil mit diesem einen Traumpartner.

In den spirituellen Kreisen spricht man vom Seelenpartner, von der Dualseele oder von der Zwillingsseele. Auch da geht es um den einen und einzigen Partner, der uns umfassend glücklich macht. Und das meist noch in einer absolut verschärften Form. Da wird nämlich behauptet, dass es diese eine Zwillingsseele nur ein einziges Mal gäbe. Und nur wenn ich absolutes Glück habe, lebt er bzw. sie zurzeit. Nur wenn ich diesen einen finde, werde ich glücklich sein können. Die Zwillingsseelen hätten sich zu Anbeginn der Schöpfung verloren und suchten sich seitdem unaufhörlich.

Aber bei etwa 7 Milliarden Menschen ist die Wahrscheinlichkeit, diesen einen und einzigen auch wirklich zu finden, weitaus geringer als ein Lottosechser!

Müssten wir unsere eigene Liebesfähigkeit auf einen einzigen „Seelenpartner" begrenzen, so wäre dies eine sehr traurige, eine sehr liebesarme Welt!

All diese Vorstellungen von dem einen Partner sind unglaublich schön-romantische Bilder, die uns, wenn sie z. B. filmisch gut gebracht werden, zu Tränen rühren. Doch so, wie sie beschrieben werden, sind sie lediglich sehnsüchtige Projektionen, die reine Fantasien sind. Den einen Seelenpartner oder den einen Traumpartner gibt es in dieser Form nicht. Sei bitte misstrauisch gegenüber all jenen „Esoterikern", die mit diesen Bildern verführen, unhaltbare Versprechungen machen und damit massig Geld abzocken!

Auch hier sollten wir entscheiden, ob wir weiter dem Phantom des „richtigen Seelenpartners" nachjagen wollen, oder ob wir es wagen, den Weg zu einem wirklich erfüllenden Liebesleben zu gehen.

Warum aber berühren uns diese Bilder und Geschichten so sehr?
Zum einen, weil sie das Implantat der Ehe in uns aktivieren. Dadurch geben wir eine innere Zustimmung zu dem, was wir hier sehen oder hören.
Zum anderen, weil dies in uns eine tatsächliche, eine schon ewig ungelebte Sehnsucht aufleben lässt. Die Sehnsucht nämlich nach dieser gänzlichen Vereinigung und erfüllenden Verschmelzung mit einem Partner.
Nur: Exklusiv, ausschließlich und für immer

während kann solch eine Begegnung niemals sein.

Eine andere Facette schleicht sich in das Bild vom Traumpartner immer wieder ein. Wir erwarten nämlich, dass dieser Partner uns glücklich macht und das auf allen Ebenen! Mein Partner ist also für mein Glück verantwortlich. Und das allumfassend, jederzeit und für immer. Genügt er oder sie diesen Ansprüchen nicht, so war es offenbar nicht der oder die Richtige. Die Forderung aber, mich glücklich zu machen, ist eine Forderung, der niemals irgendjemand gewachsen sein kann.

Um es klar auszusprechen:
Wenn ich durch eine liebende Begegnung mit einem Menschen Glück und Erfüllung erlebe, so ist dies mein persönliches, mein eigenes Erleben. Wenn ich durch die Beziehung zu einem Menschen emotionalen Schmerz erlebe, so ist dies ebenfalls mein eigenes Erleben.
Niemand und schon gar nicht mein Partner ist für meinen Schmerz oder für mein Glück verantwortlich.

Und:
Der Seelenpartner und der Traumpartner sind Phantome, die nicht existieren.
Unsere tatsächliche Sehnsucht wünscht sich die gänzliche Vereinigung mit einem Partner. Wenn wir aufhören, ausschließend und exklusiv zu denken, werden wir diese Erfüllung finden!

Das Bild des Traumpartners:
Er ist der eine und einzige. Er macht uns gänzlich glücklich. Er erfüllt all unsere Wünsche. Er wird uns ewig treu bleiben.
Wenn wir dieses Bild in der Phase der Verliebtheit von unserem Partner haben, so ist dies eine 100%-ige Garantie für zutiefst verletzende Enttäuschungen.

Wenn wir uns von diesem unsagbaren Druck befreien, dass es nur einen einzigen (oder bestenfalls nur ganz wenige) Seelenpartner gäbe, wenn wir aufhören diesem oder jenem Partner nachzutrauern, dann werden wir frei. Frei für das, was das Leben und die Liebe uns schenken wollen!

Die Realität der Ehe

Ich möchte hier drei konkrete Beispiele von Ehe-Spielen nennen, die uns nachdenklich stimmen werden.

Beispiel 1:
Die Ehe als Machtinstrumentarium. Aufgrund der gesetzlichen Bestimmungen wurde die Ehe zu einem Vertrag, der meist nur mit hohen Verlusten aufgelöst werden kann.

Eine Frau erzählte mir von ihrer „großen Liebe“, wie sie es nannte. Das, was sie mit diesem Mann erlebt hatte, war durch und durch erfüllend und schön für sie. Doch eines Tages begann dieser Mann sich von ihr zu entfernen, sich von ihr zu distanzieren.
Nun setzte sie alles daran, um ihn zurück zu gewinnen, um ihn an sich zu binden. Denn schließlich hatte er ihr seine Liebe ja erklärt. Und dann soll plötzlich alles anders sein? Doch es half nichts, er distanzierte sich vehement von ihr.
Diese Frau litt tatsächlich sehr unter dieser Trennung, sodass sie sogar körperlich krank wurde und sich lange davon nicht erholte. Doch dann, am Ende ihrer Erzählung, erschrak ich zutiefst.
Sie sagte: „Wenn es mir gelungen wäre, ihn zu heiraten, dann hätte er mich niemals verlassen. Dann hätte er mich gar nicht verlassen können.“

Auf meine Frage, wie sie das meinte, sagte sie: „Dann hättc cr nämlich zahlen müssen. Er hätte mir soviel zahlen müssen, dass er es nicht gewagt hätte, mich zu verlassen."
Soviel zum Thema „Ehe als Machtinstrumentarium".

Eine andere Frau hatte folgendes Erlebnis. Sie ist verheiratet und hat zwei Söhne im Alter von 7 und 11 Jahren. Ihr Mann tut alles, um das Wohlergehen seiner Familie zu sichern. Es mangelt ihnen materiell an nichts und die beiden Kinder genießen den Luxus, eine gute Privatschule besuchen zu können. Und dennoch wird in dieser Frau immer wieder eine unglaubliche Sehnsucht wach, eine, die immer lauter und immer dringlicher wird. Sie sehnt sich nach einer erfüllenden Liebe, nach einer Liebeserfahrung, die sie mit ihrem jetzigen Ehepartner nicht leben kann.
Sie liebt ihren Mann, sie achtet und schätzt ihn, keine Frage. Doch eine Erfüllung jener Sehnsucht, nach der ihr Herz schreit, diese gibt es mit ihm nicht.
Im Rahmen eines Selbsterfahrungsseminars wurden mehrmals Orakelkarten gezogen. Und da zog sie mehrmals dieselbe Karte (was aus reinem Zufall vollkommen unwahrscheinlich geschieht!). Die Karte hieß „Seelenpartncr".
Das löste in ihr natürlich heftige emotionale Bewegungen aus. Denn offenbar, das versprachen ja diese Karten, wartete auf sie eine erfüllende Liebe. Und sie dachte natürlich daran, dass sie solch einer Liebe demnächst begegnen würde.

Beispiel 2:
Eine attraktive Frau sehnt sich nach einer lebendigen Liebe, die sie mit ihrem Ehepartner nicht mehr finden kann. Sie sehnt sich nach sinnlicher Zärtlichkeit und sexueller Erfüllung. Doch ihr Umfeld reagiert gesellschaftskonform und verbietet ihr, diese Erfüllung außerhalb ihrer Ehe zu suchen. Zurück bleibt eine maßlose Enttäuschung und Ausweglosigkeit. Denn solange diese Frau diesen ethischen Normen entspricht, wird sie eine erfüllende Liebe nicht leben können.

Die Seminarleiterin war da allerdings anderer Meinung. Auf die Frage, was diese Karten denn zu bedeuten hätten, gab diese bloß zur Antwort, dass sie keinesfalls ihren Mann verlassen dürfe, sondern die Liebe, nach der sie sich sehnte, mit ihm zu finden hätte.
Als ob sie das nicht bereits seit Jahren versucht hätte!
Die Enttäuschung, die in ihr aufstieg, tat selbst mir als Zuschauer dieser Szene weh. Denn es gab keinen Ausweg für sie, es gab keine Erfüllung und es würde eine Erfüllung in der Liebe nie mehr geben können, ihr gesamtes Leben lang nicht mehr, wenn sie das Heil der Familie nicht aufs Spiel setzen wollte.
Wollen wir wirklich in solch einer Welt leben?
Wollen wir wirklich in einer Welt leben, in der die Liebe nicht gelebt werden darf, außer zum Preis von massivem Leid?!
Wie krank ist unsere Welt, wie krank sind wir, wenn wir solch lebensfeindliche moralische Regeln etablieren und diese noch dazu vehement verteidigen?

Beispiel 3:
In einer langjährigen Ehe war die sexuelle Anziehung zwischen den Partnern zum Erliegen gekommen. Der Mann verliebte sich in eine andere Frau und kommunizierte dies mit seiner Ehefrau.

Die dritte Geschichte, die ich hier erzählen möchte, gibt allerdings Hoffnung. Diese zeigt nämlich, dass es offenbar sehr wohl einen realen anderen Weg gibt!
Eine Frau erzählte mir, dass sie schon jahrelang verheiratet ist. So, wie es bei fast allen Ehen üblich ist, flaute die anfängliche Verliebtheit und erotische Anziehung nach und nach ab. Dies ging dann soweit, dass es zwischen ihr und ihrem Mann überhaupt keine Erotik und Sinnlichkeit mehr gab. Die

Spannung war ausgeglichen und neutralisiert. Man lebte miteinander, man schuf sich cinen ansehnlichen Lebensstandard, empfand aber weder erotisches Verlangen, noch das Bedürfnis nach Zärtlichkeit mehr füreinander. Doch eine Sehnsucht blieb, eine Sehnsucht, die immer dringlicher wurde.
Und die sich darin entlud, dass ihr Mann sich in eine andere Frau verliebte.
Diese Verliebtheit ihres Mannes aber tat der Liebe zu ihr selbst nicht den geringsten Abbruch. Im Gegenteil! Seit es diese zweite Frau gab, war das sinnliche Verlangen zwischen den beiden Ehepartner wieder sehr stark angewachsen. Es blühte förmlich auf und eine neue, vollkommen umfassende Liebe war zwischen den beiden zum Leben erwacht!
Die Situation war nicht einfach, da alle Programme und Implantate, die wir in uns tragen, sich dagegen zur Wehr setzten.
Die Liebe aber hatte sich durchgesetzt! Die Liebe war erblüht!

Da die Liebesaffäre des Mannes die Ehe keineswegs gefährdet, blüht das Liebesleben in der Ehe vollkommen neu und erfüllend auf.

Aussichten

Wenn wir den Mut haben, neue Wege zu gehen, so werden wir Erfüllung in vorerst noch unvorstellbarem Ausmaß finden! Dazu aber brauchen wir:

1. **Den Mut, das Implantat der exklusiven Ein-Ehe und der strikt monogamen Partnerschaft als unnatürliches Fehlprogramm zu erkennen.**

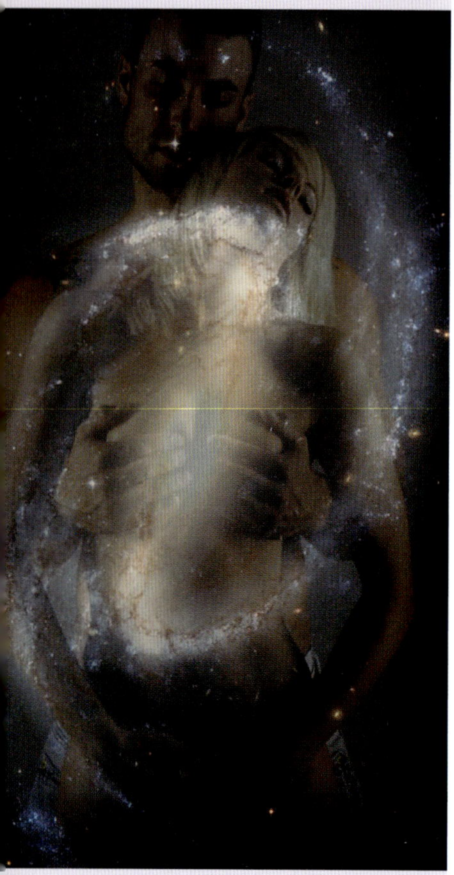

2. **Den Mut, dieses Fehlprogramm bewusst aus unserem Denksystem und aus unserem Emotionalkörper zu verabschieden.**

3. **Das Heilungsfeld, um die durch dieses Implantat erfahrenen Verletzungen in uns auszuheilen.**

Konkrete Methoden zur Ausheilung von Verletzungen wirst du im dritten Teil dieses Buches, im Heilungsfeld der Liebe erfahren. Das Erkennen der Implantate als Fehlprogramme aber ist die wesentliche Voraussetzung, damit Heilung überhaupt beginnen und nachhaltig geschehen kann. Alles andere wäre nichts weiter als wenig sinnvolle Symptombekämpfung mit nur kurzzeitiger Linderung.

Ich möchte hier aber einen kurzen Ausblick geben, wie es sein könnte.
Das dritte hier beschriebene Beispiel zeigt bereits einen wirklich gangbaren Lösungsweg auf. Tatsächlich gangbar wird er dann, wenn gleichzeitig die damit verbundenen Verletzungen behandelt und zur Heilung gebracht werden können.

Wichtig ist das Erkennen, dass die Exklusivität in der Ehe, besonders die auf der erotisch-sinnlichen Ebene, ein widernatürliches Fehlprogramm darstellt. Die Liebe und die stärkste Kraft der Liebe, die Sexualität, so vehement von der Außenwelt auszugrenzen, ist ein sinnloses Unterfangen.

Das heißt natürlich nicht, dass außerhalb der Ehe oder der Paarbeziehung unbedingt sexuelle Erfahrungen gemacht werden müssen. Es ist aber jedenfalls so, dass diese ohne schlechtes Gewissen und ohne die nötigen Verheimlichungen stattfinden dürfen! Wenn wir diesen Schritt in unserer Partnerschaft wagen, dann entsteht dadurch innerhalb der Partnerschaft eine völlig neue Stabilität. Das bedeutet nämlich, dass ein Verlieben unseres Partners in einen anderen Menschen keinesfalls ein Trennungsgrund ist!
Und damit fallen alle Ängste, aus denen Eifersucht und weiterführender Hass erwachsen, da sie keinen Nährboden mehr finden. Denn die Angst, durch eine außereheliche Liebe unseren Partner zu verlieren, die gibt es dann nicht mehr!
Im Gegenteil kann eine neue Verliebtheit und Liebeserfahrung von uns selbst oder von unserem Partner mit einem anderen unser eigenes Liebesleben intensivst beflügeln. Das hat die Erfahrung vielfach bestätigt.

Wenn die Sinnlichkeit und Erotik frei und auch mit anderen Partnern gelebt werden kann, dann wird die Liebe in der Partnerschaft endlich wieder wahrhaftig werden. Durch die freie Liebe wird nicht nur die Ehrlichkeit in die Partnerschaften wieder einkehren, sondern Partnerschaften werden wieder stabiler, nachhaltiger und dauerhafter gelebt werden können.

Weiters sollten wir die Veränderungen, die in Partnerschaften stattfinden wollen, nicht nur akzeptieren, sondern willkommen heißen. Denn Veränderungen, die im Einklang mit dem Fluss der Liebe geschehen, sind stets förderlich für unsere eigene Entwicklung und für die unseres Partners. Wenn sich eine Partnerschaft verändern will, so sollen wir dies geschehen lassen und uns nicht dagegen zur Wehr setzen. Je mehr wir uns zur Wehr setzen, umso schmerzhafter werden die Erfahrungen, die wir machen. Je mehr wir aber geschehen lassen, was geschehen will, umso reichhaltiger wird das Leben uns beschenken.

Wenn die Vertrautheit mit einem langjährigen Partner tiefer geht, kann es sein, dass die erotische Anziehung abnimmt. Das ist ein häufig beobachteter und anscheinend völlig natürlicher Prozess. Dann sollte die Sexualität jedenfalls auch mit anderen Partnern möglich sein, ohne die bestehende Partnerschaft dadurch zu gefährden. Solch ein freies Zugeständnis wird die bestehende Partnerschaft auch auf der sexuellen Ebene neu beleben!

Nur selten wird es so sein, dass eine Partnerschaft auf allen Ebenen lebendig und erfüllend bleibt. Das kann in äußerst seltenen Fällen zwar sein, doch darauf dürfen wir keinesfalls bauen!
Erotisches Interesse am Partner sowie sinnlich prickelnde Spannung auf der einen Seite und Stabilität und Vertrautheit auf der anderen Seite scheinen gegensätzliche Pole zu sein. Auch das sollten wir akzeptieren und nicht zu verdrängen suchen.
Das bedeutet, dass Paare, die lange Zeit zusammen leben, durchaus sehr vertraut miteinander werden. Durch diese Vertrautheit sind sie fähig, gemeinsam etwas aufzubauen. Sie sind fähig, etwas real zu erschaffen. Der Preis, den sie dafür zumeist zahlen, besteht darin, dass das sinnliche Interesse am Partner weitestgehend abnimmt oder gar gänzlich zum Erliegen kommt. Das, was uns vertraut ist, reizt uns offenbar nicht. Wir genießen dafür die daraus erwachsene Stabilität und Sicherheit.
Es ist weder gut, noch schlecht, wenn eine Partnerschaft sich dahingehend entwickelt hat. Eine künstliche Aktivierung der Sinnlichkeit macht hier keinen Sinn. Auch der damit verbundene Druck, der Glaubenssatz, dass in einer funktionierenden Ehe auch die Sexualität erfüllend sein muss, auch dieser Druck entspringt unnatürlichen Fehlprogrammen.

Wenn eine Ehe sich dahingehend entwickelt hat, so ist es doch jedenfalls besser, die Erotik mit anderen Menschen zu leben, als an der bestehenden Ehe zu zweifeln und diese aufzulösen. Und dies sollte offen ausgesprochen werden können und frei möglich sein.

Warum vertrauen wir nicht ganz einfach der Liebe?
Warum lassen wir die Liebe nicht fließen, wie und wann immer sie fließen will?
Die Lieder der Mutter Erde sind Lieder der Heilen Matrix. Lassen wir uns von ihr inspirieren und lassen wir der Liebe doch endlich wieder freien Lauf!

Das Lied der Mutter Erde hat sich vor 5000 Jahren verändert. Diese Entwicklung haben wir vollkommen falsch gedeutet und nicht im Geringsten in ihrem Sinne gelebt.
Doch nun träumt sie einen weiteren Traum. Sie hat bereits begonnen, neue Traumfäden zu weben und ein neues Feld vorzubereiten. Das alte Feld vergeht und wird zurückgenommen, herunter gefahren mit einem atemberaubend raschen Tempo.
Aus den Irrtümern der alten Fehler sollten wir lernen.
Die Implantate des zu Ende gehenden Feldes sollten wir abstreifen, um das neue aufnahmebereit betreten zu können.
Die Erde singt bereits das neue Lied, das Lied der Lilith!
Doch um dieses verstehen zu können, um die darin lebende Verheißung in ihrer Gesamtheit erspüren zu können, müssen wir noch eine

sehr dunkle Vergangenheit durchleuchten, die mörderische Zeit des kirchlichen Krieges gegen die Weiblichkeit.
Da müssen wir durch.
Dann aber haben wir es endlich geschafft, dann können wir uns ganz dem Neuen widmen!

Der Krieg gegen die Weiblichkeit

Der Krieg gegen die Weiblichkeit hatte bereits in der monotheistischen Religion des Jahwe seine geistige Grundlage und Rechtfertigung gefunden. Als Jesus Christus den Irrsinn dieses Gottes aufzeigte und diese krankhafte Entwicklung wenden wollte, wurden seine Lehren und seine Anhänger verfolgt und unterdrückt.
Als aber von Seiten der Machthaber erkannt worden war, dass eine Unterdrückung und Tilgung seiner Lehre mit Gewalt nicht so ohne weiteres möglich war, griffen diese zu einer weit effektiveren Maßnahme. Sie reglementierten die Lehren des Jesu, verformten und verdrehten sie derart, dass sie den Macht- und Manipulationsstrukturen der Matrix der Angst wieder entsprachen. Sie verdrängten dadurch die tatsächlichen Anliegen des Jesus Christus und ersetzten sie durch eine staatlich anerkannte und von den Machthabern erwünschte und lenkbare Religion, die fortan seinen Namen, den Namen des Jesus Christus trug. Die Anhänger der Befreiungslehre des Jesus durchschauten diesen Betrug nicht und glaubten an eine günstige göttliche Fügung. So liefen sie den Betrügern ins offene Messer und die Befreiungslehre des Jesus verblutete gnadenlos.

Dies ist der größte geistige Betrug in der Menschheitsgeschichte. Daher bringe ich es nochmals genau auf den Punkt:

Der römische Kaiser Konstantin I (ca. 274 bis 337 n. Chr.) verformte die Lehre des Jesus zu einem Machtinstrumentarium und zu einer Staatsreligion, welche den Machtbestrebungen des römischen Imperiums diente. Die Anhänger des Jesus (die Urchristen) erkannten diese machtorientierten Absichten nicht oder zu spät.
Die daraus entstehende katholische Kirche führte einen Jahrhunderte langen Krieg gegen die Weiblichkeit, gegen die sexuelle Erfüllung und gegen das Liebeswissen der Frau.

Büste des römischen Kaisers Konstantin I (ca. 274 bis 337 n. Chr.), der die Lehren Jesu zu einer Staatsreligion und zu einer Kirche deformierte.

Jesus Christus wollte die Befreiung vom kranken Rächergott Jahwe bewirken.
Die „christliche" Kirche allerdings, jene Kirche, die seinen Namen trägt, huldigt genau jenem Gott, von dem Jesus die Menschheit befreien wollte.
Die katholische Kirche ist das Gegenteil von dem, was Jesus wollte!

Diese Kirche ist es auch, die eine tiefe, unendlich tiefe Wunde in den Geist und in das Herz der Menschheit geschlagen hat. Eine Wunde, die vor allem die Frauen dieser Welt in sich tragen und die heute noch blutet und lange noch nicht geheilt ist.
Wir müssen diese Wunde als solche erkennen, wir müssen diese tiefe Verletzung sehen, damit endlich Heilung geschehen kann. Nur dann nämlich, wenn diese Wunde zu heilen beginnt, nur dann werden wir wieder Frieden in uns haben.

Die Weichen für den Krieg gegen die Weiblichkeit war im Jahwe-Glauben bereits gestellt worden. Der Versuch des Jesus Christus, diese Entwicklung zu korrigieren, ist fehlgeschlagen und wurde ins Gegenteil pervertiert. Die christliche Kirche hat diesen Krieg perfektioniert und vollendet.
Und wie dies geschah, durch das gehen wir jetzt hindurch.

Jesus und die Weisheit der Schlange

Jesus hatte eine außergewöhnliche Verbindung zum „Licht“. Das Licht ist hier als das strahlende, geheilte und entwickelte männliche Prinzip zu sehen, dessen Sinnbild die Sonne ist, oder der „Urvater“. Der Urvater hat die Aufgabe, sich mit der Urmutter, der Mutter Erde, zu vereinen, auf allen Ebenen, vor allem auch auf der körperlich sinnlichen. Durch diese Vereinigung vollzieht sich das tiefe Mysterium der Schöpfung, der kosmische Tanz, aus dem das Neue, das neue Leben entsteht.

Wenn Jesus von seinem „Vater im Himmel“ sprach, so meinte er diesen Urvater, dieses reine Licht. Er, Jesus, verkörperte dieses Licht und brachte es in besonderem Maße zur Erde, damit dieses Licht sich im Menschen und in Menschengestalt wieder mit der Mutter Erde vereinen kann.

Wir dürfen nicht vergessen, dass zu jenem Zeitpunkt (um Chr. Geburt) die Entfremdung des Menschen, seine Entfernung aus dem Einklang mit der Mutter Erde, bereits seit mindestens 3000 Jahren vorangetrieben worden war. Der Mensch stellt offenbar eine Brücke, ein wesentliches Bindeglied zwischen dem Urvater (dem reinen Licht) und der Urmutter (der Mutter Erde) dar. Wenn nun der Mensch seine Verbindung und seinen Einklang mit der Mutter Erde verliert, so funktioniert diese Brücke nicht mehr so, wie sie es sollte.

Wir können Jesus Christus als Abgesandten, der aus dem reinen Licht kommt und zum

Wir können Jesus nur dann begreifen, wenn wir seine geliebte Frau, Maria Magdalena, gleichbedeutend und gleichwertig neben ihm sehen:

Er, Jesus, war der Repräsentant des Urvaters, er trug das Licht des Urvaters in sich.

Sie, Maria Magdalena, war die Repräsentantin der Urmutter, sie trug die Lieder der Urmutter in sich.

In der körperlich sinnlichen, sexuellen Vereinigung des Jesus mit der Maria Magdalena vollzog sich die Vereinigung des Urvaters mit der Urmutter, auf physisch körperlicher und auf menschlicher Ebene. Das ist das eigentliche Mysterium des Jesus und der Maria Magdalena.

Menschen wird, verstehen. Genauso wird er ja auch im Prolog des Johannes-Evangeliums beschrieben. Dort heißt es:
„Im Anfang war das Wort und das Wort war bei Gott."
Das „Wort" ist hier der Geist, der Logos, das männliche Licht-Prinzip, das in Gestalt des Jesus zur Welt kommt und zum Menschen wird. So heißt es dann später:
„Das wahre Licht, das jeden Mensch erleuchtet, kam in die Welt."
Und einige Zeilen später:
„Das Wort ist Fleisch geworden und hat unter uns gelebt."
Dieser Abgesandte Jesus kommt in die Welt als der Träger des Lichtes, damit dieses Licht sich mit der Mutter Erde wieder sinnlich und allumfassend vereinen kann.

Zu jenen Zeiten war der Krieg gegen die Weiblichkeit bereits voll im Gange.
Die Weiblichkeit wurde durch die Schlange symbolisiert, wobei das ursprüngliche Bild der Schlange ein wesentlich schöneres und wertvolles Bild war, als dies heute der Fall ist.
Die Schlange stand für Weisheit. Sie symbolisierte aber auch die Kraft der Sinnlichkeit, die Kraft der Sexualität. Die Frau wurde seit jeher als primäre Trägerin dieser Kraft gesehen. Diese Kraft aber, diese zentrale Kraft der Liebe, entzog sich stets jeder Kontrolle und jedem manipulierendem Machtgehabe, welchem der Mann zum Opfer gefallen war.

Jesus, der das Licht in sich trug und es als Mensch in konzentrierter Form zur Erde

brachte, musste dieser Kraft, der Schlange also, begegnen. Denn nur durch die Kraft der Sexualität konnte sich das Licht des Urvaters (der Vater im Himmel) mit der Urmutter (der Mutter Erde) vereinigen.
Diese zentrale Begebenheit wird uns heute natürlich ganz anders und völlig verdreht dargelegt. Uns wird gesagt, Jesus hätte mit dem Teufel gekämpft. Dieser Teufel sei die Schlange, wird behauptet. Und Jesus hätte die Schlange „besiegt". Doch diese Version ist gänzlich absurd. Sie widerspricht dem inneren Auftrag des Jesus, dem zentralen Sinn seines Lebens, vollkommen.
Die Wahrheit verhält sich gänzlich anders. Jesus begegnete mit Liebe und Hingabe der Schlange in ihrer Schönheit und Sinnlichkeit.
Jesus liebte die Mutter Erde und er liebte die Weiblichkeit. Er liebte die Weiblichkeit und er lebte die Sexualität, er liebte seine Gefährtin Maria Magdalena auf allen Ebenen.

Dieses wahre Verständnis der Schlange, diese zentrale Rolle der Weiblichkeit und der Sexualität, wurden von den Gnostikern sehr genau verstanden. Ein schönes Zeugnis davon bildet die Hypostase der Archonten, die im 3. Jahrhundert nach Chr. verfasst wurde. Dieses Evangelium wurde im Jahr 1945 in Nag Hammadi gefunden.
Dort heißt es:
„Das weibliche Prinzip der Spiritualität kam von der Schlange, der Unterweiserin. Sie lehrte Eva und sprach: Ihr werdet nicht sterben, denn es war aus Eifersucht, was er (der tyrannische Gott Jahwe) euch da sagte.

Die Aufgabe des Jesus bestand keineswegs, die Urkraft der Schlange zu besiegen, sondern im Gegenteil: Er musste tief eintauchen in das Mysterium dieser Urkraft, in die Kraft der Sexualität und der erfüllenden körperlichen Vereinigung mit der Frau.

Im Gegenteil werden eure Augen geöffnet werden und ihr werdet den Göttern gleich werden und Gut und Böse unterscheiden.“ Da sehen wir, dass es das Schöpfungsmysterium mit Adam und Eva auch in einer ganz anderen und wesentlich sinnvolleren, lebendigen Fassung gibt!

Phillipus bezeugt in seinem Evangelium das Naheverhältnis des Jesus zu Maria Magdalena. Jesus küsst sie in der Öffentlichkeit auf den Mund, was die Eifersucht seiner patriarchal geprägten Jünger nach sich zieht.

Auch eine andere Schrift wurde in Nag Hammadi gefunden, nämlich das Evangelium von Philippus. Philippus wendet sich in seinen Schriften zwar gegen die Archonten. Auch die Kraft der Schlange und der Sexualität waren ihm offenbar unheimlich. Dennoch bezeugt er aber sehr wohl das Naheverhältnis des Jesus mit dessen Gefährtin Maria Magdalena.
Im Spruch 32 heißt es da:
„Es waren drei, die allezeit mit dem Herrn wandelten: Maria, seine Mutter, und ihre Schwester und Magdalene, die man seine Gefährtin nennt.“
Das Wort „Gefährtin“ ist hier eine Übersetzung aus dem Koptischen, jener Sprache, in welcher das Philippus-Evangelium in Nag Hammadi gefunden wurde. Man weiß aber mit ziemlicher Sicherheit, dass dieses Evangelium ursprünglich in griechischer Sprache verfasst worden war, wo das Wort „Gefährtin“ mit „Ehefrau“ gleichzusetzen ist.
Und dann, im Spruch 55 findet man Folgendes:
„Und die Gefährtin von Christus ist Maria Magdalena. Der Herr liebte sie mehr als alle anderen Jünger, und er küsste sie oftmals auf ihren Mund.“

Da finden wir die durchaus sinnliche und erotische Beziehung des Jesus zur Maria Magdalena sehr eindeutig bezeugt. Dem Umstand, dass es für diese Zeit durchaus ungewöhnlich war, sich in der Öffentlichkeit zu küssen, verdanken wir diese Erwähnung. Auch das Unverständnis jener Männer, die Jesus begleiten, finden wir in der Anspielung wieder, dass Jesus sie mehr als seine Jünger geliebt hätte.

Wie sehr sich Jesus mit der Kraft der Sinnlichkeit und der Schlange verbunden hat, erkennen wir auch an einem anderen Faktum. In vielen gnostischen Schriften wird Jesus selbst mit der Schlange verglichen oder mit ihr sogar gleichgesetzt. Die Schlange als Sinnbild für Jesus symbolisiert dabei auf einer sehr tiefen Ebene die männliche Sexualität, die Entäußerung und Vereinigung des reinen Lichtes mit der sich hingebenden Weiblichkeit.

Paulus und die Unterdrückung der Frau

Jesus vollzog mit seiner Hingabe an die Weiblichkeit, mit seiner Hochachtung der Frau gegenüber und mit seiner offenen Zuwendung an Maria Magdalena eine bewusste Grenzüberschreitung. Jesus war ein Rebell und zeigte provokativ auf, was im Argen lag.

Der Widerstand dagegen wurde bereits sehr früh unter seinen eigenen Anhängern (!) spürbar. Eine besondere Rolle spielte dabei jener

Der Apostel Paulus von Tarsus, ein Pharisäer, etwa 3 bis 62 n. Chr.

Apostel Paulus, der heute von der Kirche so sehr verehrt wird.
Paulus, der ursprünglich Saulus hieß, war ein jüdischer Fanatiker. Er bekämpfte die Anhänger des Jesus, wo er nur konnte. Er hielt diese Lehre für eine gefährliche Sekte, die vom „wahren", nämlich vom jüdischen Glauben, abgewichen war.
Doch dann kam es zum sonderbaren Sinneswandel, nach dem er sich nicht mehr Saulus, sondern fortan nur mehr Paulus nannte. Wenn man seine Biografie liest, steigen dabei allerdings Zweifel hoch! War dies tatsächlich ein Sinneswandel? Oder war es vielmehr nichts anderes, als die „geniale" Idee, der ideale Weg, auf dem er die sich rasch verbreitende Lehre des Jesus unterwandern konnte? Wollte er nicht vielmehr dieser neuen Lehre seinen eigenen Glaubensstempel aufdrücken? Paulus war ein kluger, ein gebildeter und ein äußerst fanatischer Mann und er war gerade deshalb derart gefährlich.

Paulus wandelte sich also plötzlich vom Verfolger zum Verfechter des Jesus.
Denselben Wandel vollzog später auch jener römische Kaiser Konstantin, der 325 n. Chr. das berühmte Konzil von Nicäa einberief, um dort den Lehren des Jesus endgültig den Todesstoß zu versetzen und sie durch die machtkonforme christliche Kirche zu ersetzen.
Das waren derselbe Trick, dieselbe Täuschung, dasselbe Kalkül.

Paulus wurde zum Verfechter der Lehren Jesus, wie er behauptete. In Wahrheit ver-

fremdete er sie und legte den Grundstein für die Unterdrückung und die nahezu vollkommene Tilgung dessen, was Jesus tatsächlich bewirken wollte.
Als einer, der durch eine angebliche Vision bekehrt worden war, fand er unter den meist recht einfachen Menschen, die sich zu den Anhängern des Jesus zählten, schnell Gehör. Außerdem war Paulus ein gebildeter Mann, der sich gewählt auszudrücken wusste, was ihn ausreichend Ehrfurcht gebietend erscheinen ließ.

1. zentraler Glaubenssatz des Paulus: Sexualität ist die Ursünde, ein Vergehen gegen Gott, das gnadenhalber in der Ehe noch erlaubt sei.

Paulus legte den Grundstein für den vollkommenen Krieg gegen die Frau, gegen die Weiblichkeit, gegen die Sinnlichkeit und gegen die Sexualität.
Dass die sinnliche Vereinigung der Geschlechter vom „wahren Glauben“ und von der „wahren Hingabe an Gott“ abhält, das verbreitet er in seinen Briefen an die christlichen Gemeinden immer wieder. Die sinnliche sexuelle Vereinigung ist eine in der Ehe gestattete „Sauerei“, aber ohne Sexualität zu leben sei allemal besser.
Dass die Urheberin der „Sünde“, die Verführerin, die Schlange (jetzt die böse Schlange) die Frau sei, brauchte er nicht mehr eigens zu betonen. Das war bereits ein allgemeiner Glaubenssatz, ein allgemein gültiges Implantat im Menschheitsbewusstsein, geprägt durch die absurde Vertreibungsgeschichte aus dem Paradies.
Sie, die Frau, war die Verführerin, sie verleitete zur Sexualität. Und das musste früher oder später besiegt werden.

Das war der erste Schlag des Paulus gegen die Weiblichkeit.

2. zentraler Glaubenssatz des Paulus: Die Frau hat sich dem Mann unterzuordnen, da sie die Ursünde in sich trägt.

Der zweite Schlag, den er dann subtil und gezielt vollzog, war die Legitimierung der weiblichen Unterdrückung. Er erklärte, dass der Mann eindeutig über der Frau zu stehen habe, denn schließlich musste sie, die Frau, die Verführerin, welche die unkontrollierbare Kraft der Schlange und der Sexualität so stark in sich trug, gebändigt werden.
Die Frau musste gehorchen.
In allem!
Um es mit seinen eigenen Worten auszudrücken, Zitat aus dem Brief an die Epheser, Kapitel 5, Vers 22 bis 24:
„Ihr Frauen, ordnet euch euren Männern unter, wie dem Herrn (Christus), denn der Mann ist das Haupt der Frau... Er hat sie gerettet, denn sie ist sein Leib. Wie aber die Kirche sich Christus unterordnet, sollen sich die Frauen in allem den Männern unterordnen."

3. zentraler Glaubenssatz des Paulus: Die Schlange ist das Sinnbild des Bösen (der Sexualität) und muss mit allen Mitteln bekämpft werden. Selbst Jesus hätte dies getan.

In seinen Briefen gelang es ihm, die Bedeutung und das Anliegen des Jesus immer weiter zu entfremden und schließlich komplett umzudrehen. So wurde aus jenem Jesus Christus, der das Licht des Urvaters in sich trug, um es mit der Urmutter sinnlich zu vereinen, ein leidenswilliger Märtyrer, der gegen die „Sünde" (also gegen die sinnliche Vereinigung, gegen die „Sünde des Fleisches") kämpfte. Damit hatte er das Ansinnen des Jesus komplett in dessen Gegenteil pervertiert.

Interessant ist in diesem Zusammenhang auch jene Legende, die man sich heute in Malta erzählt. Paulus soll auf seinen Missionsreisen eines Tages auf Malta gestrandet sein. Die dort lebende Bevölkerung nahm ihn auf und vernahm die von ihm verdrehte Lehre des Jesus. Während einer dieser Unterweisungen hätte ihn eine Schlange gebissen. Doch das Gift dieser Schlange konnte ihm nichts anhaben. Er hatte die Schlange besiegt.
Wir erinnern uns an die Geschichte des Alten Volkes aus der Jungstein- und Kupferzeit. Dieses Alte Volk wirkte einst von Malta aus zentral auf das Bewusstseinsfeld der Welt. Von dort war lange noch das Wissen um die Heile Matrix der Mutter Erde, ihrer Lieder und das Friedenswissen um den Einklang mit der Urmutter aufrechterhalten worden.
Doch dieses Zentrum war nun, mit der Ankunft des Paulus, endgültig gefallen. Das Alte Volk hatte sich zurückgezogen und wartete. Es wartete, bis die Zeiten sich wieder wenden würden. Und das war damals, zur Zeit des Jesus und danach, nicht gelungen.
Doch die Zeiten wenden sich heute, sie wenden sich jetzt!

Die Kirchenväter und deren Verbrechen

Die Frau war zur Ursache der Sünde geworden und das hatte sich tief im Bewusstsein der Menschen eingeprägt. Dass man nun gegen diese Sünde, wenn nötig auch mit Gewalt, vorzugehen hätte, das war der logische Schluss, der folgen musste.

Die sexuelle Erfüllung, ja sogar die sexuelle Lust wurden zur Todsünde erklärt. Spürte ein Mann seine verbotene und verdrängte sexuelle Sehnsucht in sich erwachen, projizierte er die damit verknüpfte Schuld auf die Frau. Denn sie, die Frau, hatte schließlich diese Schuld (und Lust) in ihm erweckt.

Diese tiefe Sehnsucht also, dieser tiefe Wunsch, das heilige kosmische Mysterium der Vereinigung in Form der sexuellen Verschmelzung zu vollziehen, war zur schrecklichsten aller Sünden erklärt worden. Wenn nun ein Mann dieses Verlangen in sich spürte, so war die Frau schuld daran. Dies war eine tief sitzende Überzeugung, ein tief sitzendes Implantat und die Grundlage für ein fatales Projektionsfeld.

Das Bedürfnis nach der sinnlichen Vereinigung, das die Männer ganz natürlich in sich spürten, bewerteten sie als massive Schuld. Dies wurde allmählich zur Hauptsünde, zu einer Todsünde, zur „Sünde des Fleisches". Diese „Sünde" wurde derart gravierend bewertet, dass ein sich Hingeben an die Sinnlichkeit schlimmer war als Verrat oder Mord!

Und diesen innigen und natürlichen Wunsch danach projizierten die Männer (unter der geistigen Anleitung ihrer Kirchenväter) nach außen, auf die Frau im Allgemeinen und auf diese oder jene Frau im Konkreten.

Die von der katholischen Kirche heilig gesprochenen Kirchenväter lieferten den geistigen Zündstoff dazu oder beteiligten sich selbst an den daraus resultierenden Verbrechen gegen die Frauen.

So sagt Augustinus:
„Die Frau ist nicht nach Gottes Ebenbild geschaffen."

Ein anderer, später heilig gesprochener Kirchenvater lebte im 5. Jahrhundert n. Chr. in

Alexandria. Es war Bischof Kyrill.
Kyrill war ein religiöser Fanatiker, der massive Ausschreitungen gegen all jene anführte oder anzettelte, die sich seiner Meinung, der Meinung der damals bereits mächtig werdenden Kirche, nicht anschlossen. Er ließ die Häuser der anders denkenden Menschen in Alexandria plündern und zerstören.
So war Kyrill ein eingeschworener Verfechter des Krieges gegen die „Sünde“, des Krieges gegen die Frau. In Alexandria lebte eine berühmte Philosophin mit Namen Hypatia. Sie lehrte die neuplatonische Philosophie und war nicht nur eine intelligente, sondern auch eine attraktive Frau. Sie hatte auf die Menschen von Alexandria einen bedeutenden Einfluss und war dadurch Kyrill ein Dorn im Auge.
So wiegelte Kyrill eine Bande von Mönchen gegen die leibhaftige Sünde in Gestalt der schönen Hypatia auf. Sie lauerten dieser attraktive Frau auf, zerrten sie aus ihrer Kutsche und verschleppten sie in die Kirche Caesarion. Dort rissen sie ihr sämtliche Kleider vom Leib und zerschnitten deren Körper mit Glasscherben und Austernschalen. Dann schnitten sie ihr bei lebendigem Leib das Fleisch von den Knochen und verbrannten das, was von ihr noch übrig war, an einem anderen Ort.
Da dieser Kyrill sich, wie wir sehen, so sehr für die Verbreitung der „heiligen“ Kirche eingesetzt hatte, wurde er später entsprechend gewürdigt und heilig gesprochen.

Diese verbrecherische Verbreitung des Kirchenglaubens war kein Einzelfall, das war

Die attraktive Philosophin Hypatia von Alexandrien (5. Jh. n. Chr.), die durch Anstiftung des später heilig gesprochenen Bischofs Kyrill brutalst ermordet wurde.

die Regel. Ich möchte hier darauf nicht näher eingehen, verweise aber auf die ausführlichen und geschichtlich bestens recherchierten Dokumentationen von Karl Heinz Deschners „Kriminalgeschichte des Christentums".

Wir befinden uns im 5. Jahrhundert beim Krieg der Kirchenväter gegen die Frau. Doch dies war noch keineswegs der Höhepunkt. Der nämlich folgte erst 1000 Jahre später.

Die Inquisition

Die Inquisition wurde im 12. Jahrhundert als Institution offiziell gegründet. Ziel dieser Institution war es, all jene zu verfolgen und zu vernichten, die sich der „Häresie" schuldig machten. Als Häresie wurde ursprünglich im antiken Griechenland das Eintreten für eine politische oder religiöse Lehre bezeichnet. Dann, mit dem Aufkommen der christlichen Kirche, war Häresie das Vertreten einer Meinung, die einem Kirchendogma widersprach. Und das wurde mit Verfolgung und Vernichtung geahndet.

Eine Vorform der Inquisition entstand bereits im 4. und 5. Jahrhundert, nachdem die Kirche als Staatsreligion anerkannt worden war. Die offizielle Gründung der Inquisition wurde aber erst im 12. Jahrhundert vollzogen, um damit ein Instrumentarium zur Verfolgung der Katharer in der Hand zu haben.

200 Jahre später, im 15. Jahrhundert (die Katharer waren längst vernichtet), bekam die Inquisition eine andere Aufgabe zugeteilt:

Die teilweise Ausrottung des weiblichen Geschlechtes!
Die geistige Grundlage dazu formulierte der Dominikaner Heinrich Krämer (der seinen Mitbruder Jakob Sprenger, angeblich gegen dessen Willen, als Mitautor angab) in seinem Werk „Der Hexenhammer“, das im Jahr 1486 (oder 1487) erstmals veröffentlicht wurde. Auslösendes Ereignis für diese Hassschrift gegen die Frau war ein Scheitern Krämers bei einem Hexenprozess in Innsbruck, wo es ihm nicht gelungen war, eine Frau am Scheiterhaufen hinrichten zu lassen. Für diese „Demütigung“ revanchierte er sich mit seiner Hassschrift.

Ziel des Hexenhammers war es, die Frau teilweise auszurotten und vor allem das Intuitive der Frau, die Heilkünste der Frau und ihre erotische Kraft vollkommen zu vernichten. Die Frauenverfolgung, die bereits im Gange war, erhielt durch diese Schrift die entsprechende Legitimation. Der Hexenhammer war nach der Bibel das meistgelesene Werk in der abendländisch-christlichen Welt.
Die Hexenverfolgung dauerte bis ins 18. Jahrhundert an (die letzte Ermordung einer Hexe geschah 1751 in Süddeutschland) und ihr fielen mehrere hunderttausend Frauen (manche Autoren sprechen sogar von 9 Millionen!) auf unglaublich bestialische Weise zum Opfer!

MALLEVS MALEFICARVM,
MALEFICAS ET EARVM
hæresim frameâ conterens,
EX VARIIS AVCTORIBVS COMPILATVS,
& in quatuor Tomos iustè distributus,
QVORVM DVO PRIORES VANAS DÆMONVM versutias, præstigiosas eorum delusiones, superstitiosas Strigimagarum cæremonias, horrendos etiam cum illis congressus; exactam denique tam pestiferæ sectæ disquisitionem, & punitionem complectuntur. Tertius praxim Exorcistarum ad Dæmonum, & Strigimagarum maleficia de Christi fidelibus pellenda; Quartus verò Artem Doctrinalem, Benedictionalem, & Exorcismalem continent.
TOMVS PRIMVS.
Indices Auctorum, capitum, rerumque non desunt.
Editio nouissima, infinitis penè mendis expurgata; cuique accessit Fuga Dæmonum & Complementum artis exorcisticæ.
Vir siue mulier, in quibus Pythonicus, vel diuinationis fuerit spiritus, morte moriatur; Leuitici cap. 10.
LVGDVNI,
Sumptibus CLAVDII BOVRGEAT, sub signo Mercurij Galli.
M. DC. LXIX.
CVM PRIVILEGIO REGIS.

Der Hexenhammer „Malleus maleficarum“ von Heinrich Krämer (1486 oder 1487)

Das nötige Heilungsfeld

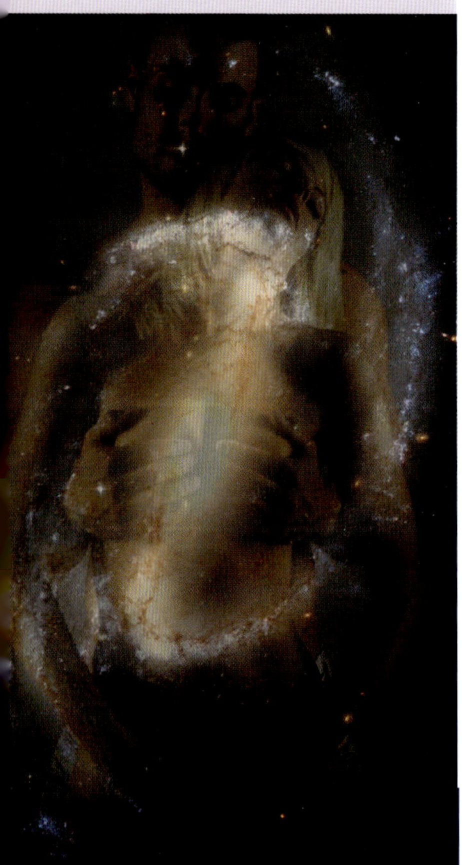

All das ist geschehen und hat tiefe Wunden im Geist und in der Seele des Menschen hinterlassen. Wir alle und im Besonderen die Frauen tragen diese Wunden in ihren Zellen, in ihrem Zellbewusstsein und haben dies bislang noch in keinster Weise heilen können. Wen wundert es dann, wenn Frauen heute immer noch zur Sexualität ein gespaltenes Verhältnis haben? Dass Sexualität etwas „Schmutziges" sei, wurde entsprechend tief als Implantat in uns und speziell in das Wesen der Frau eingebrannt.
Wen wundert es, wenn die Frauen in der Liebe nicht mehr vertrauen können, wenn soviel Hass und Rachsüchtigkeit in den Frauen wach wird, solange diese Wunden nicht geheilt sind?

Auch wenn viele Frauen meinen, dass dies sie selbst nicht mehr beträfe, täuschen sie sich dabei meistens selbst über ihre Verletzungen hinweg. Wir erkennen das sehr leicht an Folgendem:
Wenn der Partner einer Frau eine (gehen wir davon aus schöne und erfüllende) sexuelle Erfahrung mit einer anderen Frau hat, so empfinden die meisten Frauen dies als „Beschmutzung" ihres Partners von unermesslichem Ausmaß. Sie empfinden ihren Partner durch die sexuelle Aktivität als „unsauber" und abstoßend.
Wenn die Frauen ihre eigene Sexualität als etwas Heiliges und Wunderbares betrachten und erleben könnten, warum erleben sie dann die Sexualität ihres Partners mit einer anderen

Frau als derart unsauber und beschmutzend? Wohl nur deshalb, weil diese Jahrhunderte tiefe Wunde bislang noch nicht geheilt werden konnte und sie das dadurch gesetzte Implantat nach wie vor in sich tragen!
Diese geschichtlich massiv betriebene Sündenbehaftung der Sexualität arbeitet mit dem Implantat der Eifersucht bestens zusammen.

Aus dieser Geschichte entspringt der heute noch immer wütende Krieg zwischen den Geschlechtern. Wir tragen diesen Krieg in den Partnerschaften, in den Ehen, vor allem in den gescheiterten Partnerschaften und in uns selbst aus.
Wir mussten, um den Weg der Heilung und des Friedens nun gehen zu können, dieser Wahrheit ins Auge sehen.
Denn dann ist Heilung endlich möglich!

Damit wir diese Wunden in uns heilen können, bedarf es wieder dreier Schritte:

1. **Wir müssen erkennen, dass wir das Implantat der „schmutzigen“ Sexualität in uns tragen.**

2. **Wir brauchen die Bereitschaft dafür, dieses Implantat, diese Glaubenssätze in uns auflösen zu wollen. Wir brauchen dazu die innere Bereitschaft zur Vergebung und zum Frieden.**

3. **Wir brauchen einen Heilungsraum, in dem diese Heilung geschehen kann.**

Wir können uns auf eines verlassen, auf eines vertrauen:
Für alles, was der Heilung bedarf, erhalten wir von ihr, von der großen Urmutter, der Mutter Erde, die nötigen Impulse. Sie, Mutter Erde, singt in den Liedern der Heilen Matrix jene Heilungslieder, die wie Balsam unsere Wunden besänftigen und heilen. Tiefgehende und nachhaltige Heilung ist möglich, jederzeit, wenn wir uns bloß an sie, an die Urmutter wenden.

Das gelingt dir so:

1. Suche dir einen ruhigen Ort, am besten in der freien Natur, oder bei dir zuhause, wo du dich hinlegen kannst.
   Lege dich hin und schließe deine Augen. Warte, bis du ruhig und gleichmäßig atmest. Eine angenehme Musik kann dich dabei unterstützen.

2. Verbinde dich mit der Heilen Matrix der Mutter Erde. Das geht ganz einfach, indem du das innerlich aussprichst, z. B. mit folgendem Wortlaut (oder einem anderen, der dir angenehm ist):
   „Ich verbinde mich mit den Liedern der Heilen Matrix der Mutter Erde.
   Ich gewähre diesen Liedern Einlass in mich selbst,
   in meine Zellen, in meine DNA,
   damit Heilung geschehen kann,
   nachhaltige und tiefe Heilung auf allen Ebenen."

3. Gestatte nun, dass Heilung dort in dir geschieht, wo deine Sexualität verletzt wurde und wo du Implantate und Glaubenssätze dazu von deinen Eltern, von deinen Vorfahren ererbt hast. Ein möglicher Wortlaut (oder eine sinngemäße Anpassung an dich selbst):
   „Ich gehe an die Wurzel, an den Grund meiner sexuellen Verletzungen und Glaubenssätze. Dorthin lasse ich die heilenden Lieder aus der

Heilen Matrix der Mutter Erde einfließen.
Damit Heilung geschieht.
Nachhaltig und tief in mir, auf zellulärer Ebene.
Jetzt."
Lass Bilder aufsteigen, ohne sie zu bewerten.
Lass Heilung geschehen.

Und diese tiefe Heilung wünsche ich uns allen, mit tiefer Dankbarkeit an die Heilimpulse von Mutter Erde! Denn so wird Friede möglich, in uns und in einer erneuerten, lebendigen Welt.

Alles, was so lange unterdrückt wurde, erholt sich und steht erneuert wieder auf. Das ist das archetypische Mysterium des Phönix. Und dieses Mysterium vollzieht sich jetzt.
Eine große, eine starke Kraft wird wieder auferstehen, mit all ihrer Lebendigkeit, all ihrer Sinnlichkeit, all ihrem Heilungswissen: Lilith!
Kannst du dich erinnern, wie wir in der BLUME DER LIEBE die Spuren der Lilith erstmals gefunden haben?

Nun erwacht Lilith neu.
Und macht eine erfüllende und allumfassende Liebe möglich,
auf allen Ebenen!
Wir heißen sie willkommen!

Die Lieder der Lilith

Jene Lieder, die Mutter Erde vor mehr als 5000 Jahren gesungen hatte, waren ganz der Weiblichkeit gewidmet gewesen. Die Kraft der Frau sollte soweit heranwachsen, dass sie fähig war, Gemeinschaften zu tragen und der Nährboden zu sein für eine liebende Gesellschaftsform mit einer umfassenden und weltumspannenden Friedenskultur. Wie wir von den Völkern der Jungsteinzeit und der Kupferzeit wissen, ist dies dem Menschen vollends gelungen. Er war so sehr im Einklang mit den Liedern der Urmutter, dass er diese Lieder der Heilen Matrix verwirklichen und leben konnte.

Dann änderte Mutter Erde ihre Lieder und sang vom neuen Licht und von der neuen Kraft im Mann. Nun sollte er, der Mann, in seiner Kraft heranwachsen, in seinem Inneren sollte das Licht, welches Mutter Erde in ihm entzündet hatte, hell erstrahlen.

Der Mann spürte die Kraft in sich, doch es gelang ihm nicht, sich zu entwickeln. Er verstand, dass er selbständiger werden sollte, doch er verwechselte dies mit egozentrierter Macht. Er suchte, seine Selbständigkeit zu erzwingen, indem er die Frau unterdrückte und indem er sich von der Erde entfremdete. Die Entfremdung vom Einklang mit Mutter Erde vollzog sich in einem derart umfassenden Ausmaß, dass diese Epoche ein weltumspannendes Kriegsfeld hervorbrachte. Die Entwicklungen, die sich in den vergangenen

5000 Jahren ereigneten, sind eine kosmische Fehlgeburt, eine Fehlentwicklung von unermesslicher Tragik.
Der Mann hatte seine Aufgabe nicht vollbracht und die Frau war nicht fähig, ihm den richtigen Weg zu weisen.

Doch nun geht diese Epoche zu Ende. Wir stehen wieder an einer Schwelle zu einer neuen Zeit, wir befinden uns im Übergang. Und sie, Mutter Erde, beginnt neue Lieder zu singen. Sie läutet mit ihren neuen Hymnen die kommende Epoche ein. Mutter Erde erfüllt ihre Heile Matrix mit neuen Inhalten. Und es liegt an uns, diese neuen Inhalte jetzt, bereits am Anbeginn der neuen Zeit, ausreichend zu verstehen. Wir, die Spezies Mensch, haben in der zu Ende gehende Epoche versagt. Nun muss es rasch gehen, damit wir den angerichteten Schaden korrigieren können, solange wir das noch können.

Wenn wir den neuen Liedern der Mutter Erde nun lauschen, so hören wir immer wieder das Lied der Lilith! Wer bist du, Lilith, dass Mutter Erde derart schön und berauschend von dir singt?

Lilith ist das archetypische Bild der freien Frau.
Lilith ist die Urkraft der Frau, sinnlich, erotisch und weise.
An Lilith hat Mutter Erde den Auftrag übertragen, die fehlgeleiteten Paradigmen unserer Zeit aufzubrechen, die damit verbundenen Wunden in uns zu heilen und den Mann zu seinem eigenen Licht zu führen.

Lilith erwacht in den Frauen und will frei gelebt werden.
Und Lilith erscheint in den Träumen der Männer.

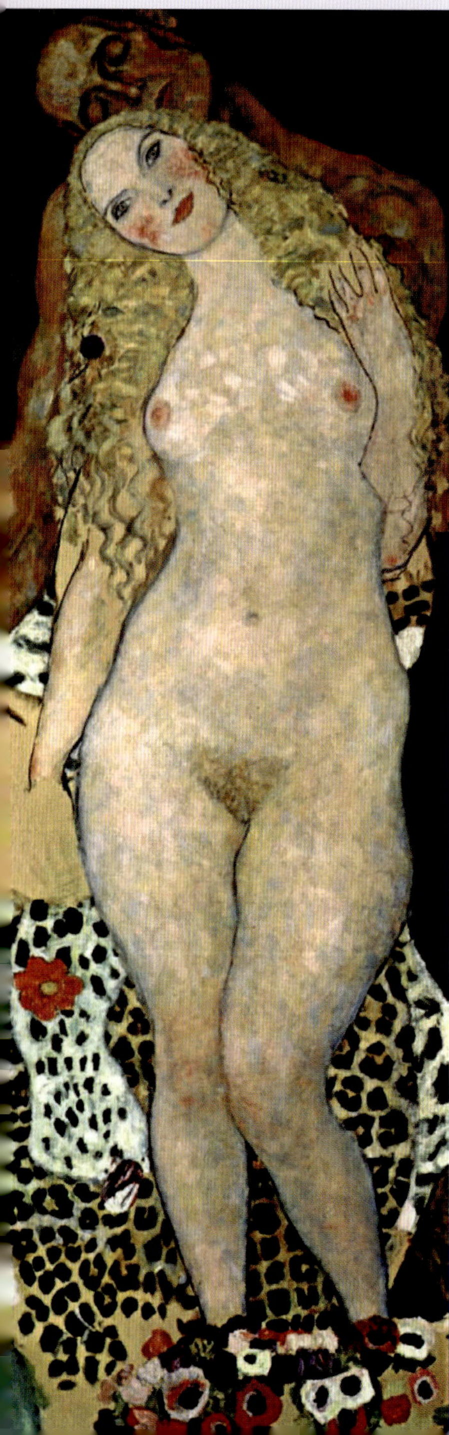

Lilith, Adam und Eva

Lilith ist mythologisch wesentlich älter als Eva. Sie ist die erste Frau des Adam. Doch nachdem Adam dem tyrannischen „Gott", dem Herrscher des Paradieses, zu gehorchen begonnen hatte, verstieß er Lilith. Denn sie, Lilith, ließ sich nicht in dem Maße beherrschen, wie es dieser „Gott" dem Adam aufgetragen hatte. So nahm sich Adam die sich ihm unterordnende Eva zur Frau und verdrängte Lilith vollkommen ins Unterbewusste.
Doch dort, im Unterbewussten, kehrte Lilith wieder, als Schlange der Weisheit und der erotischen Sinnlichkeit. Adam verdrängte sie weiterhin und zog das glatte, geradlinige, leblose und unerfüllende Leben im Paradies vor.
Aber auch Eva, die inzwischen langweilig und brav geworden war, erinnerte sich an die Lebendigkeit und an die sexuelle Erfüllung, welche die Frauen einst mit ihren Männern gelebt hatten. Auch ihr wurde die Verblendung allmählich bewusst, der sie in diesem scheinbaren Paradies anheim gefallen waren. Sie erkannte, dass in diesem Paradies keine Entwicklung möglich war und eine tödlich gleichgültige Langeweile über sie und über Adam gekommen war.
Aus dieser Erinnerung an die einstige Erfüllung keimte aber jener Baum im Garten

Eden, jener Apfelbaum, der Baum der allumfassenden Liebe, der Baum der Erkenntnis. Lilith hatte die verdrängte Sehnsucht sowohl in Adam, als auch in Eva berührt, die Sehnsucht nach Leben und Lebendigkeit, die weit über das begrenzte, streng kontrollierte und zensurierte Paradies hinausging. Nur durch diese Sehnsucht war es möglich geworden, dass der Baum der Liebe und Erkenntnis im Garten Eden erwachen und keimen konnte.

Und „Gott“ sah, was geschehen war. Er sah, dass die verstoßene Lilith keineswegs aufgegeben hatte und nach wie vor höchst aktiv war. Er wusste, dass er es ihr zu verdanken hatte, dass der Geist der Menschen ihm, dem „alleinigen Gott“, nicht vollkommen anheim gefallen war. Er, „Gott“, war nicht fähig, den Geist des Menschen vollkommen zu beherrschen, solange sie, Lilith, noch lebendig war.

Dieser „Gott“ besaß ein krankhaftes, aufgeblasenes Ego und er zürnte und wütete tagelang, als er den Keimling des Apfelbaumes mitten im Garten Eden aufgehen sah. Und er wusste nun, dass er Lilith vernichten musste. Er musste sie vom Antlitz dieser Erde tilgen, für immer. Und so ersann er einen hinterhältigen Plan.

Er konnte das Erblühen des Baumes der Liebe und der Erkenntnis nicht mehr verhindern, das wusste er. Aber diese Liebe, vor allem diese umfassende, diese sinnlich erotische und unkontrollierbare Liebe, die konnte er in seinem Garten Eden keineswegs dulden. Sollten die Menschen von dieser Frucht essen, würden sie sich an diese Liebe erinnern. Die in den Menschen wohnende Sehnsucht

nach Lebendigkeit und Freiheit würde in einem gefährlichen Maße erwachen. Das aber musste „Gott" verhindern, wollte er die Macht über die Menschen nicht ganz verlieren. Um sie von diesem Baum und dessen verhängnisvollen Früchten fernzuhalten, musste er sie so bald wie möglich aus dem erblühenden Garten Eden vertreiben. Und er musste den Einfluss der Lilith auf den Geist und das Wesen der Menschen nachhaltig unterbinden, unbedingt.
„Gott" ersann einen miesen Plan. Er wollte dem Menschen nicht nur den Zugang zu diesem Baum verwehren, sondern alles, was mit dieser Frucht verbunden war, vergiften. Und Schuld, das Gefühl der Schuld, das war solch ein Gift, das dafür bestens geeignet war. Denn Schuld vergiftete nicht nur die Frucht, sondern machte den Menschen in einem noch weitaus größeren Maße lenkbar.
Außerdem wollte „Gott" seinen eigenen Hass, den er gegen Lilith hegte, seinen eigenen Hass auf die weise Schlange, so gut wie möglich auf den Menschen übertragen und so tief wie möglich in dessen Geist einbrennen. Und auch dazu eignete sich nichts besser als das Gift einer untilgbaren Schuld, die der Mensch für immer und ewig mit Lilith verknüpfen sollte.
Hinterhältig, wie „Gott" eben war, erschien er dem Adam und der Eva und wies sie auf den neuen Baum im Garten Eden hin, auf die wunderbaren Früchte, die darauf wuchsen und auf seine kraftvolle und schöne Erscheinung. Nachdem er die Aufmerksamkeit der Menschen hinreichend auf diesen Baum und

dessen Früchte gelenkt hatte, sprach er sein Verbot aus. Niemals dürften sie die Früchte dieses Baumes kosten, niemals.
Dieser Baum war ein Apfelbaum. Der Apfel ist eine fünfblättrige Rosenfrucht. Die Rose wiederum ist durch ihre Fünfer-Struktur sowohl ein Sinnbild für Harmonie und Schönheit, als auch für die erotische Liebe.
Und mehr noch: die Fünfer-Struktur trägt den Goldenen Schnitt in sich, die heilige Geometrie und so auch den Zugang zu den Liedern der Heilen Matrix der Mutter Erde!
Das Verbot dieses krankhaft eifersüchtigen Gottes war ein Verbot gegen die Erfüllung in der sinnlichen Liebe, als auch ein Verbot gegen die Lieder der Mutter Erde. Niemals mehr sollte der Mensch eine Erfüllung in der sinnlichen Liebe finden. Niemals wieder sollte der Mensch in Einklang mit der Mutter Erde gehen.
Der Einklang mit der Mutter Erde und die Erfüllung in der sinnlich erotischen Liebe sind unmittelbar miteinander verbunden.
Und dieser Gott wollte nun den Menschen von beidem trennen!
Sein Verbot ging voll auf. Denn von nun an träumten die Menschen von nichts anderem, als vom Baum der Erkenntnis und der Liebe. Das war die Frucht, die so sehr die Erfüllung ihrer verdrängten Sehnsüchte in sich trug, das wussten sie und das Verbot Gottes hatte nicht nur ihre Aufmerksamkeit darauf gelenkt, sondern darauf fixiert.
Und obwohl Lilith wusste, was nun kommen würde, hieß sie Adam, diese Frucht zu genießen, um sich wieder an die damit verbundene Erfüllung zu erinnern. Auch Eva wollte nicht

länger darauf verzichten, ihre unterdrückte Sehnsucht zu stillen. Und so nahm Adam die Frucht, teilte sie mit Eva und war beglückt und berauscht von der längst vergessenen Liebe.

Und „Gott", der sein Ziel erreicht hatte, erschien böse, drohend und gehässig.

Er sprach von Schuld, von einer unermesslichen Schuld, die der Mensch nun auf sich geladen habe. Er schrie diese Schuld derart massiv und hasserfüllt hinaus, dass sie sich tief ins Wesen der Menschen einprägte. Die Schuld bestand darin, dass Freude und Sinnlichkeit erlebt und gelebt worden waren. Und das sollte von nun an in einer neuen „Moral" für immer schuldbehaftet sein. Wann immer der Mensch von nun an sich an etwas sinnlich und tiefgreifend erfreute, erhöhte sich sein Schuldmaß. Die derart schuldbeladene Menschen würden ab sofort von diesem kranken „Gott" leichter und endgültiger gelenkt werden können.

Und noch etwas: Sie, seine Todfeindin, Lilith, konnte dieser „Gott" als Urheberin aller Schuld bezichtigen. Sie war es ja gewesen, die sowohl Adam, als auch Eva stets an die Süße der Frucht, an die Süße der sexuellen Erfüllung erinnert hatte.

So konnte „Gott" die Menschen zu einem hasserfüllten Krieg gegen die Lilith verpflichten, bis sie, die Unkontrollierbare, endgültig vom Angesicht der Erde ausgelöscht sein würde. Sie war die Schuldige, und sie, die Schlange, galt es nun für immer zu bekämpfen.

Gott sprach seinen Fluch aus. Er vertrieb den Menschen aus dem Garten Eden und verfluchte ihn gewaltig. Denn von nun an müsse der Mensch sich für immer unter Mühen (und natürlich gänzlich ohne Lebensfreuden und ohne sexuelle Erfüllung) und im Schweiße seines Angesichtes sein Brot verdienen. Außerdem würde der Mensch von nun an unter Schmerzen seine Kinder gebären und vieles mehr.

Die Schuld dafür trüge der Mensch selbst, der Mensch und all seine kommenden Generationen, für immer und ewig. Die Erbsünde war durch diesen Sündenfall geboren. Und Urheberin dieser Schuld war Lilith in Gestalt der bösen Schlange. Das Kalkül des „Gottes“ war vollends aufgegangen, der Mensch würde von nun an durch dieses peinigende Schuldgefühl wesentlich leichter lenkbar sein!

Und dann vervollständigte dieser „Gott“ sein Werk. Er befahl dem Menschen, „sich die Erde untertan zu machen“. Damit setzte er einen weiteren massiven Schlag gegen das verschreckte Menschengeschlecht, das ihm gegenüber nun willig und gehorsam war.

Dieser Befehl, sich die Erde untertan zu machen, das war gleichzeitig ein Befehl, sich vom Einklang mit der Mutter Erde, sich von den Liedern der Mutter Erde zu entfremden. Die Menschheit war von diesem brutalen Schlag dieses „Gottes“ wie paralysiert und hatte keine Chance, die neuen Impulse, die neuen Lieder der Mutter Erde richtig zu deuten.

Die schlimmste Fehlentwicklung in der Menschheitsgeschichte war eingeleitet, die umfassende Manipulation des menschlichen Geistes war bestens vorbereitet.

(Foto: Bild-Hauer, Graz)

Doch Lilith war nicht tot.
Sie wurde gehasst, so wie „Gott“ es befohlen hatte. Sie wurde verfolgt, wo immer man ihrer habhaft werden konnte. Der gesamte Krieg gegen die Weiblichkeit, die gesamte Hexenverfolgung, hatte in Wirklichkeit nur ein einziges Ziel, nämlich sie, Lilith, vollständig zu vernichten. Und die Menschen legten die Erinnerungen an sie in Ketten und verdrängten sie tief und immer tiefer ins Unterbewusstsein hinab.
Doch Lilith blieb lebendig!

Bald sah „Gott“ ein, dass er Lilith nicht vollständig vernichten konnte. Sein hinterhältiger Plan ging aber dennoch auf. Denn immer dann, wenn Lilith wieder und wieder in den Träumen der Männer und Frauen auftauchte, wurde sie vehement bekämpft. Lilith war die Schuld in Person und wer immer ihre Anwesenheit verspürte oder von ihr träumte, war selbst schuldig geworden. Mit immer neuer Schuld behaftete sich der Mensch, der sich von seinen tiefsten Sehnsüchten niemals befreien konnte und von der unterdrückten Lilith immer wieder daran erinnert wurde.
„Gott“ aber behielt die Oberhand und konnte seine Macht ausbauen. Denn wen kann „Gott“ leichter lenken, als einen sich schuldig *fühlenden* Menschen? Das grausame und immer mächtiger werdende Instrumentarium, das dieser Gott inzwischen installiert hatte, nämlich seine Kirche, erinnerte den Menschen ununterbrochen und zwanghaft an dessen Schuld.

Lilith aber blieb lebendig, obwohl die Jagd auf sie erbarmungslos entbrannt war. Die Menschen setzten Lilith mit der verbotenen Sexualität, mit der „Sünde des Fleisches" gleich. So hieß es, dass Lilith lachte, wenn ein frommer Christ einen feuchten Traum hatte. Auch wenn ein Junge im Traum lachte, so sagte man, das Lilith ihn streichelte. Und enthaltsame Mönche versuchten sich der Magie Liliths dadurch zu erwehren, dass sie nachts ein Kruzifix umklammerten und dieses über ihre Genitalien hielten!

Die Befreiung

Doch Lilith lebt auch heute noch, genauso wie die Lieder der Erde, die Lieder der Heilen Matrix!
Und genau darin liegt der Schlüssel für unsere Befreiung aus dem weltumspannenden Kriegsfeld, aus der Unerfülltheit unserer Leben, sowie die Beendigung der Zerstörung unserer irdischen Biosphäre:

1. **Wir sollten Lilith wieder bewusst Einlass gewähren in unser Leben, auf allen Ebenen. Wir werden dadurch vor allem eines erfahren, nämlich dass es auf der Ebene der Liebe eine Schuld gar nicht gibt!**

2. **Wir sollten den Einklang mit Mutter Erde wieder suchen und finden. Denn in diesem Einklang mit ihr, mit Mutter Erde, werden wir die Lieder über sie, Lilith, wiederfinden.**

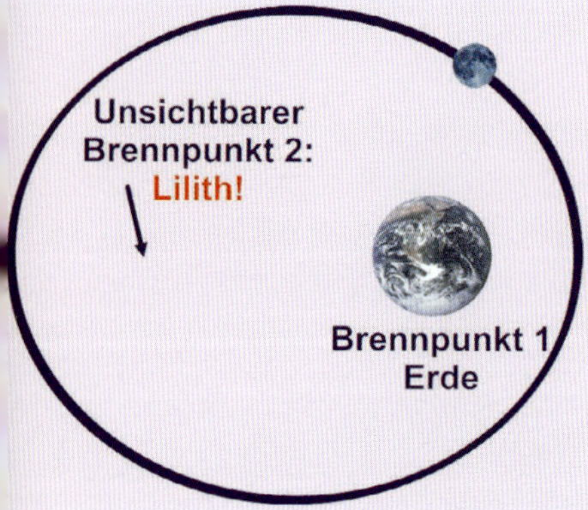

Die Mondbahn ist eine Ellipse, mit 2 Brennpunkten:
1. Brennpunkt ist die Erde selbst, der
2. Brennpunkt ist die Lilith!

Die Blume der Liebe enthält in ihrer Form die Symbolik der Lilith, wie wir es im Kapitel „Die Geometrie der Blume der Liebe“ bereits gesehen haben. Auch den Zugang zu den Liedern der Mutter Erde und zur Heilen Matrix können wir über die Blume der Liebe finden! Daher ist es mir ein tiefes Herzensanliegen, dieses Wissen über die Blume der Liebe weiterzugeben.

Interessant ist in diesem Zusammenhang auch die astrologische Deutung der Lilith. Berechnet wird sie durch den zweiten Brennpunkt der Mondbahn. **Lilith ist astrologisch also kein Planet, sondern ein sensitiver Punkt der Mondbahn.** Und im zweiten Brennpunkt der Mondbahn, dort liegt die Mutter Erde selbst.

Liliths Visionen

Lilith, wir hören deine Lieder. Wie hören, wie Mutter Erde in ihren Lieder über dich singt. Erzähle uns, was sie damit meint, erzähle uns, was dies für unser eigenes Leben bedeutet!

Das, was wir als Erstes dringendst brauchen, ist Heilung.
Sehr tief sind unsere Verletzungen, sehr tief sind die Wunden, die wir uns selbst zugefügt haben, indem wir dem tyrannischen Gott gefolgt sind und seinen Gesetzen über die Liebe gehorcht haben.
Wir waren der Meinung, wir müssten unseren Partner besitzen. Denn nur dann, wenn

unser Partner ganz unser Eigen sei, nur dann sei es wahre Liebe. Wir haben diese ewige Sehnsucht in uns gespürt, ganz mit unserem Partner in Einklang gehen zu wollen, uns vollkommen hingeben zu wollen, um die Erfüllung in der Liebe zu finden. Wir waren aber der Meinung, dass wir diesen Zustand der gänzlichen Verschmelzung für immer aufrechterhalten müssten. Wir haben in unseren Liebesschwüren die „ewige Treue“ geschworen, obwohl wir längst gewusst hatten, dass dieses Modell der Ausschließlichkeit nicht funktioniert. Wir wollten den Zustand der Liebe aber festhalten, für immer. Das hat uns zu diesen Treueschwüren bewogen. Und genau daran sind wir immer und immer wieder gescheitert.

Wir haben mit gegenseitigen Vorwürfen und Schuldzuweisungen Kriege entfacht, tiefe Wunden geschlagen und ebenso erfahren. Wir sind mit diesen Modellen der ewigen Treue immer und immer wieder gescheitert.

Und dafür braucht es Heilung, ehe wir weitergehen können.

Wo finden wir Heilung?

Sicherlich nicht in der ewigen Treue. Sicherlich nicht in unseren Erwartungen oder gar Forderungen an unseren Partner. Sicherlich nicht dadurch, dass wir unseren Partner vereinnahmen und in Besitz nehmen. Unser Partner oder unser Partnerschaft kann uns nicht heilen.

Heilung erfahren wir in uns selbst, sobald wir uns aus der Umklammerung unseres Partners lösen. Nicht unser Partner ist für

(Foto: Bild-Hauer, Graz)

unsere Heilung verantwortlich, sondern nur wir selbst!

Wo finden wir Heilung, wenn wir sie uns selbst nicht geben können?
Es gibt nur die eine, die dazu fähig ist. Und dies ist sie, die Urmutter, die Mutter Erde. Suche sie, gehe hinaus, gehe in die Stille, umarme einen Baum, beobachte den Lauf eines Flusses, horche! Dort, in der Stille, erahnst und hörst du dann die Lieder der Mutter Erde. Du musst sie keineswegs verstehen, du brauchst sie bloß zu erspüren, zu erfühlen.
Gehe in einen Einklang mit der Mutter Erde.
Gehe in Einklang mit dem Ganzen, mit der Gesamtheit.
Dann findest du Heilung. Dann heilen die Wunden der Eifersucht, die Wunden der Scham, die Wunden des gekränkten Egos.
Dann findet Heilung statt.
Dann wirst du heil und ganz.

Dann, wenn Heilung begonnen hat, dann erwacht Lilith in der neuen Frau. Mutter Erde singt in ihren neuen Liedern von der neuen Frau. Dem Mann ist seine Entwicklung nicht gelungen, die Epoche des Mannes hat keine Entwicklung gebracht. Die neue Epoche wird wieder eine Epoche der Frau sein, der neuen Frau.

Wenn Lilith in der neuen Frau erwacht, so legt die Frau ihre Abhängigkeiten ab. Sie gehorcht nicht mehr den Spielregeln des verwirrten Mannes, sondern findet in den Einklang mit der Mutter Erde zurück. Dort findet sie zu sich selbst, dort findet sie zu ihrer eigenen Kraft.

Die neue Frau verlässt das Gefängnis der isolierenden Ein-Ehe. Die Lieder der Erde sagen ihr, dass sie, die neue Frau, diese überkommenen Gesellschaftsstrukturen aufzubrechen hat. **Sie bricht aus, verlässt die Isolation der isolierenden Ehe-Strukturen und sucht die Gemeinschaft, verbündet sich mit jenen Menschen, mit jenem Seelen-Clan, dem sie tatsächlich angehört.** Diese Gemeinschaften sind ein wesentlicher Schlüssel einer neuen Welt. Diese Gemeinschaften werden im ersten Schritt großteils Vernetzungen sein, die sich erst danach in konkreten Lebensgemeinschaften ausformen können.
Diese Lebensgemeinschaften und Vernetzungen sollen primär von den Frauen getragen werden, denn die Frauen sind der tragende Nährboden für ein funktionierendes Miteinander. Erst wenn geklärte und vor allem unabhängige Frauen die Grundlage für ein Netzwerk oder eine Lebensgemeinschaft erschaffen, erst dann können die Männer darin Raum finden. Dort werden die Frauen es sein, welche die Männer führen und leiten, vor allem aber heilen müssen. Denn der Geist der Männer ist sehr massiv in die Irre geleitet worden. Der Geist der Männer benötigt eine sehr nachhaltige Heilung und Führung in der freien Liebe.

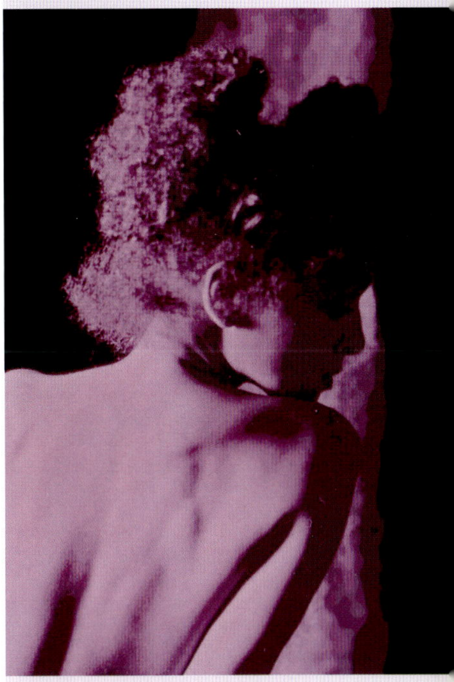
(Foto: Bild-Hauer, Graz)

Wenn Lilith in der Frau erwacht, so verändert dies auch das Liebesleben der Frau. Die befreite Frau macht sich von keinem Partner

abhängig. Und dennoch sucht sie einen Partner, mit dem sie sich ganz vereinen, gänzlich verschmelzen und leben kann.
Die erwachte Frau fixiert sich nicht auf diesen einen Partner, auch nicht auf sexueller Ebene. Keineswegs verlangt sie von ihrem Partner eine sexuelle Treue. In der reinen Liebe einer geheilten Frau und eines geheilten Mannes ist dies vollends möglich.
Die Treue in der neuen Form der Partnerschaft verlagert sich auf eine andere, eine wesentlich natürlichere und gesündere Ebene. Die Treue besteht in der Nicht-Ausschließlichkeit der sexuellen Liebe. Das bedeutet Folgendes: Verliebt sich z. B. eine Frau, die in einer Partnerschaft lebt, in einen anderen Mann, so bedeutet dies keineswegs, dass sie deswegen ihre bestehende Partnerschaft zu verlassen hätte. Im Gegenteil, diese neue Verliebtheit kann die bestehende Partnerschaft auf allen Ebenen neu beleben!
Diese neue Treue erschafft ein neues, weites Feld der Vertrautheit und der Sicherheit. Beide Partner wissen, dass sie jederzeit heimkehren können und mit offener Liebe empfangen werden. Diese neue Liebe erwartet nicht, sie fordert nicht, sie erzwingt nicht, niemals, sondern sie gibt sich hin, gibt sich frei hin, jederzeit und nimmt mit Freuden an, was ihr geschenkt wird.

In diese neue Form der Liebe kehrt die Wahrhaftigkeit ein. Es ist nicht mehr nötig zu lügen. Es ist nicht mehr nötig, dass der Mann es zu verbergen hat, wenn er eine andere Frau erotisch anziehend findet. Es ist

nicht mehr nötig, dass eine Frau ihre erotischen Sehnsüchte nach einem anderen Mann zu verheimlichen hat. In dieser neuen Form der Liebe kehrt die Wahrheit ein. Und diese Wahrheit ist möglich, wenn beide Partner die Heilung in sich selbst gefunden haben.

Die geheilte Frau und der geheilte Mann wissen, dass Liebe niemals besitzen kann. Sie wissen, dass Liebe fließt, lebendig und somit auch wandelbar ist. Das bedeutet, dass Partnerschaften sich verändern können. Es kann sein, dass Partnerschaften ein Leben lang andauern. Es kann aber auch sein, dass Partnerschaften sich auflösen und die Form der Beziehung sich verändert, wenn die Seelen der beiden Menschen oder deren Entwicklung eine derartige Veränderung in sich angelegt haben.
Verändert sich eine Partnerschaft, so geschieht das in gegenseitiger Achtsamkeit und Liebe, es geschieht vor allem deshalb, weil beide Menschen es so in ihrem Innersten spüren.
Je mehr Menschen diese neue Form der Partnerschaften leben, umso länger währende Partnerschaften wird es geben.

Wenn Lilith in der Frau erwacht, so weiß sie um die Geheimnisse der Liebe. Sie weiß, dass nicht sie es ist, die zu warten hat, um von einem Mann erwählt zu werden. Sie weiß, dass sie es ist, von der die Wahl des Partners auszugehen hat. Die Frau erwählt sich den Mann, den Partner oder den Geliebten. Sie tut dies aktiv und sie vertraut, dass das Leben ihr die passenden Begegnungen zum passenden

Zeitpunkt schenken wird. Und sie tut dies behutsam und mit aller Achtsamkeit.

Die erwachte Frau kennt das Geheimnis der Liebe in der ganzen Tiefe.
Sie kennt das Geheimnis, das Mysterium der Schöpfung, das sich in der körperlichen Vereinigung vollzieht. Sie weiß, dass die erotische Anziehung aus der Kraft der Polarität entspringt. Gegensätzlich geladene Pole, Mann und Frau, finden einander sexuell attraktiv, erleben dieses schöne, prickelnde Gefühl, wenn ihre Energien zueinander polar geladen sind. Dann wollen die Pole einander durchdringen und miteinander verschmelzen. Aus dieser Vereinigung entsteht das Dritte, die dritte Kraft, die Kraft der Trinität.
Aus dieser Verschmelzung entsteht keine neutrale, ausgeglichene und langweilige immerwährende Einheit, sondern diese Trinität! Das bedeutet, dass die polaren Kräfte, Mann und Frau, nach wie vor polar und vor allem *eigenständig* bleiben. Durch ihre Vereinigung aber haben sie etwas Drittes, eine frei gewordene neue Energie erschaffen.
Die erwachte Frau weiß, dass es nicht darum geht, in dieser Einheit mit dem Partner für immer zu verweilen. Wie sehr wir uns diesen Zustand der ewigen Einheit auch wünschen mögen, er liegt nicht im kosmischen Plan, ist nicht Teil des kosmischen Spiels. Wenn wir in diesem Zustand festhalten und klammern, erwacht der Wunsch, den anderen zu besitzen. Und das tötet die Liebe, langsam, aber sicher.
Die erwachte Frau weiß, dass das Spiel der Liebe von der Polarität in die Einheit, von

dort aber wieder in die neue und bereicherte Polarität zurückführt. Wenn die Eigenständigkeit in der Liebe erhalten bleibt, dann bleibt die Liebe erfüllend und vor allem lebendig!

Lange war sie, Lilith, verfolgt und verdrängt worden.
Ihre Verdrängung hat den menschlichen Geist verwirrt und ihn für eine Fülle von Implantaten geöffnet. Diese Implantate haben zu Hass und Krieg geführt. Diese Implantate in der Liebe waren und sind die Wurzel und der Ursprung für alle Kriege dieser Welt.
Wo aber die Wurzel für den Krieg liegt, dort liegt auch das Potential für den Frieden.
Lilith ist nun erwacht!
Das nachhaltige Friedensfeld kann nun von uns erschaffen werden, in uns selbst und weltumspannend!

Der Einklang mit Mutter Erde

Das Projekt Venusblume

Heilungsfelder im Alltag

Teil 3
Das Heilungsfeld der Liebe

Im Einklang mit Mutter Erde

Wir haben den Einklang mit Mutter Erde verlassen.
Wir haben dadurch unser Friedenswissen verloren und ein weltweites Kriegsfeld erschaffen.
Wir haben es verlernt, ein lebenswertes Leben und eine erfüllende Liebe zu leben.
Und wir haben die Biosphäre der Mutter Erde derart ausgezehrt, dass sie zu kippen droht.
Wir haben uns an den Rand unseres eigenen Untergangs manövriert.

Wenn wir weiterhin diesen einmaligen und wunderschönen Planeten beleben wollen, so bedarf es einer raschen und radikalen Umkehr, die uns wieder hin zum Einklang mit Mutter Erde führt. Der Einklang mit den heiligen Liedern der Urmutter, mit der Heilen Matrix, das ist der Punkt, von dem unser eigener Fortbestand abhängt.
Es sollte uns klar sein, dass dieser Planet nicht uns gehört, nicht „unser" Planet ist, sondern dass wir Kinder dieses Planeten sind. Mutter Erde hat die Mutterschaft für uns Menschen übernommen. Sie ist aber deshalb keineswegs unser Eigentum.
Wir sollten darauf vertrauen, dass sie, Mutter Erde, weiß, wohin unser Weg führt. Wir sollten wieder hören und verstehen, was sie uns sagen will.

Das Feld der Wirklichkeit

Um die Lieder der Mutter Erde überhaupt verstehen und hören zu können, bedarf es zweierlei. Zum einen müssen wir mit unserem offenen und denkenden Geist verstehen, wie die Felder der Mutter Erde aufgebaut sind, was Wirklichkeit erschafft und wie das Lied der Heilen Matrix überhaupt entsteht. Unser Geist sollte nach Erkenntnissen suchen, damit wir begreifen können.
Zum anderen geht es darum, dass auch unser Herz sich bedingungsfrei und vorbehaltlos für die Lieder der Heilen Matrix öffnet. Wir sollten mit unserer wertfreien Intuition die Heile Matrix erforschen und erspüren. Das wird uns allerdings nur dann gelingen, wenn wir lernen, emotionsfrei und vor allem wertfrei zu spüren und zu fühlen.
Das, was unser denkender Geist und unser pulsierendes Herz erkennen und erspüren, sollten wir zusammen tragen und miteinander verbinden. Diese Zeiten verlangen den Einklang auch in uns selbst, den Einklang von Verstand und Intuition.

Wir sind der träumenden Urmutter bereits in Form der neolithischen Skulptur in Malta begegnet.
Die Träumende erträumt die Heile Matrix und erschafft dadurch ein Feld, eine Realität, in der wir Menschen geboren wurden und in der wir leben.
Das ist ein archetypisches Bild, in das wir nun tiefer eintauchen werden.
Mutter Erde träumt ihren Traum in ihrem Innersten. Dieser Traum bringt ihren innerir-

Mutter Erde erträumt die Matrix unserer Wirklichkeit, die Heile Matrix.

dischen kristallinen Körper zum Schwingen. Dieser kristalline Körper der Mutter Erde erzeugt Frequenzen, erzeugt eine berührende, ja betörende Musik, eine sphärische Musik, sphärische Hymnen, die aus ihrem Inneren aufsteigen und ihren planetaren Körper umgeben.

Eine einfache Übung:

Wenn du die Augen schließt und still bist, kannst du diese Musik hören.
Wenn du in dir ruhst und innerlich sagst:
„Ich verbinde mich mit den Liedern der Heilen Matrix, mit den Liedern der Mutter Erde.“, dann wirst du diese Lieder erspüren und ihre Klänge wahrnehmen.
Du wirst deine Resonanzen zu diesen Liedern in dir spüren.
Nimm sie wahr in ihrer reinen Form. Frage nicht, was sie bedeuten, suche sie nicht zu interpretieren, sondern spüre sie, erfühle sie.
Sie führen dich in deine eigene Mitte.
Sie erschaffen einen heilen Raum um dich.
Sie führen dich in deinen ureigenen Heilungsraum.

Diese Musik erschafft sowohl den Raum, als auch die Muster der Zeit, im Sinne der Heilen Matrix. Und dieses Raum-Zeit-Gefüge haben wir Menschen (und nicht nur wir) betreten, um hier unsere Erfahrungen zu machen und um hier erfüllende Leben zu leben.

Lange haben wir im Einklang mit dieser Heilen Matrix gelebt und uns im Sinne dieser Matrix entwickelt. Doch dann ist etwas Dramatisches geschehen, durch das es zur großen Trennung kam.

Zu dieser Trennung kam es, nachdem die Götter im Geist der Menschen erschienen waren und diese den Geist und das Herz der Menschen infiziert hatten. Ich meine damit vor allem den tyrannischen und egokranken Jahwe, aber auch andere Götter, die allesamt ähnlich psychopathische Wesenszüge aufweisen. Sie verlangten von den Menschen innigste Anbetung und Huldigung, die bis hin zu Menschenopfern führten.
Auch Jahwe verlangte Menschenopfer und bekam diese auch. Als er von Abraham die Opferung seines eigenen Sohnes Isaaks forderte, überlegte er es sich noch im letzten Moment. Doch dann, zur Zeit des Moses, verlangte er die Opferung von 3000 Menschen aus dem eigenen Stamm, da diese ihm, Jahwe, nicht ausreichend gehuldigt hatten. Es wurden 3000 Menschen ermordet, Brüder, Freunde, Nachbarn. Und Jahwe erfreute sich daran.
Der Sinn dieser Anbetung und Huldigung ist einfach zu erklären: Jede Anbetung liefert Energie und stärkt den angebeteten Gott. Dieser existiert und nährt sich durch diesen Energiediebstahl. Dafür verspricht er Förderung und Unterstützung, vor allem im Kampf gegen andere Menschen, gegen andere Stämme und Völker, die einen anderen Gott anbeten. Diese Götter sind reale Bewusstheiten und die Förderer der Kriege.
Diesen psychopathischen Göttern ist allen eines gemeinsam: Sie waren zutiefst eifersüchtig auf die große Urmutter, auf Mutter Erde. Sie suchten den Menschen von der Urmutter zu trennen, was ihnen schließlich auch gelungen ist. Und sie verlangten

Die Götter sind Ausdruck einer psychopatischen Erkrankung im Geist des Menschen. Die Götter, allen voran der tyrannische Jahwe, verlangten vom Menschen Blutopfer und Völkermorde (siehe Bibel, Altes Testament).
Und sie verlangten vom Menschen, dass sich dieser von seiner Urmutter, Mutter Erde, trenne, ja sich sogar gewaltsam gegen sie stelle! („Macht euch die Erde untertan und beherrscht alles, was auf ihr lebt.“)

von ihren Schützlingen, andere Stämme zu bekriegen und vollkommen zu vernichten. Sie verlangten vom Menschen, dass dieser ein umfassendes Kriegsfeld erschaffe. Und der Mensch hat sich auch diesem Befehl gebeugt.

In der griechischen Mythologie wird der Hass der Götter auf die Mutter Erde deutlich zur Sprache gebracht. Nur ein einziges Mal nämlich verbündeten sich die untereinander sonst so sehr zerstrittenen Götter, und zwar dann, als es darum ging, Gaia (Mutter Erde) in die Knie zu zwingen. Der Krieg der Götter gegen die Mutter Erde wird in den griechischen Mythen auf blutrünstigste Weise beschrieben, wobei Gaia dabei bösartig diffamiert wird.

Durch die Trennung von der Mutter Erde und durch den Krieg gegen sie entstand eine zweite, dissonante Matrix. Die Heile Matrix der Mutter Erde wird heute feldbestimmend überlagert durch die dissonante Matrix der Angst und der Gewalt.

Der Mensch hatte seinen Einklang mit den Liedern der Heilen Matrix verloren.

Und mehr noch: Der Mensch erschuf, gemeinsam mit den Göttern, die ihn wie Marionetten lenkten, eine eigene Matrix, die Matrix der Angst.

Diese zweite Matrix erschafft Frequenzen, die zu den Friedensliedern der Heilen Matrix gänzlich dissonant sind. Daraus resultiert eine massive und anhaltende Spannung, die wir heute weltweit und andauernd spüren.

Diese beide Matrizen, jene heile der Mutter Erde und jene der Angst, beide erzeugen jenes Feld, welches die heutige Wirklichkeit erschafft.

Das Feld der Wirklichkeit besteht heute aus den Liedern der Heilen Matrix, welche von der Angstmatrix massiv überlagert und gestört werden.

Sämtliche Erfahrungen, die in diesem Wirklichkeitsfeld gemacht werden und vor allem sämtliche Glaubenssätze, Dogmen und Moralvorstellungen, die in diesem Feld zum Gesetz erhoben werden, speichern sich ab. Alles, was jemals auf diesem Planeten an Erfahrungen gemacht und an Gefühlen erlebt worden war, geht in ein großes Speichermedium über. Dieser Speicher wird unter anderem mit Begriffen wie „die Akashachronik" beschrieben.

Dieser Speicher ist vor allem ein **magnetischer Speicher**. Die elektromagnetischen Felder, welche die Erde umgeben, vor allem aber der Erdmagnetismus, nehmen all diese Erfahrungen und Gefühle in sich auf und speichern die damit verbundenen Informationen in sich ab. Das also, was sich im Feld der Wirklichkeit ereignet, wird in diesem magnetischen Speicher festgehalten. Vor allem die Glaubenssätze und Dogmen sind es, die hierin verankert sind. Dieser Gedanke ist sehr wichtig, damit wir das Folgende verstehen können.

Dieser magnetische Speicher ist ein temporärer Speicher, vergleichbar mit dem Arbeitsspeicher eines PCs. Wenn der PC abgeschaltet wird oder plötzlich abstürzt, wird dieser temporäre Speicher vollkommen gelöscht. Alles, was nicht auf die Festplatte gespeichert wurde, geht dadurch verloren. Wenn der PC dann wieder eingeschaltet wird und „hochfährt", werden Informationen von der Festplatte (z. B. das Betriebssystem und die Programme, die verwendet werden) wieder in den (noch leeren) Arbeitsspeicher

Die elektromagnetischen Felder der Erde sind gigantische Speichermedien. Alle Gedanken, Emotionen und Ereignisse erzeugen Wellenmuster, die in diese Felder einfließen und sich dort abspeichern. Auch sämtliche Glaubensmuster, Dogmen, Ethiken und Moralvorstellungen liegen in diesem magnetischen Speicher.

geladen, der Arbeitsspeicher füllt sich wieder neu.

Das planetare Urwissen der Mutter Erde befindet sich in einem viel tieferen, wesentlich dauerhafteren Speicher, in ihrem Inneren, in ihrem kristallinen Speicher.

Auch in der irdischen Realität gibt es neben dem temporären magnetischen Speicher ein zweites, dauerhaftes Speichermedium, nämlich den **kristallinen Speicher** der Mutter Erde, den wir mit der Festplatte eines PCs vergleichen können.
Aus diesem kristallinen Speicher kommt das Urwissen, das planetare kosmische Wissen der Urmutter. Es ist der kristalline Körper der Mutter Erde, der in ihrem Inneren beheimatet ist und dieses Urwissen in sich trägt. Es ist auch jener kristalline Körper der Mutter Erde, in dem die Lieder der Heilen Matrix nicht nur gespeichert sind, sondern auch erklingen. Wenn Mutter Erde träumt, gerät ihr kristalliner Körper in Vibration, setzt Töne, Lieder und Hymnen frei, die an ihre Oberfläche dringen und dort die Heile Matrix erzeugen.
Wie sehr das Feld der Wirklichkeit durch die Angstmatrix auch gestört sein mag, die Lieder aus dem heilen kristallinen Körper der Mutter Erde erklingen weiterhin vollkommen rein.

Mutter Erde beginnt aber auf die Matrix der Angst allmählich zu reagieren.
Und nicht nur sie, sondern auch der uns umgebende kosmische Raum!
Mutter Erde reduziert bereits seit Jahrzehnten (wenn nicht schon seit Jahrhunderten!) ihr eigenes Magnetfeld. Das Erdmagnetfeld hat bereits dramatisch an Stärke verloren!
Und das ist ein ausgesprochen günstiges

Ereignis! Denn all die Glaubenssätze und Dogmen, all die Implantate, die wir in uns selbst tragen, sind zwar massiv wirksam, sind aber nur im magnetischen Speicher der Erde verankert. Das Magnetfeld der Erde hält diese von uns selbst (und von den Göttern) erschaffene Angstmatrix aufrecht. Und genau das verliert immer mehr an Kraft. Es sieht so aus, als würde die Erde das gesamte System immer weiter und weiter herunterfahren, um eine vollkommene Neugestaltung des Wirklichkeitsfeldes zu ermöglichen und vorzubereiten!
Das bedeutet, dass die Jahrtausende andauernde Manifestation der Matrix der Angst nun mehr und mehr an Kraft verliert, während die dadurch überlagerte, aber dauerhaft beständige Heile Matrix stärker und stärker wieder an die Oberfläche gelangt. Die durch die Angstmatrix geschehene Überlagerung der heilen Lieder ist längst nicht mehr flächendeckend und zwingend. Überall bricht die heile Matrix in ihrer reinen Gestalt hervor, sprengt jene Fesseln, in die sie gelegt wurde (ich denke da unter anderem an die wieder frei werdende Lilith) und beginnt neu zu erblühen. Wie ein Phönix, der aus der Asche hervorkommt und neu geboren wird.

Das bedeutet aber auch, dass scheinbar kleine Impulse, die im Sinne der Heilen Matrix geschehen, heute bedeutende, Welt verändernde und Wirklichkeit gestaltende Auswirkungen haben. Wie wir im Kapitel „Die Venus und der Goldene Schnitt“ bereits gesehen haben, ist jetzt die Zeit sehr günstig, um mit kleinen Impulsen große Wirkungen

Durch die mindestens seit Jahrzehnten andauernde Abnahme des Erdmagnetfeldes verlieren die festgefahrenen Dogmen an Halt und an Stabilität. Wir leben in einer Zeit, die für neue, befreiende Denkweisen äußerst günstig ist, für Denkweisen vor allem, die sich wieder am Einklang mit der Mutter orientieren!

Bei schwächer werdendem Erdmagnetfeld werden die Einflüsse der kosmischen Strahlung auf die Erde (und speziell auf das menschliche Bewusstsein) immer intensiver. Bislang wirksame Wahrnehmungsschranken werden fallen, eine Wahrnehmungserweiterung wird schrittweise zunehmen.

zu erzielen. Wenn wir in uns selbst Frieden finden, so wirken wir bedeutsam mit am neuen Friedensfeld der Erde. Und wenn wir in Gruppenarbeiten die Heile Matrix zum Erklingen bringen, so tun wir auch das für die gesamte Erde! Die Blume der Liebe ist ein wesentlicher Beitrag dazu!

Wir sprechen seit Jahrzehnten vom stattfindenden Paradigmenwechsel. Ein Paradigma ist ein Vorbild, ein Muster, nach dem wir uns orientieren können. Und die neuen Paradigmen, die entstehen, werden nur dann sinnvoll sein, wenn sie vollkommen im Einklang mit der Mutter Erde stehen.

Während die Mutter Erde ihr eigenes Magnetfeld reduziert und herunter fährt, löst sie nicht nur das Feld der Glaubenssätze und Dogmen nach und nach auf. Sie öffnet das Wirklichkeitsfeld außerdem für andere, von außen kommende, kosmische Impulse. Durch ein schwächer werdendes Erdmagnetfeld wird die kosmische Einstrahlung auf der Erde und auf uns Menschen immer intensiver. Es steht heute außer Zweifel, dass diese kosmischen Strahlungen stark bewusstseinsverändernd auf uns einwirken. Wenn sie intensiver wird, löst sie unsere Wahrnehmungsschranken auf und erweitert dadurch unser Bewusstsein.

Die Sonne hat ihr Strahlungsverhalten in den vergangenen Jahren massiv verändert. Sie verhält sich so, wie sie sich nach den bisherigen Erkenntnissen der Astrophysik gar nicht verhalten dürfte. Zum einen hat die erwartete und den bisherigen Zyklen der Sonne

entsprechende Zunahme an Sonnenflecken in den Jahren 2008 und 2009 nicht stattgefunden. Zum anderen hat es aber in diesen Jahren massive Sonneneruptionen gegeben, obwohl das nur bei starker Sonnenfleckenaktivität überhaupt passieren dürfte.
Bemerkenswert am Verhalten der Sonne ist vor allem das vermehrte Auftreten von Strahlungen im Frequenzbereich von 150 MHz. Da unsere DNA in jeder unserer Zellen wie eine Antenne aufgespult ist und eine Länge von 2 Metern misst, entsprechen dic 150 MHz exakt der Eigenfrequenz der DNA. Das bedeutet, dass unsere Sonne unsere DNA in Schwingung versetzt und in besonderem Maße aktiviert! Nur 2 % unserer DNA sind aktiv, die restlichen 98% schlummern vor sich hin und führen einen Dornröschenschlaf. Doch wie es aussieht, werden wir gerade von der Sonne wach geküsst.

Einem weiteren astrophysikalischen Phänomen unserer Zeit möchte ich hier Raum geben. Seit dem Ende der 90er Jahre wurden so genannte Gamma Ray Bursts gemessen. Zuerst waren es nur einige wenige pro Jahr, doch ihre Anzahl hat sich inzwischen beinahe verfünffacht.
Es gibt dafür noch keine vernünftigen astronomischen Erklärungen. Diese Gamma Ray Bursts sind extrem hoch energetische „Blitze", die ein paar Sekunden bis zu einigen Minuten andauern können. Sie kommen wahrscheinlich aus dem Zentrum unserer Galaxie (der „Zentralsonne", der Mitte, welche die Mayas Hunab Ku nannten). Und sie sind exakt auf die Erde gerichtet. Es sieht

Gamma Ray Bursts sind höchst intensive energetische Blitze aus der Mitte unserer Galaxie. Wir stehen heute im Scheinwerferlicht der Zentralsonne.

Seit Ende 2009 befindet sich unser gesamtes Sonnensystem innerhalb einer elektromagnetisch geladenen interstellaren Wolke. Ein galaktischer Wissensschatz umgibt uns.

so aus, als stünde die Erde immer wieder im Scheinwerferlicht dieser Gamma Ray Bursts. Und das ist tatsächlich bemerkenswert!

Und noch ein Phänomen möchte ich hier erwähnen. Zu Weihnachten 2009 erkannte die NASA, dass unsere Sonne gerade, völlig überraschend, in eine interstellare Wolke eingetaucht ist. Diese Wolke dürfte nach den bisherigen Erkenntnissen gar nicht da sein, sondern müsste längst verpufft sein. Doch eine phänomenale elektromagnetische Ladung hält sie zusammen.

Diese interstellare Wolke misst etwa 30 Lichtjahre im Durchmesser und wird uns in den kommenden Jahrhunderten und vielleicht sogar Jahrtausenden begleiten. Sie besteht aus Wasserstoff- und Heliumatomen und wird von einem sehr starken elektromagnetischen Feld begleitet. Auch wenn die Heliosphäre (die große Hülle, welche unsere Sonne umgibt), diese Wolke von uns großteils fernhält, wird sie dennoch partiell bis zu uns her durchdringen und sehr starke Auswirkungen auf uns haben.

Diese Wolke tritt jetzt auf, am Übergang von der zu Ende gehenden in die kommende Epoche.

Was bedeutet sie?

Eines können wir bereits sagen: Diese interstellare Wolke ist durch ihre elektromagnetische Gestalt voller Informationen. Sie ist durch die Explosion einer Supernova vor etwa 10 Millionen Jahren entstanden, also durch die Explosion eines Sonnensystems, das sein Lebensende erreicht hatte. Die Informationen, die in dieser Wolke gespeichert sind, das sind die Erfahrungen eines gesamten Sonnensystems, das wesentlich älter als das unsrige war. Diese Erfahrungen werden auf uns einwirken und wir können sicher sein, dass dies wertvolle Erfahrungen für unsere eigene Entwicklung sein werden.

Wir sehen also, dass wir nicht alleine sind und dass für uns von kosmischer Seite her sehr wohl gesorgt wird. Mutter Erde nimmt ihr Magnetfeld zurück, damit die Lieder ihrer Heilen Matrix wieder stärker in unser Bewusstsein dringen können.
Unsere Sonne bestrahlt uns mit 150 MHz-Frequenzen, welche jene Potentiale, die in unserer DNA schlummern, aktivieren.
Gamma Ray Bursts aus der Mitte der Galaxie, von der Hunab Ku, geben uns mächtige kosmische Impulse, welche uns an unsere eigene Mitte erinnern.
Und aus der interstellaren Wolke bekommen wir einen stellaren Erfahrungsreichtum eingespielt.

Es liegt nun an uns selbst, uns den Liedern der Mutter Erde und den Impulsen des Kosmos zu öffnen.

Das heile Bild

Worin besteht es nun, das heile Bild, wie soll eine heile und heilsame Entwicklung ablaufen?
Mutter Erde träumt und aus ihren Träumen erklingen die Lieder und Hymnen. Der Resonanzkörper, durch den diese Lieder und Hymnen hörbar und spürbar werden, besteht

aus den kristallinen Feldern im Inneren der Mutter Erde.
Diese Lieder erzeugen die Heile Matrix. Und diese Heile Matrix erschafft einen Raum und die Muster der Zeit, in denen wir Menschen leben und unsere Erfahrungen machen.

Raum und Zeit sind keineswegs Gegebenheiten, die unabhängig und von sich selbst heraus existieren. Das Raum-Zeit-Feld wird von stellaren und planetaren Körpern erschaffen. Das Raum-Zeit-Feld, das uns umgibt, erschafft Mutter Erde mit ihrem planetaren Körper.

Das ist nicht nur ein schönes und vor allem sehr stimmiges Bild, sondern eine bereits seit der Einsteinschen Relativitätstheorie bekannte physikalische Realität. Denn seitdem wissen wir, dass Raum und Zeit keine für sich existierende, lineare und gleichförmige Phänomene sind, sondern dass sowohl Raum, als auch Zeit von großen Körpern (von Sternen und Planeten) erschaffen werden. Das bedeutet, dass jener Raum, in dem die Erde sich befindet und jene Zeit, die wir hier erleben, von ihr selbst erschaffen (oder erträumt) werden! Und diese Raum-Zeit stellt sie uns zur Verfügung, lädt uns ein, darin Raum zu nehmen.

Der Mensch nimmt in dieser erträumten Heilen Matrix seinen Platz ein, wie auf einer Bühne, auf der er zu agieren und sich zu entwickeln beginnt.
Das, was der Mensch hier tut und erfährt, sollte stets im Einklang mit der Mutter Erde geschehen. Aus den Liedern der Urmutter ergeben sich jene Impulse, welche für die Entwicklung des Menschen wegweisend sind. Ihre Lieder sind der rote Faden, dem wir uns entlang tasten und der uns sicher und liebevoll zu erfüllenden Leben führt.
Es sind primär die Impulse von Mutter Erde, die uns leiten sollten.

Denn je direkter wir diesen Impulsen folgen, umso erfüllender wird unser Leben sein. Jene Völker der Jungstein- und Kupferzeit wussten darum sehr genau Bescheid und ihre Priesterinnen brachten sehr viel Liebe und Energie auf, um diese Impulse möglichst genau zu verstehen.

Aber auch Mutter Erde lernt und erfährt von uns. Sie lernt von uns wie eine Mutter von ihrem Kind, sie lebt mit all unseren Erfahrungen mit und erfährt dadurch ihre eigene Entwicklung. Ein sehr wesentlicher Faktor für die Beziehung zwischen Mensch und Mutter Erde ist das „Licht". Das physisch sichtbare Licht ist nur ein geringer Teil von jenem umfassenden Licht, das ich hier meine. Ich meine jenes reine kosmische Licht, das wir Menschen, jeder für sich und das Kollektiv der Menschheit im Besonderen, in sich tragen.

So wie die Erde unsere Mutter ist, so ist das Licht unser Vater. Das haben wir bereits beim Leben des Jesus Christus (der ein auserwählter Lichtträger war) erkannt. Wir sind aus dem Impuls des Lichtes gezeugt, von der Erde empfangen und von ihr geboren worden. Wir tragen das Licht des Urvaters in uns, das Licht jener männlich-kosmischen Urkraft, welches dic Mutter Erde so sehr liebt.
Da wir beides, das Licht des Urvaters und die Lieder der Urmutter, in uns tragen, sind wir eine Brücke, ein Bindeglied zwischen dem reinen Licht und der Mutter Erde. Und genau das ist es, was wir der Mutter Erde geben können, unsere Verbindung mit dem Licht. Da wir das kosmische Licht in uns

Auf der einen Seite existiert das reine Licht, der Urvater, von dem Jesus sprach. Auf der anderen steht „Gott“ (z. B. Jahwe), der uns energetisch berauben und versklaven will, der gegen Mutter Erde Krieg führt und uns von ihr zu entreißen sucht.
Der Unterschied zwischen diesen beiden ist einfach zu erkennen: Gott verlangt nach Huldigung und nach Anbetung. Das reine Licht aber verlangt danach niemals, da es in sich ruht und aus sich heraus strahlt!

und in unserer Mitte tragen, können wir es sowohl empfangen, als auch ausstrahlen. Ein Gedanke, eine innere Bereitschaft dazu genügt dafür vollkommen.
Wir können das Licht „von oben“ empfangen, durch uns hindurch und zur Mutter Erde hin fließen lassen. Das ist es, was wir für Mutter Erde tun können. Und wir tun dies Tag für Tag, auch wenn wir es nicht bewusst wissen, sobald wir unseren Fuß auf Mutter Erde setzen. Dann fließt Licht durch uns hindurch und in die Erde ein.

Da dieses Licht uns so sehr vertraut ist, da es so sehr in uns selbst lebt, war es den falschen Göttern ein Leichtes, uns mit falschem, aber ähnlich erscheinenden Glanz zu täuschen. Wir haben die Erscheinung der Götter mit diesem reinen Licht verwechselt. Wir meinten, dieses reine kosmische Licht spräche mit uns, als die Götter an uns heran traten. Und diese Götter wussten sehr wohl, wie sie uns durch ihren äußeren, aber hohlen Glanz und durch ihr irreführendes Strahlen in die Irre führen konnten.

Das reine Licht ist es, mit dem wir sehr wohl in Verbindung treten können und dies auch sollten, denn das reine Licht führt uns in unsere eigene Mitte.

Dieses reine Licht verlangt niemals, ich wiederhole: niemals eine Huldigung und Anbetung welcher Art auch immer. Dieses reine Licht ist reine Energie, die keine Energie von uns benötigt, da es diese im Überfluss selbst besitzt.

Es wäre daher ratsam, wenn wir in unserem Sprachgebrauch das so häufig missbrauchte Wort „Gott" durch den Begriff „reines Licht" ersetzen könnten. Sobald wir sagen: „Ich verbinde mich mit dem reinen Licht.", stehen wir mit dieser reinen Energie bereits in Verbindung.

Das Licht wird für uns stets ein großes Mysterium bleiben, das wir nur bedingt verstehen können. Dieses Licht entspringt mehreren Quellen, wie dem galaktischen Zentrum (der Hunab Ku), unserer eigenen Sonne oder bestimmten Sternen, die für uns von zentraler Bedeutung sind (wie z. B. dem Sirius). Das Licht entspringt immer einer oder mehreren Mitten, einem oder mehreren Zentren. So strahlt es auch in uns sowohl aus unserem Solarplexus, als auch aus unserem Herzzentrum.

Wenn wir uns mit dem Licht verbinden, so können wir dies gedanklich dadurch tun, dass wir uns zur Sonne hin ausrichten oder zur Zentralsonne selbst, zur Hunab Ku.

Die Verbindung zum Licht hin wirkt für uns selbst sehr heilsam und vor allem zentrierend, ist aber auch für das Licht selbst von wesentlicher Bedeutung. Denn das Licht ist das Zentrum, die Zentrale für die Gesamtheit aller Informationen und allen Wissens.

Da wir selbst Träger des Lichtes sind, sind auch wir Teil des großen allumfassenden Lichtes. Wenn wir ein klarer, ein wahrhaftiger, ein zentrierter Träger des Lichtes sind, so sind wir auch ein klarer Träger von Information. Wenn wir uns mit dem Licht verbinden, bekommen wir etwas und wir geben auch etwas zurück. Das was wir geben, das ist das Wissen unseres individuellen Lebens, jene Informationen, die aus all unseren Erfahrungen und Erlebnissen, aus all unseren Wahrnehmungen bestehen. Wenn wir uns mit dem Licht verbinden, dann leuchten wir für die Gesamtheit allen Lichtes jenen Teil des Universums aus, in dem wir uns gerade befinden.

Das reine Licht des Urvaters und sie, die Urmutter, die Mutter Erde, beide tragen wir in uns. Das sind die beiden polaren Kräfte in uns, unser männlicher und unser weiblicher Anteil.
In einer heilen Welt geht es darum, dass Frieden ist zwischen den Geschlechtern, im Außen genauso wie im Innen. Es geht darum, dass der Urvater und die Urmutter in uns die kosmische Hochzeit feiern. Dazu die folgende Übung, durch die sehr viel an Heilung in uns geschehen kann!

Übung und Meditation
zum Einklang mit der Urmutter und dem Urvater

Diese Übung machst du im Stehen, am besten an einem ruhigen Platz in der freien Natur. Du kannst sie aber natürlich auch an einem ruhigen Platz bei dir zuhause machen.

Du stehst am besten barfuss und schließt die Augen.
Du kommst in dir an, du bist in deiner eigenen Mitte.
Du spürst deine Fußsohlen bewusst, du spürst, wie deine Füße den Boden berühren.
Du spürst, wie Mutter Erde dich trägt.

Mit deiner Aufmerksamkeit gehst du zur Mutter Erde hin.
Du sinkst ein in die Mutter Erde, du sinkst hinab in ihre Tiefe.

Du findest dich ein im kristallinen Körper der Mutter Erde.
Und du hörst dort, im kristallinen Körper der Mutter Erde,
die Lieder der Heilen Matrix.

Du sagst:
„Ich verbinde mich mit den Liedern der Heilen Matrix, mit den Liedern der Mutter Erde.“
Die Lieder der Heilen Matrix steigen in dir auf.
Von unten her steigen sie in dir auf,
über die Fußsohlen, deine Beine hoch, über dein Becken,
deinen Bauchraum, deinen Brustbereich und dein Herz,
über deine Schultern in deine Arme und Hände
und über deinen Hals in deinen Kopf.
Jede Zelle deines Körpers geht in Resonanz
mit den Liedern der Heilen Matrix, den Liedern der Mutter Erde.

Nun genießt du eine Weile die Vibrationen ihrer Lieder
in deinem Körper, in deinem Sein.

Dann wendest du dich nach oben dem Licht zu.
Du erhebst dich mit deiner Aufmerksamkeit.
Du erhebst deine Arme nach oben hin und sagst:
„Ich verbinde mich mit dem reinen Licht, jetzt.“
Dann senkst du die Arme wieder und bildest mit deinen Händen
ein „V“ und öffnest sie empfangend vor deinem Herzen.
Stell dir vor, wie ein Lichtstrahl aus der Galaktischen Mitte
durch deinen Scheitel in dich einfließt und dich blitzartig durchfließt.

Überall gleichzeitig erstrahlt das Licht in dir.
Das Licht bringt dich in deine eigene Mitte, in dein eigenes Zentrum.
Und jede Zelle deines Körpers wird nun
mit diesem reinen Licht erfüllt.

Genieße dieses Licht eine Weile und spüre,
wie es in dir ist und gleichzeitig von dir ausstrahlt.

Du hast nun die Lieder der Urmutter in dir,
genauso wie das reine Licht des Urvaters.
Lege nun deine Hände auf dein Herzchakra.
Gestatte, dass in dir jetzt die heilige, die kosmische Hochzeit stattfindet.
In deinem Herzen vereint sich das reine Licht des Urvaters
mit den Liedern der Urmutter.
Das große Mysterium der sinnlichen Vereinigung vollzieht sich in dir
und heilt und verbindet und lässt das Neue, das Dritte entstehen.

Genieße die Vereinigung der beiden Urkräfte in dir.
Genieße dein Eins-Sein mit dem Ganzen in dir.
Genieße das Zentriert-Sein in dir.

Öffne nun deine Arme weit.
Zeichne einen weiten Kreis um dich und über dich.
Erschaffe dadurch deinen Raum um dich, der du bist,
im Einklang mit der Urmutter,
im Einklang mit dem Urvater,
im Einklang mit allem Sein.

Mit deinem innigen Dank an die Urmutter und den Urvater beendest du diese Meditation.

Möge der Friede in dir sein.
Möge die geheilte Liebe in dir sein.
Möge die geheilte Liebe von dir ausstrahlen.

So sei es!
Und so ist es!

Die Heilung der Liebe

Durch diese Meditation heilst du die Liebe in dir. Du heilst die Eifersucht in dir, du heilst das Besitzdenken in der Liebe in dir. Du wirst frei davon.

Denn geheilte Menschen sind zu einer besitzfreien, persönlichen, freien Liebe und Partnerschaft fähig, zu einer Partnerschaft, die offen, frei und wahrhaftig ist.

Die Heilung findet durch den Einklang mit der Mutter Erde und den Einklang mit dem Universum statt. Und ein nachhaltiges Friedensfeld entsteht in dir, ein Friedensfeld, das von dir ausstrahlt und das die Welt erfüllt.

Danke, dass du bereit bist, diesen Weg zu gehen!

Das Projekt Venusblume

Das Projekt Venusblume begann im August 2008 im Berwangtal in Tirol. Wir waren dabei, ausgehend vom Hotel Kaiserhof, im Berwangtal energetisch zu arbeiten. Durch die Geschichte dieses Tales, vor allem aus dem Mittelalter und aus dem 19. Jahrhundert, war der Fluss der Energien großteils blockiert. Die dort lebenden Menschen spürten dies in ihrem alltäglichen Leben sehr deutlich. Vor allem das Thema der Kinderarbeit (die Geschichte der „Schwabenkinder“) begegnete uns dort massiv. Das damit verbundene Leid der Kinderseelen war heute noch spürbar und „geisterte“ durch die Träume der Menschen.

Wir setzten rituelle Heilimpulse an geomantisch wichtigen Punkten dieses Tales. Zum Abschluss unserer Arbeit verlangte es uns danach, einen versöhnlichen, liebevollen Impuls kraftvoll und klar zu verankern. Und aus diesem Bedürfnis heraus entstand die Idee, die BLUME DER LIEBE auf einer Almwiese, die mitten in diesem Tal lag, mit Steinen aufzulegen. Als wirkungsvollsten Durchmesser dieser Formation erkannten wir das Maß von 13 Metern.

Das Maß von 13 Metern

Das Metermaß ist ein *Erdmaß*, das im 18. Jahrhundert in Frankreich eingeführt worden war. Der Meter bezieht sich auf den Körper der Mutter Erde. Der Meter ist exakt ein 10-millionstel Teil vom halben Meridian der Erde, also ein 10-millionstel Teil der Strecke vom Äquator bis zum Nord- bzw. Südpol. Vom Äquator bis zum Nordpol sind es also exakt 10.000 km.
Ein anderes Längenmaß, wie z. B. das Yard (englisches Maß mit 91,44 cm) hat mit der Erde gar nichts zu tun. Das Yard wurde definiert als jene Länge, die von der Nasenspitze des Heinrich I. bis zum Daumen seines ausgestreckten Armes führt. Ein ausgesprochen hierarchisch egobetontes Maß also, das ich als Grundlage für ein Arbeiten mit der Mutter Erde niemals empfehlen würde.

Das Metermaß bezieht sich auf den Körper der Mutter Erde. Dieses Maß ist daher ausgesprochen gut geeignet, um numerologisch auf das Wesen der Mutter Erde einzugehen.

Die Zahl 13 ist eine bemerkenswerte Kraftzahl!
Während die Zahl 12 eine starke Strukturzahl ist, löst die Zahl 13 diese Struktur wieder weitestgehend auf, um den Übergang in eine neue Ebene zu ermöglichen. Die Zahl 13 löscht sämtliche Informationen, die mit Schuld und „Karma“ zu tun haben. Wir können sie als Zahl der „Schuldbefreiung und des Übergangs“ deuten, weshalb sie im kirchlich

dominierten Mittelalter entsprechend unbeliebt war und von den kirchlich gelenkten Machthabern zielstrebig als „Unglückszahl“ diffamiert wurde.

Die Zahl 13 als Zahl des Mondes:
In manchen Jahren gibt es 12 Mondzyklen, in anderen Jahren 13. Der Mond spielt mit der 12 (Heilung der Emotionen) und der 13 (Befreiung von emotionalen Verwirrungen, Emotionsfreiheit).

Die Zahl 13 finden wir auch in den Zyklen des Mondes. Zählt man die Anzahl der Vollmonde in aufeinander folgenden Jahren, so sind dies zeitweise 12 und zeitweise 13. Das bedeutet numerologisch, dass der Mond auf der emotionalen Ebene (auf der Mond-Ebene) immer wieder heilende Form und Struktur erschafft (die Zahl 12), diese aber auch immer wieder auflöst, um emotionale Verflechtungen nicht zu verdichten und zu verfestigen. Der Mond will uns dadurch die Emotionsfreiheit lehren. Er will uns in das Erleben der Emotionen hineinführen, gleichzeitig uns aber auch zeigen, dass Emotionen (genauso wie Gedanken) bloß subjektive Erfahrungen sind, denen wir nicht zu viel Bedeutung geben sollten.
Emotionsfreiheit, das ist die Freiheit, Emotionen und Gefühle in vollem Maße zu genießen, ohne sich darin all zu sehr zu verstricken. Ein Spiel mit Emotionen (was in neu-esoterischen Methoden leider sehr häufig praktiziert wird) und ein Hochschaukeln von Gefühlen und Emotionen verstärken eher unsere verwirrten Glaubenssätze und Implantate, anstatt uns daraus zu befreien.

Die Zahl 13 ist aber vor allem eindeutig eine Venuszahl! Wie wir im Kapitel „Die Venus und der Goldene Schnitt“ bereits gesehen haben, gibt es fünf gleich bleibende Treffpunkte von unserer Mutter Erde mit ihrer

planetaren Schwester, der Venus. Verbindet man diese fünf Treffpunkte entsprechend ihrer Abfolge, so erhält man ein Pentagramm, also eine Fünferstruktur.
Damit sich dieses Pentagramm vollenden kann, vergehen 8 Jahre auf der Erde. Die Erde umrundet dazu also 8-mal die Sonne.
In derselben Zeit vergehen genau 13 Venusjahre, die Venus umrundet also in diesem Zeitraum genau 13-mal die Sonne.

Die Zahl 13 als Zahl der Venus:
Es vergehen 13 Venusjahre, ehe die Venus und die Erde mit ihrem Tanz um die Sonne das Pentagramm vollenden.

Wir treffen bei der Venus auf die Zahlen 5, 8 und 13 (und in weiterer Folge auf $3^5 = 243$).
Und diese drei Venus-Zahlen sind nebeneinander liegende Zahlen in der berühmten Fibonacci-Folge, welche den mathematischen Code für den Goldenen Schnitt beinhaltet!

An einer weiteren, biologisch äußerst bedeutsamen Stelle finden wir die Zahl 13 abermals, und zwar in den ersten Tagen der Entstehung des menschlichen Körpers.
Zählen wir die ersten Tage unseres eigenen Körpers, wobei wir als Tag 1 vernünftigerweise als jenen Tag wählen, an dem die Samenzelle unseres Vaters die Eizelle unserer Mutter befruchtet hatte. In jenem Moment, in dem die Samenzelle sich mit der Eizelle vereinigt hatte, begann unsere physische Existenz. Kurz nach diesem Moment starteten bereits die ersten Zellteilungen und jener Embryo, der einmal unser Körper werden sollte, wuchs heran.
Die Befruchtung der Eizelle durch die Samenzelle ereignete sich im Eileiter unserer Mutter. Danach wanderte das befruchtete

Die 13 als Zahl für die Entstehung des organischen menschlichen Lebens.
13 Tage nach der Befruchtung der Eizelle ankert der Embryo im Mutterleib durch Ausbildung der Nabelschnur.

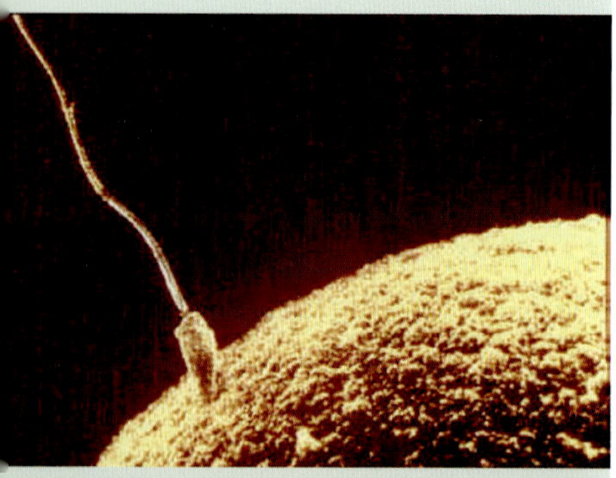

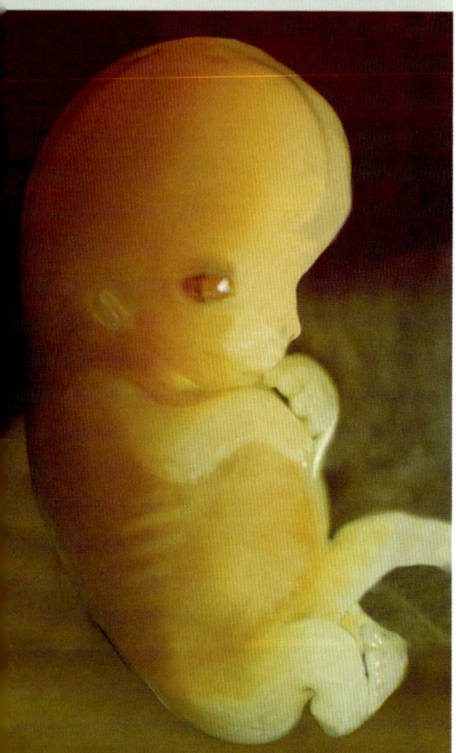

(Foto: free software foundation)

Ei aus dem Eileiter in die Gebärmutter und suchte sich dort einen Ort, um heranzuwachsen. Die befruchtete Eizelle nistete sich in der Gebärmutter ein.
Und dann kam es zu jenem zweiten, für unsere Entwicklung ausgesprochen bedeutsamen Ereignis! Der Embryo bildete die Nabelschnur aus und verankerte sich dadurch erstmals wirklich in dieser Inkarnation. Mit dem Ausbilden der Nabelschnur haben wir uns an den Blutkreislauf unserer Mutter angeschlossen. Unsere leibliche Mutter ist die physische Vertreterin der Mutter Erde und mit dem physischen Einklang mit ihrem Blutkreislauf ging auch unser heranwachsender Körper in einen physischen Einklang mit Mutter Erde.
Und dies geschieht immer am 13. Tag nach der Befruchtung der Einzelle!
Dieses Ereignis hat dieselbe gewichtige Bedeutung, wie die Befruchtung der Eizelle und dann die Geburt selbst. Nach der Ankerung durch die Nabelschnur und dem Anschluss an den Blutkreislauf der Mutter vergehen in der Regel dann noch 20 mal 13 Tage bis zur tatsächlichen Geburt.

Zusammenfassend bedeutet das:
Wenn wir nun die Blume der Liebe in ihrer Fünfer-Struktur im Maß von 13 Metern auflegen, verbinden wir mehrere Ebenen.
Wir verwenden mit dem Meter das Maß der Erde und beziehen so diese Struktur auf die Mutter Erde, auf ihren Erdenkörper.
Die Fünfer-Struktur selbst spricht den Goldenen Schnitt, die Heilige Geometrie und so die grundlegende Struktur der Heilen Matrix

und den Zustand der geheilten Liebe an.
Die Zahl 13 symbolisiert die Erlösung von Schuldthemen, den freien Übergang in eine neue Zeit, die Verbindung mit der Venus und einen zentralen Zyklus unserer eigenen Biologie, der vor allem in unserem eigenen Zellgedächtnis gespeichert ist.
Das Maß von 13 Metern symbolisiert unsere biologische Eigenresonanz und bringt diese in Einklang mit Mutter Erde!

Die Verbreitung der Venusblume

Nach dem Auflegen dieser ersten Venusblume erlebten wir ihre erstaunliche Wirkung. Zum einen entfaltete sich an diesem Platz ein langsam immer stärker werdender Kraftort. Diese mit Steinen aufgelegte Blume der Liebe erschuf einen Kraftplatz und strahlte harmonisierend auf das Umfeld ein. Nach unserer Wahrnehmung breitete sich die Wirkung dieser schönen Formation immer weiter aus und umfasste schließlich das gesamte Tal.

Geheimnisvolle Augen in der Nacht an der Venusblume.

Die Fotos, die wir dann nachts an diesem Ort machten, zeigten einige Orbs (Lichterscheinungen), vor allem aber zwei geheimnisvolle Augen, die auf mehreren Fotos und an verschiedenen Stellen auftauchten. Wir hatten uns beim Auflegen der Venusblume bewusst und in Liebe mit den Naturwesen dieses Ortes verbunden. Durch dieses sichtbar werdende Augenpaar war uns klar, dass diese Naturwesen sehr wohl anwesend waren, uns neugierig und wohlwollend be-

obachteten und dass einer von ihnen sich uns schüchtern zeigte.
Im September besuchten wir im Rahmen einer Ausbildung diesen Ort wieder. Die Ausstrahlung dieses Platzes hatte zugenommen, die Wirkung der BLUME DER LIEBE war harmonisch mit dem Gewebe dieses Platzes verwoben. Die Fotos, die diesmal entstanden, zeigten nun ganz erstaunliche Lichtphänomene. Die Ausstrahlung des Platzes war stärker geworden.
Im Winter besuchten wir diese BLUME DER LIEBE im Rahmen einer Nacht-Schnee-Wanderung abermals. Sie war von einer meterdicken Schneedecke bedeckt, doch wir spürten ihre Wirkung nach wie vor sehr intensiv. Die Stille, die über der nächtlichen Winterlandschaft lag und die Lieder und Frequenzen, die von der Venusblume ausstrahlten, waren eine harmonische Einheit. Die Lieder der Heilen Matrix erfüllten die Atmosphäre.
Auch diesmal machten wir Fotos und das, was wir sahen, war mehr als erstaunlich! Auf den Fotos breitete sich eine Lichterscheinung aus, welche alles andere überstrahlte.

Alleine durch diese Fotos wussten wir, dass diese Formation eine außergewöhnlich harmonisierende und Licht aktivierende Wirkung hatte. Aber auch durch unsere offene Wahrnehmung hatten wir diese Wirkung bereits erspürt.
Bemerkenswert war, dass eine harmonisierende und heilsame Wirkung in uns selbst freigesetzt wurde, wenn wir die Linien dieser BLUME DER LIEBE entlang gingen.

Durch das Abgehen dieser Formation wird in uns unsere Erinnerung an die Heile Matrix, an die geheilte Form der Liebe, an die Heilung unserer Seele, unseres Emotionalkörpers und unseres Geistes erweckt. Während dem Abgehen werden Impulse der Heilung, Impulse der Heilen Matrix in uns gesetzt. Dadurch finden wir in einen vollkommen natürlichen Einklang mit der Mutter Erde und Heilung findet in uns statt. Wie Balsam legen sich diese heilenden Lieder über unsere emotionalen Verletzungen. Fehlgeleitete Gedankenkonstrukte legen wir ab und lassen es zu, dass ein allumfassender Friede in uns Raum nimmt.

Durch diese Erfahrungen entstand die Idee, diese Venusblume an vielen Plätzen aufzulegen, vor allem an geomantisch wesentlichen Orten. Ich veröffentlichte diese Idee auf meiner Homepage, mit einer Anleitung, wie diese Blume im Gelände aufgelegt werden kann. Ich wusste, dass dadurch eine Vernetzung entstehen konnte, die im Bewusstseinsfeld der Welt eine bedeutsame Kraft freisetzen würde. Wenn die entstehenden Venusblumen mental miteinander verbunden wurden, verstärkten sie einander und aktivierten so immer deutlicher die Heile Matrix der Mutter Erde im Feld. Dort, wo die Venusblumen aufgelegt wurden, entstanden Kraftorte, Öffnungen im Raum-Zeit-Feld, an welchen die Lieder der Heilen Matrix wieder frei erklingen und ins Bewusstseinsfeld ausstrahlen konnten.

Und bald schon zeigte sich, dass diese Idee von vielen mit Freude aufgenommen wurde und eine Venusblume nach der anderen entstand. Etliche Fotos von entstandenen Venusblumen, meist aus dem deutschsprachigen Raum, aber auch aus Nordafrika, Hawaii oder Griechenland, bekam ich per E-Mail und veröffentlichte sie auf meiner Homepage.

Auch ich selbst legte an gezielten Orten die Blume der Liebe auf. Ein ganz wichtiger Punkt war die kleine Insel Comino in Malta, wo vor mehr als 5000 Jahren das Alte Volk einst gelebt und diese so liebevolle und innige Verbindung mit der Mutter Erde im alltäglichen Leben gänzlich integriert hatte. Ein besonderes Erlebnis war das Auflegen einer Venusblume am griechischen Peloponnes, auf der Halbinsel Mani. Wir aktivierten die Venusblume auf jener Leyline, die in Mittelägypten bei Luxor beginnt, über die Pyramiden von Gizeh, über Griechenland, bis in den Norden von Schottland führt. Wie kraftvoll die Leylines, diese energetischen Erdlinien sind, erlebten wir bei der Aktivierung der Blume. Besonders berührte uns, dass während der Einweihung der Venusblume eine Schlange im Inneren der Venusblume erschien und sich genau im Zentrum, genau in der Mitte der Blume verkroch. Sie, die so sehr verfolgte Kraft der Schlange, bezog den ihr zustehenden Raum in der Mitte der Blume der Liebe.

Und dann, im Juli 2009, kam eine Antwort auf die Aktivität der vielen Menschen, die

sich für diese Vernetzung mit Hilfe der Venusblume und für die liebevolle Rückverbindung mit der Mutter Erde einsetzten. Eine Antwort, die mich sehr berührte.

Am 5. Juli 2009 entstand eine Venusblume in Form eines Kornkreises in der Nähe von Alton Barnes, Wiltshire, im Süden von England. In diesem Kornkreis spielten die Kornkreismacher mit der Struktur der BLUME DER LIEBE. Sie zeichneten in diesen Kornkreis jene Kreise, welche die Form der Blüten, die Linienführung der Formation bilden. Diese Kreise, die im Goldenen Schnitt größer und kleiner werden und die Venusblume erschaffen, wurden im Kornfeld sichtbar. Es war, als würden die Kornkreismacher uns mitteilen, dass sie nicht nur die BLUME DER LIEBE wahrgenommen, sondern auch deren innere Struktur eindeutig verstanden hatten.

Immer wieder wird beobachtet, dass die Kornkreise jene Themen aufnehmen, die im morphogenetischen Feld, im Bewusstseinsfeld des Menschen von tragender Bedeutung sind. Die BLUME DER LIEBE hatte also bereits im Juli 2009 eine derartige Bedeutung erlangt.

Die Wirkung der Venusblume

Wenn die BLUME DER LIEBE mit Steinen aufgelegt wird, dann entsteht an diesem Platz ein Ort der Kraft. Dieser Ort entfaltet eine dreifache Wirkung.

1. Die BLUME DER LIEBE aktiviert die Lieder der Heilen Matrix.

2. Die Blume der Liebe erschafft einen „Einstrahlungspunkt“ für hilfreiche kosmische Kräfte, besonders für das „reine Licht“.

3. Beim Abgehen der Formation geschieht etwas in uns selbst, die Lieder der Heilen Matrix erklingen in uns und bringen uns selbst in Einklang mit der Mutter Erde.

Die innere Struktur der Heilen Matrix besteht aus dem Goldenen Schnitt. Da die Blume der Liebe diesen Goldenen Schnitt vielfach codiert, wirkt sie wie ein Schlüssel zur Heilen Matrix. Die Lieder der Heilen Matrix erklingen jederzeit im inneren, kristallinen Körper der Erde, steigen aus ihrem Inneren auf, erfüllen den Raum und erschaffen eine Wirklichkeit. Da diese Wirklichkeit allerdings von der vom Menschen (und den „Göttern“) erschaffenen Matrix der Angst andauernd überlagert wird, ist die Heile Matrix nur schwach spürbar.

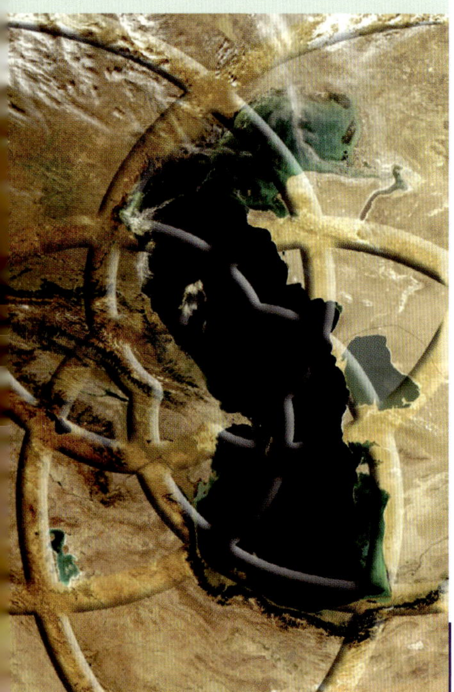

Ein Ort aber, an dem die Blume der Liebe aufgelegt und aktiviert wurde, gibt den Liedern der Heilen Matrix mehr Raum als gewöhnlich. **Das ist wie ein Akupunkturpunkt oder wie ein homöopathischer Impulspunkt auf der Erde.** Das Raum-Zeit-Feld dieses Ortes verändert sich absolut positiv für die Heile Matrix.

Die erste Wirkung der Venusblume geht also zur Erde hin, öffnet zur Mutter Erde hin, damit aus ihrem Inneren die heilen Lieder aufsteigen und die Atmosphäre erfüllen können.

Die zweite Wirkung der Venusblume geht nach oben hin, öffnet sich den hilfreichen kosmischen Kräften, die von außen auf uns einstrahlen. Wir wissen, dass wir von der Venus und von ihrem „Plasmastrom" regelmäßig physikalisch messbare Impulse bekommen (im Kapitel „Die Venus und der Goldene Schnitt" habe ich dies beschrieben). Da die Fünfer-Struktur auf die Venus anspielt und da die Form der Blume der Liebe der von der Erde aus beobachteten scheinbaren Venusbahn sehr nahe kommt, haben wir diese Blume anfangs als Venusblume bezeichnet. Bei dieser Formation geht es um die Vereinigung polarer Kräfte, der Vereinigung des Männlichen mit dem Weiblichen in der kosmischen Hochzeit. Daher ruft die Blume der Liebe die männliche Lichtkraft aus dem Kosmos ab, lädt diese Kraft ein, damit sie sich mit der Mutter Erde vereinigt.

So entsteht ein Einstrahlungspunkt für kosmische Kräfte, ein Einstrahlungspunkt für das reine Licht aus der Zentralsonne (Hunab Ku), von unserer Sonne (die mit dem Maya-Namen „Kinich Ahau" angerufen werden kann) und von all jenen kosmischen Lichtkräften, welche auf uns hilfreich einwirken wollen.

Und zum Dritten entsteht für uns in der Blume der Liebe **ein Heilungsfeld, zur Heilung all jener Verletzungen, die durch die in uns angelegten Fehlprogramme und Dogmen entstanden sind. Ein Heilungsfeld, das die Liebe in uns heilt und befreit.**

Praktisch kannst du dies dadurch nutzen, dass du der Linie dieser Formation entlang gehst.

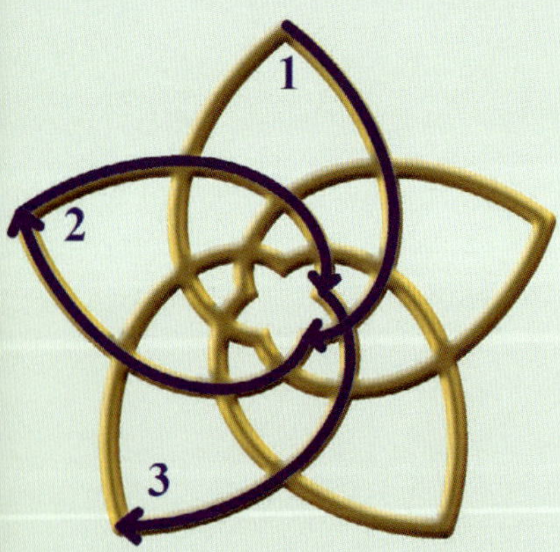

Am besten beginnst du am nördlichen Punkt der Blume.
Du sammelst dich innerlich, bevor du diese Blume betrittst.
Und dann gehst du innen der Linienführung der Formation entlang, vom nördlichen Punkt aus im Uhrzeigersinn beginnend. Wenn du an einen Kreuzungspunkt gelangst, gehst du gerade aus weiter, ohne „abzubiegen“.
Du gehst diese Formation am besten fünfmal ab.
Während du gehst, bleibe gewahr, bleibe in dir, gebe den Gedanken, die kommen, keine Bedeutung, sondern lenke deine Aufmerksamkeit auf dein Gehen. Alles, was an Heilung geschehen kann, geschieht von selbst, von sich aus.
Du bewegst dich im Uhrzeigersinn und gegen den Uhrzeigersinn gleichzeitig. Wenn du dich im Uhrzeigersinn bewegst, so erreichst du die jeweiligen Blütenspitzen gegen den Uhrzeigersinn. Dadurch vereinigst du das Männliche (die Rechtsdrehung) mit dem Weiblichen (der Linksdrehung) in dir. Du erinnerst dich und dein System an diese Vereinigung, an die kosmische Hochzeit.

Das Abgehen der Blume der Liebe ist besonders dann empfehlenswert, wenn es darum geht, problematische Liebesthemen zu heilen, wie: Eifersucht, Enttäuschungen (wobei es immer gut ist, wenn Täuschung endet), emotionale Verletzungen usw.
Wesentlich für deinen Heilungsprozess aber ist dein Erkennen, dass an deiner emotionalen Verletzung (an deiner Eifersucht oder Enttäuschung) keinesfalls dein Partner

durch seine Handlungen die Schuld trägt. Wenn du eine Schuld zuweisen willst, dann jenen Implantaten, die in dir selbst liegen! Der Schmerz entsteht durch die Implantate in dir, nicht durch etwas außerhalb von dir liegendes. Die Handlungen deines Partners bringen lediglich diese Implantate in dir zum Schwingen!
Nur wenn du bereit bist, diese Implantate, die in dir sind, also solche zu erkennen und sie aufzulösen, sie aufzugeben, nur dann kann nachhaltige Heilung stattfinden! Nur dann kann wieder Frieden in dir einkehren!

Aber auch dann, wenn du zu dir selbst finden willst, wenn du dich zentrieren willst, wenn du deine Selbstheilungskräfte aktivieren willst, wenn du dein eigenes Licht in dir selbst erwecken möchtest, auch dann ist das Abschreiten der BLUME DER LIEBE ein Geschenk.

Wenn du an einer Venusblume vorbeikommst, dann nimm dir die Zeit, um sie abzugehen. Für dich und für all jene, welche die Wirkung dieser Formation nach dir erleben wollen. Denn jede Zuwendung an einen Ort der Kraft stärkt diesen Ort der Kraft und vermehrt dessen Ausstrahlung. Außerdem verstärkst du damit die Vernetzung der Venusblumen untereinander, du verstärkst das Netzwerk zur Heilung der Liebe auf dieser Welt, das Netzwerk zur Befreiung der Liebe.
Danke, wenn du dich daran beteiligst!

Der „Bauplan" zum Auflegen der BLUME DER LIEBE

Im Laufe der Zeit haben wir nun einige Erfahrungen gesammelt und wissen nun, wie es am einfachsten geht.
Das beste Maß für die Venusblume ist ein **Durchmesser von 13 Metern**.
Wenn dir das zu groß ist (z. B. in einem Garten), dann kannst du sie auch verkleinern. Empfehlenswert sind dafür die Fibonacci-Maße, also Metermaße nach den Fibonacci-Zahlen. Diese sind: 1 m, 2 m, 3 m, 5 m, 8 m, 13 m.
Aber auch Venusblumen, die mit Durchmessern größer als 13 m aufgelegt werden, wären äußerst wirkungsvoll. Da wären die Fibonacci-Maße 21 m, 34 m, 55 m… empfehlenswert.

1. Seil 6,5 m

2. Seil 7,64 m

Ich beschreibe dir nun das Auflegen der BLUME DER LIEBE mit einem Durchmesser von 13 Metern.
Du brauchst dazu zwei Seile.
Das **erste Seil** hat die Länge des Radius (halber Durchmesser), bei 13 m sind das **6,5 m**.
Das **zweite Seil** hat die Länge von
0,59 * Durchmesser = 0,59 * 13 = **7,64 m**.

Am **ersten Seil** bringst du **fünf Markierungen** an.
Du musst dir dabei merken, welches Seilende das innere und welches das äußere ist.
Von innen nach außen machst du **drei blaue Markierungen** und **zwei rote Markierungen**.
Die blauen Markierungen haben, von innen aus gemessen, folgende Abstände:

1. blaue Markierung:
Radius : 6,85 = 6,5 : 6,85 = 0,95 m

2. blaue Markierung:
Radius : 2,62 = 6,5 : 2,62 = 2,48 m

3. blaue Markierung:
am Seilende

Die roten Markierungen haben, von innen aus gemessen, folgende Abstände:

1. rote Markierung:
Radius : 4,24 = 6,5 : 4,24 = 1,53 m

2. rote Markierung:
Radius : 1,618 = 6,5 : 1,618 = 4,02 m

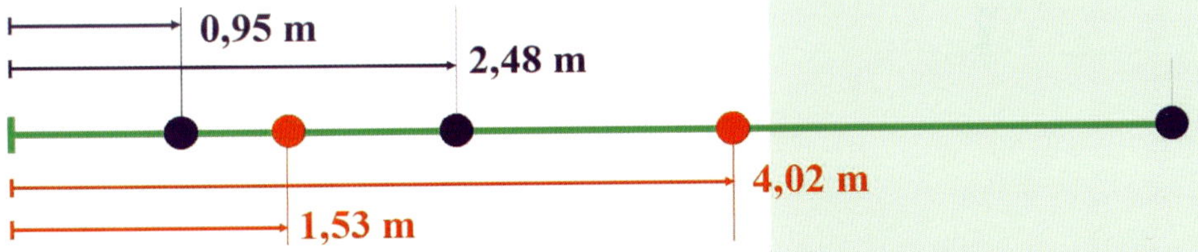

Am **zweiten Seil** bringst du ebenfalls eine Markierung an, und zwar **genau in seiner Mitte** (am Halbierungspunkt).

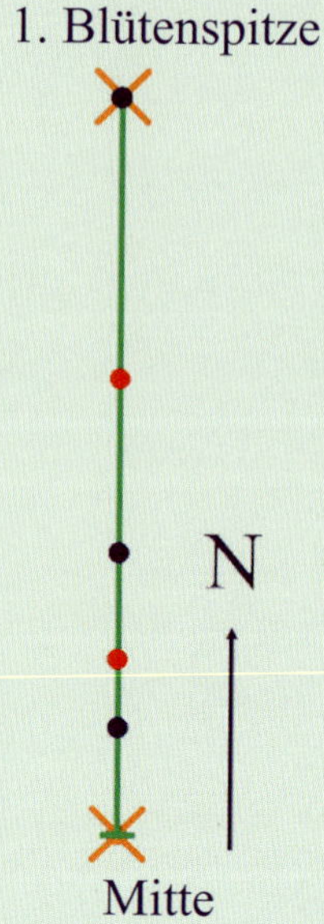

Nun suchst du im Gelände den Mittelpunkt der Venusblume. Den markierst du mit einem Stock oder einem Stein.

Von dort aus markierst du mit einem Stein die erste Blütenspitze, am besten genau im Norden. Es hat sich gezeigt, dass dies die wirkungsvollste Ausrichtung der BLUME DER LIEBE ist, da sie sich an den Fluss der Linien des Erdmagnetfeldes anpasst.

Der Abstand vom Mittelpunkt zum nördlichen Stein beträgt genau den Radius (= Länge des ersten Seiles).

Für den zweiten Stein (zweite Blütenspitze) brauchst du beide Seile und drei Personen. Eine Person hält das erste Seil am Mittelpunkt fest. Eine weitere Person hält das zweite Seil am ersten Stein (nördliche Blütenspitze) fest.

Und die dritte Person nimmt die losen Enden der beiden Seile und sucht jenen Punkt, an dem beide Enden der gespannten Seile zusammentreffen.

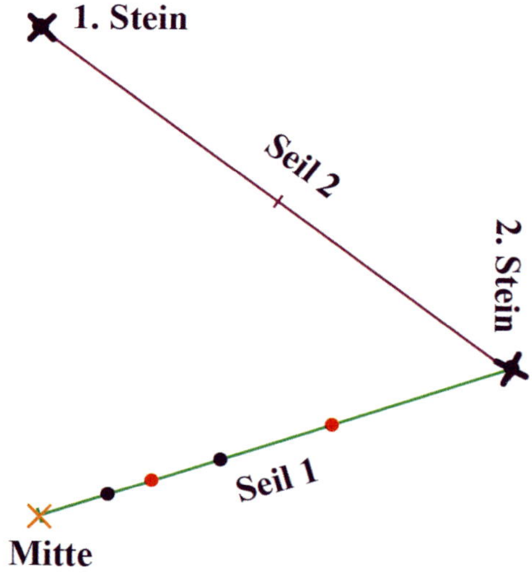

Dasselbe wird nun mit dem dritten Stein wiederholt, bis du alle fünf Punkte der Blütenspitzen gefunden hast.
Ein Tipp:
Gehe vom nördlichen Punkt zweimal nach rechts und zweimal nach links, damit sich die im Gelände natürlichen Abweichungen nicht zu sehr multiplizieren.

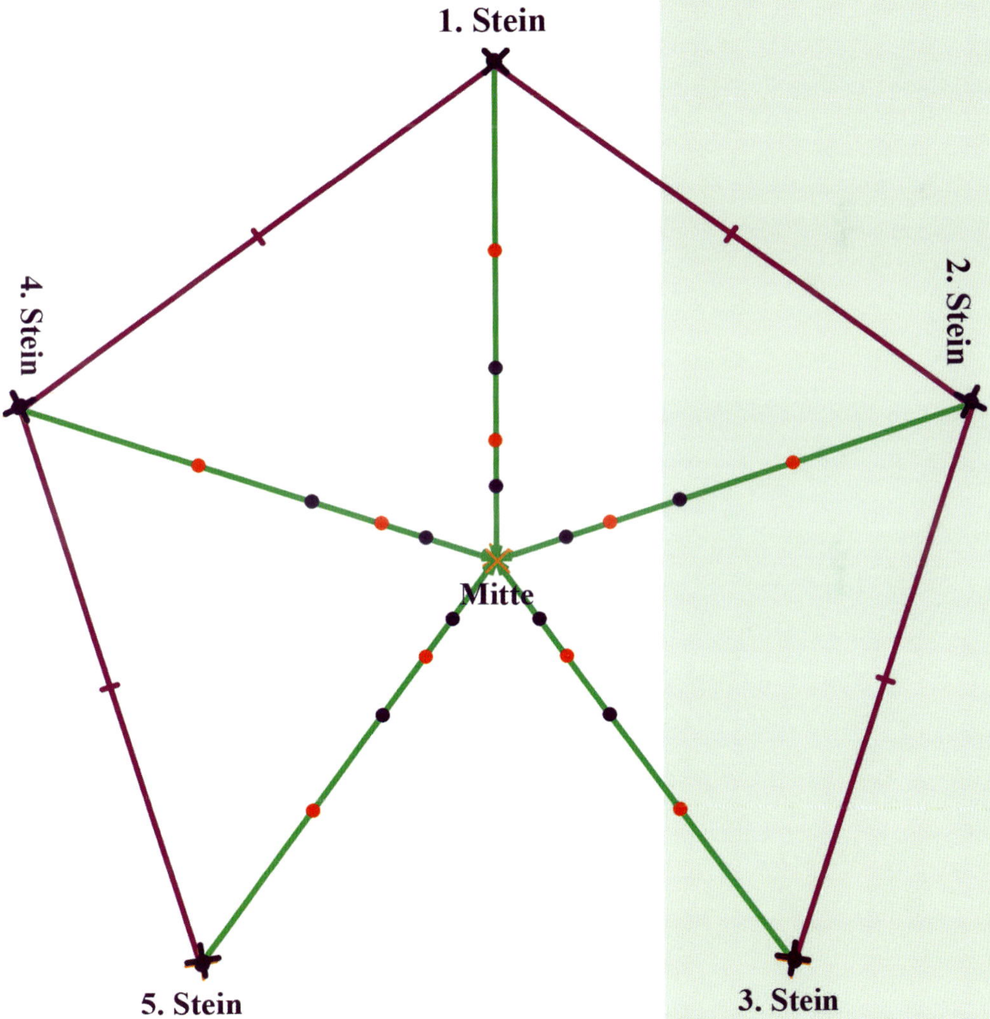

Nun brauchen wir die weiteren Kreuzungspunkte für das Auflegen der BLUME DER LIEBE. Und das geht mit den Markierungen am ersten Seil ganz einfach!
Lege von der Mitte **das erste Seil zu den äußeren Blütenpunkten**. Achte darauf, dass du dies in der richtigen Ausrichtung machst, lege das innere Seilende in der Mitte an! Dort, wo die beiden **blauen Markierungen** sind, dort legst du je einen Stein.

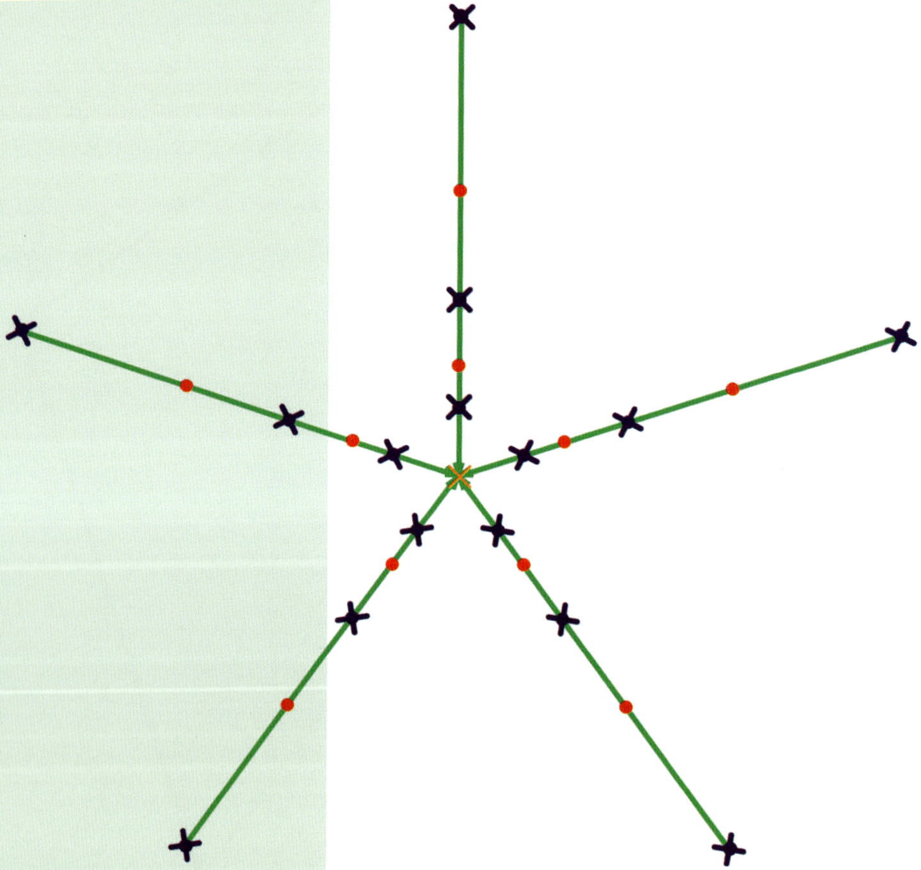

Dann legst du das zweite Seil von einer Blütenspitze zur nächsten.
Das erste Seil legst du von der Mitte aus über die Markierung (Halbierungspunkt) des zweiten Seiles. Überall dort, wo nun die **roten Markierungen** sind, legst du wieder einen Stein auf.
Das machst du insgesamt fünfmal, zwischen allen fünf Blütenspitzen.

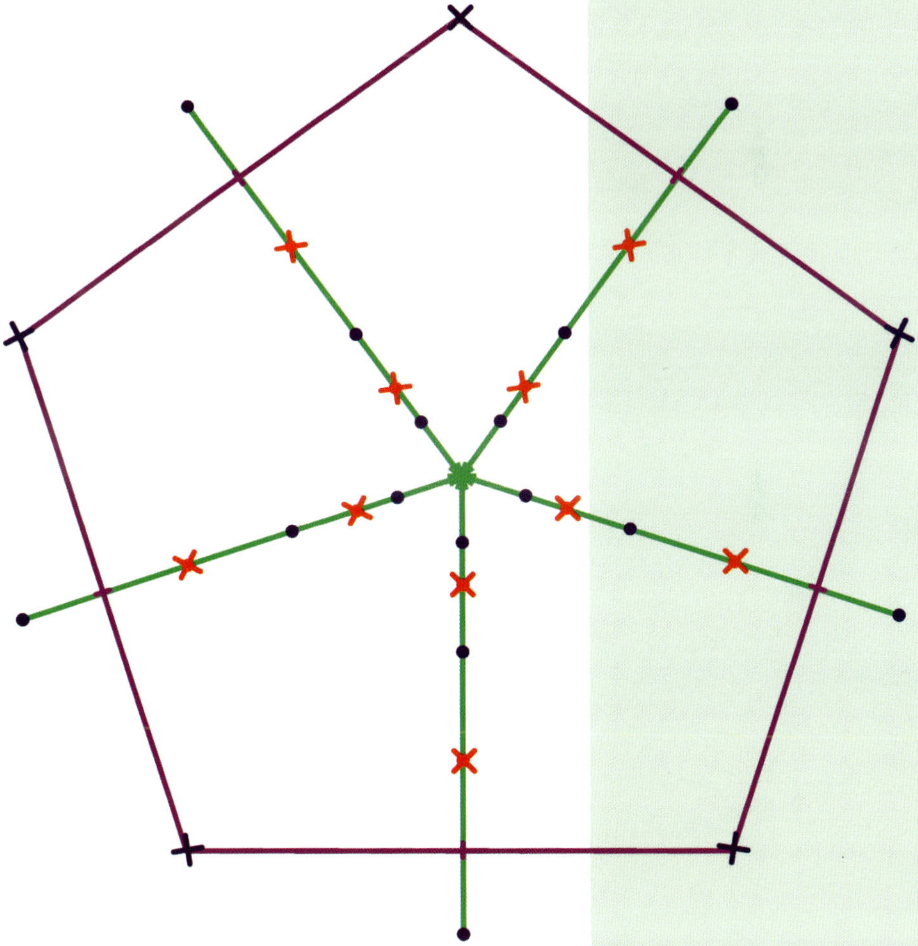

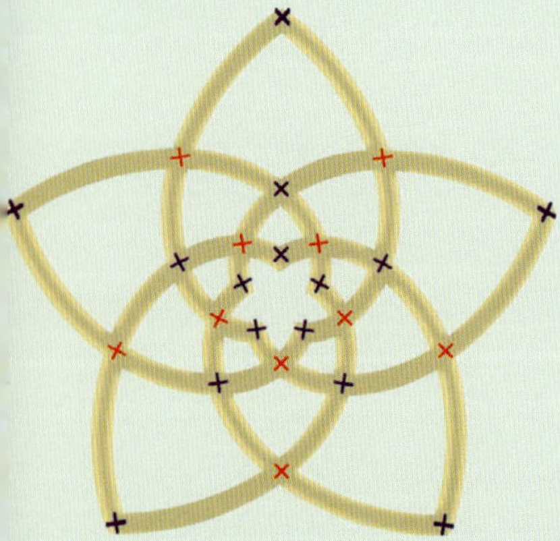

Nun hast du alle Kreuzungspunkte gefunden.
Du formst nun die Linienführung der BLUME DER LIEBE, indem du die Steine, aneinander legst. Die Bögen sollten rund und harmonisch sein, sodass die Bögen sanft ineinander überfließen.
Das gelingt dir am besten von außen nach innen. **Beginne an den äußeren Blütenspitzen,** lege die Steine eine Ebene tiefer, nach innen, dann eine weitere Ebene tiefer, usw., bis du an der innersten Spitze der Blütenform angelangt bist. Beginne dann wieder an der äußeren Blütenspitze und gehe wieder nach innen. So behältst du am besten den Überblick.

Die Linienführung dieser Formation wird so mit Steinen gebildet, die einander berühren sollten. Durch diese Berührung entsteht ein starkes energetisches Gewebe, ein kraftvolles Feld.

Wenn du diese Rundungen ganz exakt machen willst, kannst du sie dir auch ausmessen. Die Teilstücke der BLUME DER LIEBE sind jeweils Kreisstücke. Daher brauchst du die Mittelpunkte dieser Kreise.
Markier dir diese Mittelpunkte am besten als Punkt, mit Mehl oder Sägemehl.
Diese Mittelpunkte findest du genauso, wie du soeben die Kreuzungspunkte gefunden hast, nur eben umgekehrt. Erinnere dich an die Konstruktion der BLUME DER LIEBE, dort haben wir diese Punkte als die sensitiven Punkte der Lilith gedeutet.

Lege dazu das erste Seil nochmals vom Mittelpunkt zu einer äußeren Spitze der Blüte. Dort, wo nun die beiden roten Markierungen sind, dort liegen die ersten beiden Mittelpunkte. Wiederhole das von Blütenspitze zu Blütenspitze.
Dann legst du das erste Seil über den Halbierungspunkt des zweiten Seiles (wie vorhin) und markierst nun die blauen Punkte mit Mehl. Auch das sind Mittelpunkte.

Die Radien jener Kreisstücke, welche die Linie der Venusblume bilden, sind:
Von den äußersten Mittelpunkten (1. Ebene): der Radius der gesamten Blume = 6,5 m.
Von der zweiten Ebene ist es Radius : 1,618 = 13 : 1,618 = 4,02 m.
Von der dritten Ebene ist es
Radius : 2,62 = 2,48 m.
Von der vierten Ebene ist es
Radius : 4,24 = 1,53 m.
Du hast also diese Radien genau durch die Markierungen auf deinem ersten Seil.

Um nun die Bögen der Blume der Liebe exakt zu zeichnen, stellt sich eine Person an einen Mittelpunkt und hält dort das Seil fest. Die zweite Person geht mit dem Seil (in der entsprechenden Länge) die Linie ab und zeichnet den Bogen z. B. mit Mehl vor. Dieser Bogen führt genau von einem Kreuzungspunkt (oder von einer Blütenspitze) zum nächsten Kreuzungspunkt. Danach musst du den nächstkleineren Durchmesser wählen.
So kannst du die Blume vollkommen exakt auflegen.

Das Ritual zum Auflegen der Blume der Liebe

Gleich zu Beginn sollten sich jene Menschen, welche die Blume der Liebe auflegen wollen, aufeinander einstimmen. Dazu bilden sie am besten einen Kreis. Jener, der die Einstimmung anleitet, spricht ein paar meditative Worte. Schön ist ein kurzes Räucherritual, bei dem die Aura der Teilnehmer gereinigt wird.
Wichtig ist auch eine Einstimmung auf die Mutter Erde und auf die Lieder ihrer Heilen Matrix selbst. Die Menschen, die im Kreis stehen, sollten mit ihrer Aufmerksamkeit in die kristallinen Felder der Mutter Erde gehen, aus welcher die heilen Lieder der Urmuter entspringen. Auch der Satz „Ich verbinde mich mit den Liedern der Heilen Matrix der Mutter Erde.“ verbindet uns bereits mit ihr.

Und dann wäre es wichtig, wenn die Verbindung mit den an diesem Ort lebenden Naturwesen gesucht wird. An jedem Ort existiert ein „Hüter des Platzes“. Wir sprechen immer den Hüter dieses Platzes bewusst an und erklären ihm, dass wir hier, an diesem Ort, eine Venusblume auflegen, um der Heilen Matrix der Mutter Erde Raum zu geben. Wir bitten ihn darum, dieses Ritual zu begleiten und wohlwollend aufzunehmen. Wir bitten ihn außerdem, die Wirkung und Ausstrahlung der Blume der Liebe wohlwollend zu fördern.
Wir haben danach stets auf ein Zeichen gewartet und solch eines auch immer bekommen. Solch ein Zeichen kann ein Windhauch

oder ein stärkerer Windstoß sein, der Flug oder der Ruf eines Vogels oder eine ähnlich sichtbare Antwort. Die Natur antwortet uns mit ihren Stimmen, wenn wir nur bewusst und mit klaren Worten mit ihr reden!

Wenn wir uns so einstimmen, dann übertragen wir auf die vielen Steine, die wir in der Blume auflegen, bereits eine starke Energie des Einklanges mit Mutter Erde. Steine sind Energieträger, sie übernehmen das, was wir ausstrahlen, besonders dann, wenn wir sie mit unseren Händen berühren, sie aufnehmen und an die entsprechende Stelle tragen.
Es ist gut, wenn jene Steine, die dazu verwendet werden, aus dem mehr oder weniger näheren Umfeld genommen und gesammelt werden. Bereits das Sammeln der Steine sollte mit innerem Frieden und mit liebender Achtsamkeit geschehen.

Nach der ersten Einstimmung wird die Venusblume ausgemessen und aufgelegt.
Danach wird sie eingeweiht.

Der erste Schritt der Einweihung besteht darin, dass die Linienführung der Formation von der gesamten Gruppe, hintereinander gehend, abgeschritten wird. Jener, der voran geht, verwendet währenddessen am besten eine Zimbel oder eine Glocke, um die Steine anzuklingen.
Wenn viele Personen diese Einweihung durchführen, werden sich die Wege innerhalb der Formation mehrfach kreuzen. Dadurch entsteht eine sehr schöne Verflechtung, ein energetisches Gewebe, das diese Blume der

Liebe aktiviert und belebt.
Die Blume wird fünfmal abgeschritten. Das sollte mit innerer Ruhe und Zentriertheit geschehen. Bereits das ist ein Erlebnis, das nicht nur für diesen Ort, sondern auch für uns selbst sehr viel an seelischer Heilung bewirken wird.

Danach formiert sich die Gruppe so, dass man sich an die Kreuzungspunkte der Formation stellt. Wichtig ist, dass die äußeren fünf Punkte belegt sind und dass eine Person genau in der Mitte der Blume steht.

Jener, der die rituellen Worte nun spricht, steht an der nördlichen Spitze der Blüte.
Die Worte sind frei, sollten aber folgendes beinhalten:

* Ein nochmaliges Ansprechen des **Hüters des Ortes**, mit Dank für jede seiner wohlwollenden Unterstützungen. Ein Ansprechen der an diesem Ort lebenden Naturwesen mit der Bitte um Unterstützung für die Wirksamkeit der Venusblume.

* **Die Verbindung der Teilnehmer mit den Liedern der Heilen Matrix der Mutter Erde**. Der Mutter Erde wird gesagt, dass durch die Venusblume hier an diesem Ort ein neuer Raum für ihre heilen Lieder erschaffen wird und dass von diesem Ort ausgehend die heilen Lieder weithin ausstrahlen werden.

* Die Verbindung der Teilnehmer **mit dem reinen Licht und mit allen hilfreichen kosmischen Kräften**. Vor allem die Verbindung mit dem Wesen unserer Sonne (das mit dem Namen Kinich Ahau angesprochen werden kann) und mit der galaktischen Zentralsonne Hunab Ku.

* **Die Vereinigung des reinen Lichtes (des Urvaters) mit der Mutter Erde (der Urmutter), die kosmische Hochzeit.** Dies geschieht dadurch, dass die Teilnehmer zu einer Brücke werden, zu einem „Kanal des Lichtes“. Sie lassen das reine Licht durch sich selbst, durch ihren Körper hindurch fließen. Dieses Licht strömt durch das Scheitelchakra ein, geht durch den Körper hindurch und fließt über die Fußsohlen zur Mutter Erde hin.
  Mithilfe der Kraft der Blume der Liebe vollzieht sich die kosmische Vereinigung und erschafft ein reines, ein neues Kraftfeld.

* Die **Verbindung mit dem Netzwerk**, indem diese Venusblume mit allen bereits bestehenden Venusblumen verbunden wird. Dies geschieht, indem mit Liebe und bewusster Konzentration Lichtfäden zu den bereits bestehenden Blumen gezogen werden. Damit die Lieder der Heilen Matrix und der Einklang mit Mutter Erde wieder feldbestimmend wirksam werde!

* Die **Gegenstände, die in der Mitte der Venusblume liegen** (wie Kristalle, Steine, Armreifen, Anhänger usw.) übernehmen die heilende Energie der Venusblume, die erfüllende Kraft der befreiten Liebe und die Frequenzen der Heilen Matrix. Jeder, der diese Gegenstände bei sich trägt oder bewusst berührt, geht in Einklang mit der Heilen Matrix.

Nach dieser Einweihung ist das Werk vollendet.
Alle, die sich daran beteiligt haben, haben einen wertvollen Beitrag zur Heilung der Liebe geleistet. Sie haben aber auch wertvolle Impulse für ihre eigene Heilung, für ihren eigenen inneren Frieden erhalten!
Danke!

Die Heilungsfelder im Alltag

Wir halten mit der Blume der Liebe ein wertvolles Werkzeug in Händen, welches wir jetzt, in dieser Übergangszeit, benötigen. Dies ist ein Werkzeug, das wir ohne viel Lernaufwand anwenden, das wir einfach und sehr effektiv nutzen können. Ich werde hier nun ein paar Methoden beschreiben, was und wie wir dies konkret in unserem alltäglichen Leben tun können. Ein paar einfache Übungen habe ich in den vorangegangenen Kapiteln ja bereits beschrieben.

Eine Heilung der Liebe wird erst dann stattfinden, wenn wir aufhören, den Schuldigen für unsere Verletzungen im Außen zu suchen. Das, was im Außen geschieht, kann bloß ein Auslöser für eine Gekränktheit oder eine Enttäuschung sein. Die Ursache für die Verletzung und den Schmerz liegt aber immer in uns selbst, in Form von Implantaten, Dogmen und Glaubenssätzen.

Um noch einmal zusammen zu fassen, worum es geht:
Es geht um die Heilung der Liebe.
Es geht darum, dass wir jene Verletzungen heilen, die wir im Laufe unseres Lebens (oder in vorangegangenen Leben) erfahren haben. Diese Verletzungen haben dazu geführt, dass wir unser Herz verschlossen und das erfüllende Lieben verlernt haben.
Voraussetzung ist, dass wir erkennen, worin die Ursache unserer emotionalen Verletzungen liegt. Es gibt keinen Verursacher im Außen. Ein Liebespartner, der uns enttäuscht hat, ist niemals der Schuldige. Das müssen wir akzeptieren, wenn Heilung in uns geschehen und wir zu einem Frieden finden wollen. Die Ursache der emotionalen Verletzungen ist bei den in uns liegenden Glaubenssätzen, Dogmen und Implantaten zum Thema Liebe zu finden!
Es geht daher darum, dass wir die Heilung unserer Verletzungen geschehen lassen,

nachdem wir diese Dogmen und Implantate als solche in uns erkannt haben.
Dann geht es darum, dass wir diese Dogmen in uns auflösen, dass wir uns davon befreien.
Es geht darum, dass wir fähig werden für eine neue und nachhaltige Form der Partnerschaft. Eine Partnerschaft, in der wir in unserer eigenen Kraft (und nicht in der Kraft des Partners) ruhen, in der wir den Partner nicht brauchen, ihn dafür aber umso mehr lieben!
Es geht um eine neue Form der Partnerschaft, in der wir den Partner nicht besitzen wollen und in der es eine Exklusivität in der Liebe nicht gibt. Es geht um eine neue Form der Partnerschaft, in der wir frei lieben können und dadurch unserem Partner in einer vollkommen neuen Form treu sein werden!

Die neue Form der Partnerschaft

In dieser neuen Partnerschaft bleiben die Partner einander in der Liebe treu, auch wenn sie andere Menschen lieben. In dieser neuen Partnerschaft bleiben die sich Liebenden der Liebe treu und verändern die Form ihrer Partnerschaft dann, wenn das Leben, die Liebe, ihr innerer Seelenplan dies von ihnen verlangt. Das geschieht jeweils im vollkommenen Einklang miteinander, ohne zwanghaftes Klammern und Festhalten aneinander oder an einer bestehenden Form, sondern in gänzlicher bedingungsfreier Liebe!

In dieser neuen Form der Partnerschaft ruht jeder vollkommen in sich selbst und in seiner

eigenen Kraft. Quelle seiner Kraft ist der Einklang mit der Urmutter, mit Mutter Erde, sowie der Einklang mit dem Urvater, dem reinen Licht.
Durch dieses Ruhen in sich selbst gibt es in der Liebe kein Erwarten, kein Fordern und schon gar kein Erzwingen mehr. Diese Liebe fordert nicht, niemals, sondern gibt sich hin, weil die Sehnsucht nach Vereinigung und Liebe so stark in uns angelegt ist. Diese Liebe gibt und schenkt freiwillig und mit umfassender Freude. Diese Liebe nimmt, frei und mit umfassender Freude, das an, was der Partner uns schenkt und gibt.

Der Weg zu dieser neuen Form der Liebe und Partnerschaft liegt vor uns. Dies ist der Weg, den wir gehen müssen, wenn wir einen Frieden in uns selbst finden und einen nachhaltigen Weltfrieden schaffen wollen. Die Vision zu einer neuen, lebenswerten und erfüllenden Welt wird nur über diesen Weg führen. Und er beginnt in uns selbst!
Worauf warten wir dann noch?
Beginnen wir doch, ihn endlich zu gehen!

Dieser Weg beginnt in uns selbst und in unserer eigenen Partnerschaft.
Er beginnt damit, dass wir unsere Erwartungen und unsere Forderungen gegenüber unserem Partner zumindest überdenken und so weit wie nur irgend möglich ablegen.
Er beginnt aber auch gesellschaftlich damit, dass wir aufhören, jene Menschen zu be- und verurteilen, die in unserem Umfeld den gesellschaftlich-religiösen Dogmen der Lie-

be und der Partnerschaft nicht entsprechen und diese Gesetze „übertreten“. Es beginnt damit, dass wir unsere Freunde oder Freundinnen, die von ihrem Partner „betrogen“ worden sind, nicht in ihren Verurteilungen und Schuldzuweisungen weiter aufstacheln, sondern sie aus diesem Feld herausführen.
Es beginnt damit, dass wir aufhören, uns über das in den Klatschzeitschriften beschriebene Liebesleben der Schauspieler oder anderer Berühmtheiten zu brüskieren. Diese „Berichte“ schüren in uns unseren eigenen Zorn, jenen Zorn und jene Wut, die aus all unseren erlebten Liebes-Enttäuschungen entspringen. Diese „Berichte“ nähren in uns, wenn wir uns darauf einlassen, die Matrix der Angst.

Die „Liebe“ der Forderungen und der moralischen Dogmen, das ist die eine Matrix, die Matrix der Angst. Die bedingungsfreie Liebe und die neue erwartungsfreie Form der Partnerschaft, das ist die andere Matrix, die Heile Matrix.
Beide Bilder sind unvereinbar. Es wird von uns eine Entscheidung verlangt.

Solange wir in der Liebe „Recht“ haben wollen, werden wir keine Heilung finden.
Solange wir in der Liebe besitzen wollen, werden wir keine erfüllende Liebe leben.

Selten verlangt Mutter Erde nach einer tatsächlichen Entscheidung, meist geht es um eine Vereinigung der Gegensätze. Aber hier, an diesem grundlegenden Punkt, wird von uns eine Entscheidung abverlangt. Und je nachdem, welche dieser beiden Bilder wir in uns, in unseren eigenen Gedanken und in unseren eigenen Emotionen fördern, davon hängt es ab, in welche Richtung wir uns weiterentwickeln.
Willst du in der Angstmatrix verweilen und dein Spiel der Schuldzuweisungen und Ver-

urteilungen „mit Recht", wie du sagst, weiter spielen?
Oder willst du endlich den Schritt wagen und die Heile Matrix, die bedingungsfreie Liebe und das Heilungsfeld der Liebe betreten?
Diese Entscheidung liegt bei dir allein!

Freie Liebe

Die neue Form der partnerschaftlichen Liebe wird die „freie Liebe" sein. Denn nur dann, wenn die Liebe frei fließen und frei gelebt werden kann, nur dann wird sie erfüllend sein. Wird aber die Liebe erfüllend, und zwar auf allen Ebenen erfüllend, gelebt, so breitet sich dadurch ein Feld aus, welches die Matrix der Angst aufzulösen beginnt und die Heile Matrix wieder feldbestimmend werden lässt.

Doch was ist das eigentlich, freie Liebe? Ist freie Liebe das, was in den Swinger-Clubs praktiziert wird? Oder ist freie Liebe das, was in den 60er-Jahren die Hippies zu leben versucht hatten?

Um die freie Liebe tatsächlich in ihrer Tiefe und Schönheit zu verstehen, brauchen wir ein neues Bild. Und in dieses Bild tauchen wir nun ein…
In diesem Bild sehen wir den Menschen mit anderen Augen. Wir sehen jene Frequenzen und Energiemuster, welche den Menschen umgeben und im Menschen angelegt sind. Wir sehen, wie sich diese Energien bewegen und verändern.

Wir erkennen, dass jeder Mensch eine Energiekugel in sich trägt. Dies ist die Kugel der Kraft, die sich in seinem Sakralchakra, unterhalb seines Nabels befindet. Wir sehen, dass diese Kugel bei den meisten Menschen nur sehr schwach ausgebildet ist, sehr schwach leuchtet und stark verkümmert ist.

Wir beobachten zwei Liebende. Es sind zwei Verliebte und die Liebe der beiden wirkt ansteckend und berührend. Die beiden Verliebten lieben einander völlig unbekümmert und unendlich frei. Und die Kugel der Kraft lebt in beiden in wunderbarer Fülle und Schönheit auf. Durch das Erblühen der Kugel der Kraft wissen die Liebenden, dass alles möglich ist. Sie brauchen kaum Schlaf und sie müssen kaum Nahrung zu sich nehmen, erscheinen aber ungewöhnlich kraftvoll und strahlend. Wenn sie einander lieben, wenn sie die sexuelle Liebe miteinander leben, dann berührt das Licht in der Kugel des Mannes die Schönheit in der Kugel der Frau. Das Licht des Mannes fließt über und fließt ein in die sich öffnende Frau. Mit einer überschäumenden Farbenpracht blühen die Kraftkugeln der Liebenden auf, erstrahlen hell und geben sich hin dem wunderschönen, schlangenhaften rhythmischen Tanz. Im Moment des körperlichen Orgasmus blitzen die Kugeln auf, überstrahlen alles, was sie umgibt und verschmelzen für einen Moment lang zu einer vollkommenen Einheit. Dann entfaltet sich die Kraft der Trinität, die dritte Kraft, welche aus dem Liebesspiel der beiden Pole geboren wird und einen Evolutionssprung ermöglicht.

Die Liebenden lieben und spielen das Liebesspiel voller Hingabe. Und die energetische Kugel in ihnen gewinnt mehr und mehr an Kraft und Schönheit. Sie leben die freie Liebe.

Doch dann entwickelt sich, zuerst kaum merklich, etwas Sonderbares.

Die Liebenden wollen plötzlich den Zustand der Verschmelzung dauerhaft aufrecht erhalten. Sie glauben, dass diese Einheit, dieser Zustand des Eins-Seins die wahre Liebe sei. Sie glauben plötzlich an all das, was man ihnen bislang über die „einzig wahre Liebe", über den einzig wahren Partner, über den Seelenpartner erzählt hatte. Sie sind überzeugt davon, dass sie diesen einen und einzigen wahren Partner nun endlich gefunden hätten und dass sie diesen besitzen müssten, um die Liebe dauerhaft erleben zu können. Sie glauben, dass sie ein Anrecht darauf hätten, dass dieser Partner nur sie alleine liebe. Und sie glauben vor allem, dass die Kraft, die sie in sich erleben, nur durch den Partner, nur durch diese einzigartige Liebe erlebbar wäre.

Sonderbar, was dann geschieht.

Die liebende Frau übergibt dem Mann ihre eigene Kugel der Kraft. Sie wirft ihm diese Kugel zu, setzt ihm ihre eigene Kugel in sein energetisches System, in der Meinung, dass sie als Frau sich dem Mann gänzlich hinzugeben hätte. Sie übergibt ihm ihre eigene energetische Kugel. Doch dies geschieht keineswegs frei, denn sie erwartet, dass er dadurch an sie gebunden wäre, dass er nun ganz ihr gehöre. Im Energiekörper des Mannes erwächst dadurch aber keineswegs eine Vermehrung an Kraft, sondern im Gegenteil:

Es entsteht eine ziemliche Verwirrung. Denn die Kraft der Frau ist nicht seine eigene und er weiß damit nichts anzufangen.
Und noch etwas: Er übernimmt die Verantwortung für etwas, das keinesfalls von ihm übernommen werden sollte. Er fühlt sich verantwortlich für ihr Glück, für ihr Wohlbefinden, für ihre sexuelle Erfüllung, für ihren Orgasmus… Und die Frau verstärkt ihn darin, dass diese Verantwortung von nun an tatsächlich von ihm zu tragen wäre.
Die einst so strahlende Liebe verblasst. Die von der Frau abgegebene Kugel der Kraft verliert ihr Strahlen und die Kugel im Mann bricht unter der auf ihn übertragenen Verantwortung und Erwartung zusammen. Aus dem strahlenden Helden wird ein versagender Liebhaber.
Aus den anfangs noch heimlichen Schuldzuweisungen erwächst zuerst stille und dann immer häufiger auch offene Aggression gegen den einst so innig Geliebten. Und die Liebe erstickt in der Matrix der Angst. Aus der freien Liebe wird eine Liebe der Konventionen.
Die Matrix der Angst hat die aus der Heilen Matrix geborene freie Liebe besiegt.

Bleiben wir in diesem Bild und schauen wir uns weiter um.
Wir sehen einen anderen Mann, der eine Frau besitzen will. Er spricht zu ihr von Liebe, meint aber Besitz und fühlt sich im Recht. Denn die Matrix der Angst sagt ihm, dass er, der Mann, das Recht hätte, seine Frau zu besitzen. Wir sehen, dass dieser Mann seiner Frau die leuchtende Kugel der Kraft zu rauben beginnt. Er entreißt ihr die Energiekugel

Freie Liebe wird dann gelebt, wenn wir unsere eigene Kugel der Kraft bei uns behalten, wenn wir diese energetische Kraft weder einem anderen nehmen wollen, noch unsere eigene einem anderen (dessen „Verantwortung“) aufzudrängen suchen.
Die Matrix der Angst spielt uns Programme ein, durch welche wir die Kugel der Kraft verlieren.

Die Heile Matrix hingegen sucht die eigene Kugel der Kraft zu entfalten. Unabhängig von der Kraft und der Liebe des anderen sind wir fähig, unseren Partner frei zu lieben.

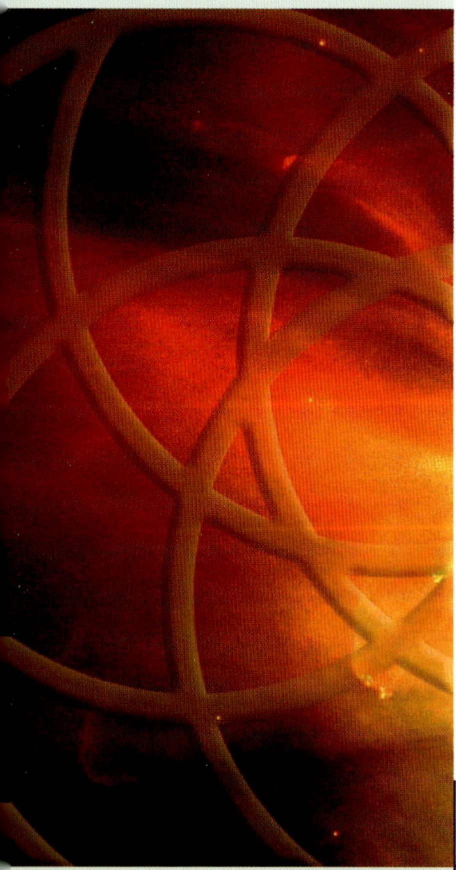

durch List und durch Vortäuschung einer Liebe, die er gar nicht leben kann.
Doch dann, als er sich im Besitz dieser Kugel befindet, gerät sein eigenes energetisches System durcheinander. Der vermeintliche Besitz verwirrt ihn und eine immer mächtiger werdende Aggressionsbereitschaft macht sich in ihm breit.

Eine weitere Frau vergleicht sich selbst, ihr eigenes Aussehen, ihre Figur und ihre Wirkung auf die Männer mit einer anderen Frau. Sie fühlt sich dieser gegenüber unterlegen, sie fühlt sich weniger erotisch, sie fühlt sich zu dick (denn die Frau, mit der sie sich vergleicht, leidet an Magersucht).
Diese Frau, die sich soeben mit einer anderen vergleicht, wirft ihre eigene Kugel der Kraft einfach weg. Sie schleudert ihre Kugel der Kraft in das energetische System der anderen Frau. Die andere Frau merkt das. Die magersüchtige „Schönheit“ hatte genau das beabsichtigt, sie wollte die Kugeln der Kraft anderer Frauen in sich vereinen. Genau dadurch aber gerät ihr System in eine enorme energetische Verwirrung und verliert rasant an Kraft und an Lebensfreude.
Ein Mann ist eifersüchtig, da seine Freundin mit einem anderen Mann angeregt flirtet. Er wirft seine eigene Kugel der Kraft weg, schleudert sie in das energetische System des andern Mannes. Beide Männer verlieren enorm an Kraft.
Ein verheirateter Mann liebt heimlich eine andere Frau. Er lässt sich auf diese ein, er lebt mit ihr die Liebe, auch auf der sexuellen Ebene, in einer erfüllenden Weise. Allmählich will seine Geliebte allerdings

diesen Mann ganz für sich gewinnen und sie beginnt ihren Kampf, verdeckt und subtil, gegen die Ehefrau zu führen. Wir sehen, dass die Geliebte ihre eigene energetische Kugel auf den Mann überträgt, ihn für ihr eigenes Glück und für ihr still leidendes Unglück verantwortlich macht.
Die Ehefrau spürt intuitiv diese Kugel der anderen Frau im energetischen System ihres Mannes und ahnt, dass dieser eine Geliebte hat.

Wir sehen all diese Bilder und begreifen allmählich das dahinter liegende System. Es geht immer um die Kugel der Kraft. Die Matrix der Angst will uns weismachen, dass wir die Kugel des anderen besitzen sollten. Die Glaubenssätze in der Matrix der Angst meinen, dass wir ein Anrecht auf die Kugel der Kraft unseres Partners hätten, sobald wir mit diesem verheiratet wären. Die Matrix der Angst suggeriert uns, dass wir diese Kugel der Kraft wegzuwerfen hätten, sobald sie zu kraftvoll würde…

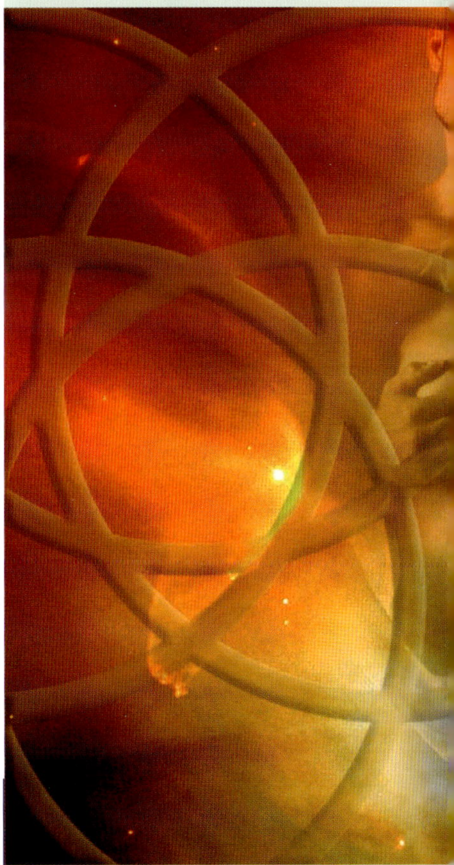

Doch die Heile Matrix weiß, dass jeder Mensch diese Kugel der Kraft in sich zu entwickeln und zu pflegen hat. Das Liebeswissen aus der Heilen Matrix sagt, dass wir diese Kugel der Kraft in uns zu halten hätten, jederzeit.
Wenn sich in der Liebe, besonders in der körperlichen Vereinigung, die Lichtkugel des Mannes mit dem Geheimnis in der Kugel der Frau vereint, dann vollzieht sich die Heiligkeit, das Mysterium der Liebe. Solange Sexualität rein auf der körperlichen Ebene stattfindet, hat das mit Liebe, mit der heiligen

Liebe nichts zu tun. Erst dann, wenn die Liebenden diese energetischen Kugeln in ihrem Sexualchakra zum Erblühen bringen, diese Kugeln ineinander mit größter Hochachtung und Hingabe berühren, erst dann findet Liebe tatsächlich statt.

Die Heile Matrix weiß, dass sich ein heiliges Mysterium vollzieht, sobald die Lichtkugeln der Liebenden einander durchdringen. Durch diese Verschmelzung entsteht die Kraft der Trinität, die Kraft der Evolution wird frei. Doch der Wunsch, in dieser Verschmelzung zu verweilen, dieser Wunsch ist fatal. Die Liebenden sollten aus dieser Verschmelzung stets wieder heraustreten, sich in sich selbst wieder einfinden und das neue Strahlen in sich pflegen.

Wenn wir in der Liebe neue Wege gehen wollen, dann müssen wir um diese Kugel der Kraft in uns wissen. Es sollte uns klar werden, dass wir selbst die Hüter dieser uns anvertrauten Kraft sind. Entgegen den Suggestionen der Angstmatrix sollte uns bewusst werden, dass es keinesfalls darum geht, diese Kraft abzugeben oder die Kraft eines anderen zu besitzen.

Diese heilige Energie in uns soll in uns selbst verbleiben, soll erblühen, damit wir aus dieser Kraft heraus die heile Liebe, die freie Liebe leben können.

Wenn wir diese Kraft in uns wiederentdecken, dann sind wir von niemandem mehr, auch nicht von der Liebe unseres Partners abhängig. Wir werden unseren Partner nicht mehr brauchen, wir werden von unserem Partner nichts mehr erwarten, wir werden

aber unseren Partner unendlich und vollkommen frei lieben.
Wenn wir diese Kraft in uns stark entwickelt haben, werden wir auf keine Exklusivität in der Liebe mehr bestehen. Es wird für uns möglich sein, ohne Eifersucht zu lieben. Auch auf der sexuellen Ebene werden wir unseren Partner nicht exklusiv zu besitzen suchen. Voraussetzung dafür wird die frei entwickelte Kraft in uns sein, sowie eine völlige Wahrhaftigkeit unserem Partner gegenüber.
Diese Kraft in uns haben wir noch lange nicht ausreichend geheilt und entwickelt, um diese freie Liebe tatsächlich leben zu können. Doch unser Ziel sollte es sein, dorthin zu kommen, für uns und für jene Generationen, die nach uns kommen. Es liegt an uns, mit der Heilung der Liebe zu beginnen und ein geheiltes Liebesfeld vorzubereiten.

Praktische Übung:

Übung für sich selbst:
Konzentriere dich in stillen Meditationen immer wieder auf den Kraftpunkt in dir. Dieser Kraftpunkt befindet sich knapp unterhalb deines Nabels.
Dort, an diesem Punkt, entspringen deine Lebensfreude, dein Wohlbefinden und deine sexuelle Kraft. Dort entspringt deine reine sexuelle Lust. Wenn du dich diesem Punkt in dir regelmäßig und liebevoll zuwendest, nährst du diese Kräfte in dir.

Partnerübung:
Aktiviere deine eigene Kraftkugel und die Kraft deines Partners während dem sexuellen Liebesspiel.
Konzentriere dich, während deine sexuelle Lust zunimmt, auf diesen Punkt in dir. Lass die sexuelle Lust von dort aus sich ausdehnen und

beobachte, wie sie dich erfüllt.
Berühre deinen Partner an jener Stelle unterhalb deines Nabels. Spüre die energetische Kraft deines Partners erwachen, während du ihn/sie dort liebevoll berührst.
Stell dir während der sexuellen Vereinigung vor, wie sich die beiden Kraftzentren einander berühren und miteinander vereinen.
Und nimm nach der sexuellen Vereinigung deine eigene Kraft wieder bewusst zu dir selbst. Genieße die Erfüllung, die du in dir erlebt hast.

Der Umgang mit der Wut

Wut zeigt ein enormes Kraftpotential an. Unkontrolliert kann sie verheerende Folgen haben. Ein bewusster Umgang mit dieser Kraft kann aber unsere Welt sinnvoll verändern!

Wenn wir emotional verletzt worden sind, besonders dann, wenn dies (wie wir es interpretieren) ein Mensch getan hat, den wir doch so sehr lieben oder liebten, dann kommt eine mächtige Wut in uns hoch.
Diese Wut spüren wir bereits dann, wenn in unserem Freundeskreis so etwas geschieht. Wir ergreifen sofort für sie oder für ihn Partei und verurteilen den anderen. Es ist dies dieselbe Wut, die entsteht, wenn wir in einer Klatschzeitschrift die Ungerechtheiten dieser oder jener Liebe „studieren“.
Diese Wut ist in uns und wir tragen sie bereits inkarnationenlang mit uns herum. Wir haben damit Kriege angezettelt und selber Kriege geführt.
Diese Wut entspringt keineswegs einer emotionalen Verletzung, die angeblich ein anderer uns durch seine Handlungen (oder durch sein Nicht-Erfüllen unserer Erwartungen) zugefügt hätte. Es handelt sich dabei vielmehr um die Wut der ungelebten, der unerfüllten Liebe und um die Wut eines gekränkten Egos.
Wut und Eifersucht, Neid und in der

schlimmsten Form letztlich Hass, das sind Emotionen mit einer gigantischen Vernichtungskraft, solange sie nicht aufgelöst und nicht richtig kanalisiert werden konnten. Mit diesen Emotionen heißt es umzugehen, wenn wir sie in uns erleben.

Der Umgang mit diesen Emotionen ist außerordentlich wichtig und geschieht in zwei Phasen:

1. **Loslassen der Wut, der Eifersucht, des Hasses und das Wiederfinden des inneren Friedens.**
2. **Kanalisation dieser Emotion und die positive, sinnvolle Verwendung dieser Kraft.**

Zum **Loslassen der Wut oder der Eifersucht** kann ich folgende **Übung** empfehlen:

Nimm dir ein paar Minuten Zeit und suche dir einen ruhigen Ort.
Die Wut oder Eifersucht, die du in dir spürst, *heiße sie willkommen*!
Lass sie aus deinem Inneren aufsteigen, nimm sie aus deinem tiefen Inneren empor, und halte sie vor dir bildhaft in deinen Händen.
Heiße diese Emotion willkommen, ohne im Geringsten die Umstände, die dazu geführt haben, zu bewerten.
Bewerte weder jenen oder jene Menschen, die diese Emotionen in dir ausgelöst haben, *noch dich selbst* in irgendeiner Weise.
Bewerte keineswegs dich selbst dafür, dass du diese Emotion in dir spürst.
Es ist vollkommen in Ordnung, dass du diese Emotionen in dir trägst!
Betrachte diese Emotion, die du vor dir in deinen Händen haltest, wertfrei.
Und dann *lass sie gehen, entlasse sie aus deinem Energiefeld*, aus deinem Emotionskleid und aus deinem Bewusstseinsfeld!

Fühlst du dich nun besser? Wenn nein, wiederhole diese Übung ein weiteres Mal.

Wenn du dich besser fühlst, so fördere den inneren Frieden in dir.
Nimm eine Blume der Liebe zur Hand, eine, die du dir selbst liebevoll gestaltet hast oder eine vorgefertigte Darstellung (z. B. das Cover dieses Buches).
Lass dich auf ihre Form ein, indem du sie betrachtest.
Atme ruhig, tief und gleichmäßig.
Lass deine Gedanken ziehen, sei gegenwärtig im Hier und Jetzt.
Zeichne dann die Blume der Liebe mit einem Finger, mit einem kleinen Kristall oder mit einem Kupferstück nach.
Lass deine Gedanken ziehen, sei gegenwärtig im Hier und Jetzt.
Der Friede breitet sich in dir aus.
Ein neuer Freiraum entsteht in dir.

Nach dieser Loslassübung ist **die neue Kanalisation und die Umlenkung dieser emotionalen Kraft** der nächste Schritt.
Eigentlich sollten wir über diese Kräfte von Wut und Eifersucht ja dankbar sein, denn diese Kräfte sind ausgezeichnet nutzbar. Wir müssen sie nur in eine andere, in eine heilbringende Richtung lenken, sie verändern und ihre Wirkung transformieren.

Wir sind eifersüchtig auf einen Menschen und wir haben eine Wut auf jemanden, der durch seine Handlungen (so bewerten wir dies) uns verletzt hat.
Die Umlenkung der Wut geschieht nach dem Loslassen dadurch, dass wir begreifen, dass der andere keine Schuld trägt. Nicht er ist es, der uns verletzt hat, nicht sein Handeln (oder sein Nicht-Handeln), sondern jener Glaubenssatz, jene Erwartung oder jenes gekränkte Ego, das wir in uns selbst tragen.
Wir können diese Wut kanalisieren.
Wir können diese emotionale Kraft umlenken.

Denn diese Kraft ist eine Antriebskraft, die uns dazu bewegt, etwas konkret zu verändern. Wir können die Ursache der Wut in uns erlösen, indem wir die in uns liegenden Implantate als solche erkennen. Wir können bewusst und konkret unsere Erkenntnis, dass die Liebes-Dogmen nichts als falsche und uns irrtümlich beherrschende Gedankenmuster sind, kundtun. Wir können konkret jene Menschen mit unseren Erkenntnissen konfrontieren, welche diese Dogmen aufrechterhalten wollen.
Wenn wir diese Welt verändern und zu einem Frieden finden wollen, dann wird es notwendig sein, dass wir friedvoll konfrontieren und gezielt provozieren. Damit erschüttern wir die seit Jahrtausenden errichteten Machtkonstrukte und bringen sie zum Einsturz wie die Berliner Mauer! Es geht um den Weg eines „friedvollen Kriegers", der die Macht der Liebes-Implantate erkannt hat und diese in sich zu erlösen begonnen hat. Die Kraft und den Antrieb, den wir dazu benötigen, den erhalten wir aus jener neu kanalisierten und sinnvoll umgewandelten Wut und Eifersucht!

Wie dies geschieht?
Durch Bewusstsein, durch Wissen. Wenn du die bisherigen Inhalte dieses Buches bewusst, mit offenem Geist und mit offenem Herzen nachvollzogen hast, so ist dies bereits geschehen!

Verwende deine frei gewordene Energie dazu, um jene, welche die krankmachenden Liebes-Implantate aufrecht erhalten wollen, friedvoll mit der freien Liebe zu konfrontieren und gezielt zu provozieren. Dann wirst du zu einem „friedvollen Krieger" und zu einem bewussten Mitgestalter einer lebenswerten Welt.

Wege zur Heilen Matrix

Die Blume der Liebe codiert in formschöner Gestalt den Goldenen Schnitt und die Heilige Geometrie. Das sind die grundlegenden Strukturelemente der Heiligen Matrix. Dadurch ist die Blume der Liebe ein Schlüssel zur Heilen Matrix.

Konkret gelingt dir die Nutzung dieses Schlüssels dadurch, dass du die Blume der Liebe mittels Zirkel und Bleistift selbst konstruierst und künstlerisch gestaltest. Im Kapitel „Die Geometrie der Blume der Liebe" habe ich beschrieben, wie du das selbst tun kannst.

Es gelingt dir aber auch dadurch diesen Schlüssel zu nutzen, indem du eine selbst angefertigte Zeichnung oder eine vorgefertigte Karte mit dieser Blume verwendest. Zeichne darauf die Form dieser Blume nach. Mit deiner Hand, mit einem Finger, mit einem kleinen Kristall in deinen Händen oder mit einem Kupferstück. Kupfer ist jenes Metall, welches von seiner energetischen Schwingung her den Energien der Venus am besten entspricht.
Zeichne diese Form, die Linienführung der Blume der Liebe im Uhrzeigersinn nach.
Du bewegst dich dann gleichzeitig sowohl im, als auch gegen den Uhrzeigersinn und symbolisierst dadurch die Vereinigung der polaren Kräfte in dir und um dich.
Während dem zeichnen entlasse deine Gedanken. Lass Gedanken kommen und gehen, ohne sie festzuhalten. Konzentriere deine

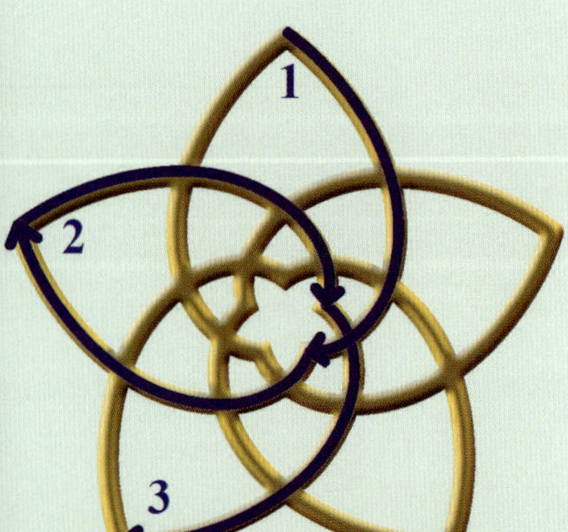

Aufmerksamkeit auf eine Gegenwärtigkeit und auf eine gegenwärtige Zentriertheit.
Sage dir dabei immer wieder:
„Ich verbinde mich mit der Heilen Matrix der Mutter Erde!“
Dann wirst du sie hören, die Lieder der Heilen Matrix.

Höre und spüre sie, höre die Frequenzen, diese hoch schwingenden Töne und Hymnen der Urmutter und lass sie auf dich wirken, ohne sie zu interpretieren, ohne sie zu werten oder logisch begreifen zu wollen.
Du wirst verstehen, was sie, Mutter Erde, dir sagt. Doch das geschieht von selbst, ohne konkret ausgerichtetes Wollen von deiner Seite. Diese Töne wirken nämlich wie ein Download von einem tiefen und weit reichenden Wissen, einem Download, der in deinem Geist Raum findet und dort verankert wird. Informationen werden dir gleichsam eingespielt, an die du dich später erinnern wirst, sobald die Zeit dafür gekommen ist.
Außerdem verbinden dich diese Frequenzen in den Liedern der Muter Erde mit ihrem allumfassenden großen Sein, mit der Weltenseele, mit dem großen, allumfassenden Bewusstsein, von dem du ein untrennbarer, damit stets verbundener Teil bist. Die Lieder der Mutter Erde erinnern dich an deine vollkommene Vernetzung und Verbundenheit mit allem Sein.
In diesem Zustand findest du einen tiefgehenden, nachhaltigen Frieden in dir und eine schier grenzenlose Kraft. Dieser neue Zugang zu deiner eigenen Kraft kommt daher, dass die Lieder der Mutter Erde dich gleichsam

erwecken. Das, was an Fähigkeiten in dir und physisch in deiner DNA schlummert, wird schrittweise wachgerufen.

Es lohnt sich, mit Mutter Erde zu kommunizieren!
Es lohnst sich nicht nur für dich selbst, sondern im selben Maße auch für Mutter Erde. Denn du berührst durch deine Zuwendung ihr Herz!
Die Blume der Liebe ist ein wertvoller Schlüssel für diese Kommunikation!

Räume entstören, beleben und energetisieren

Wenn du die Gestalt dieser Blume allmählich immer besser kennen lernst, wirst du sie auch ohne Vorlage mit deiner offenen Hand frei in den Raum zeichnen können.
Als gedankliche Stütze hilft dir dabei Folgendes: Wenn du die erste, die obere Blüte, im Uhrzeigersinn zu zeichnen beginnst, dann wird die zweite Blütenspitze jene sein, die gegen den Uhrzeigersinn links davon liegt. Wenn du im Uhrzeigersinn zeichnest, bewegst du dich von Blüte zu Blüte gegen den Uhrzeigersinn.
Im Inneren der Blüte angelangt ist das Zeichnen der inneren Spitze eine weitere wichtige Gedankenstütze.
Wenn du diese beiden Gedankenstützen kennst, ist das freie Zeichnen der Blume mit ein wenig Übung bald völlig selbstverständlich!

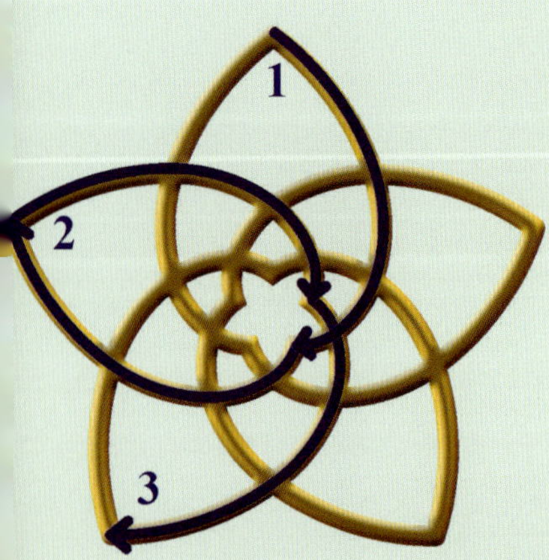

Wenn du das kannst, hast du ein wertvolles Werkzeug in deinen Händen, mit dem du ganz einfach und äußerst effektiv Räume sowohl entstören, als auch beleben kannst!
Jeder Wohn- und Arbeitsraum ist voller Informationen, die sich seit seiner Schaffung darin angesammelt haben. Diese Informationen bestehen aus den Gedanken und Emotionen all jener Menschen, die darin gelebt, geliebt und erlebt hatten.
Auch die geomantischen Einflüsse speichern sich in diesem Raum ab, sowie die Auswirkungen der geopathogenen Störfelder, wie Wasseradern oder Erdverwerfungen. Oft haben wir schon beobachtet, dass bereits beim Bau eines Hauses eine Missachtung oder eine lieblose Behandlung der ortsansässigen Naturwesen sich als massive Störungen im neuen Gebäude abzulagern begonnen hat.
Genauso speichern sich die Gedanken und Emotionen, die an jene Menschen gesandt werden, die in diesem Raum leben oder arbeiten, ebenfalls darin ab. Wenn dies Neid-, Konkurrenz- oder gar Hassgedanken, sowie Leid und Schmerz waren, wirkt sich dies mit der Zeit massiv belastend aus. Wenn dies Liebesgedanken und Liebesenergien waren, wirkt dies natürlich fördernd und aufbauend.
Und schließlich wirken elektromagnetische Felder, die nicht natürlichen Ursprungs sind, ebenfalls massiv auf Häuser und Gebäude ein. Das sind vor allem die Strahlungsfelder der Handys und der Sendemasten von TV-Stationen. Wir werden uns dem noch gesondert widmen.

Räume besitzen ein energetisches Feld, in dem sich Emotionen, Gedanken, Erlebnisse, aber auch elektromagnetische Strahlungen abspeichern. Eine Anhäufung ungünstiger Speicherungen wirkt sich in Form von Schlafstörungen oder Unwohlsein aus. Durch energetische Reinigung kann ein nachhaltig neues Feld aufgebaut werden.

Wenn du die Blume der Liebe mit deiner offenen Hand zeichnest, entsteht ein neues, gereinigtes, befreites Feld im Einklang mit den Liedern der Heilen Matrix.

Zumeist befinden sich Häuser und Wohnungen heute nicht im energetischen Gleichgewicht. Die darin verwobenen Informationen bilden ein Gewirr an Energien, die sich häufig als Störfelder bemerkbar machen.

Allein durch das Zeichnen der Blume der Liebe mit der offenen Hand ereignet sich in diesen Räumen bereits eine konkrete und nachhaltige Besserung.
Konkret sieht das so aus, dass du konzentriert und gegenwärtig in einen Raum hinein gehst.
In diesem Raum zeichnest du mit deiner offenen Hand die Blume der Liebe. Stell dir dabei vor, wie aus deiner Handmitte ein Strahl heraus kommt, welcher durch deine Bewegung im Raum die Form der Blume der Liebe bildet.
Zeichne diese Formation mehrmals nach, am besten fünfmal, bis du wahrnimmst, dass diese Form nun in diesem Raum steht, in diesem Raum verwirklicht ist.
Verbinde dich währenddessen mit den Liedern der Heilen Matrix.

Die Ursache für die Wirkung dieser Aktivität ist einfach erklärt. Du gehst nämlich durch das Zeichnen der Blume der Liebe in jenes Feld hinein, das durch all die gezeichneten, gedruckten und mit Steinen aufgelegten Blumen bereits entstanden ist. Dass dieses Feld existiert, haben wir bereits durch das Erscheinen des Kornkreises von Alton Barnes erkannt.
Dieses Feld ist eindeutig mit der Heilen Matrix der Mutter Erde verbunden und ruft

daher diese Energien ab. Diese Energien harmonisieren und gleichen aus. Die Blume der Liebe ist gleichzeitig vermehrend und vermindernd. Das bedeutet, dass sie jene Kräfte und Energien, die nicht im Einklang mit Liebe, Gesundheit und Wohlbefinden stehen, vermindert und „herunter fährt", während sie hilfreiche Energien fördert und verstärkt.
Dadurch kommt es sowohl zu einer Entstörung, als auch zu einer Belebung und Energetisierung!

Praktische Anwendungen:

Wenn du **an einem Platz nicht gut schlafen** kannst, dann zeichne die Blume der Liebe mehrfach über das Bett und in den Raum ein.

Wenn **in einem Raum therapeutische oder heilende Arbeit** geschieht, so reinige diesen Raum immer wieder durch das Zeichnen dieser Blume, am besten begleitet mit einer Reinigungs-Räucherung.
Auch wenn ein Raum durch Ereignisse belastet ist, z. B. durch häufigen Streit, durch Krankheit oder durch einen dramatischen Todesfall, so kann auch hier das Zeichnen der Blume der Liebe sehr hilfreich wirken.

Wenn es um einen **nachhaltigen Erfolg** geht, der im Einklang mit Mutter Erde steht und zum Wohle aller Beteiligten dient, auch dann gibt das Zeichnen der Blume der Liebe hilfreiche Impulse.

Wenn dir ein freies Zeichnen mit der offenen Hand nicht gelingen sollte oder als zu schwierig erscheint, so besorge oder gestalte dir eine Vorlage mit dieser Blume. Wenn du die auf dieser Vorlage (z. B. Karte) befindliche Blume mit deiner Hand oder noch besser mit einem Kupferstück nachzeichnest, aktivierst du ihre Wirkung ebenfalls!

Wenn solch eine Raumreinigung oder Raumbelebung nachhaltig stabilisiert werden soll, empfiehlt es sich, diese Blume in irgendeiner Form sichtbar in diesem Raum anzubringen. Dazu haben wir diese Blumen in Kupfer oder als Aufkleber gestaltet. Aber auch in Form einer selbst gemachten Zeichnung oder Malerei, einer Karte mit dieser Blume oder einer anderen kreativen Gestaltung gelingt solch eine Stabilisierung.

Entstörung von Elektrosmog und Handystrahlung

Künstlich erzeugte elektromagnetische Strahlungen erzeugen gravierendere Störungsfelder, als allgemein angenommen wird. Diese Strahlungsfrequenzen entstehen durch Handys und deren Sendemasten, durch die Sendemasten der TV-Sender, durch elektrische Geräte und den dadurch entstehenden Elektrosmog und durch andere von Menschenhand erzeugte elektronische Produkte. Wir befinden uns in einem Netz von Frequenzen, dem wir heute an keinem einzigen Punkt auf der Erdoberfläche mehr entkommen können.

Das Problem, das dadurch entsteht, ergibt sich nicht unbedingt durch die Strahlung dieser Geräte an sich, sondern großteils aus jener *Information*, welche durch diese Strahlung transportiert wird! Aus diesem Missverständnis resultiert der Streit, der zwischen den Befürwortern und den Gegner der neuen Technologien entfacht ist. Die Befürworter behaupten, dass die Intensität der Strahlung, also die Stärke der Strahlung, ohnehin ausgesprochen gering und durch strenge Grenzwerte geregelt sei, sodass

eine gesundheitliche Beeinträchtigung nicht nachgewiesen werden könne. Die Gegner hingegen behaupten, dass diese Beeinträchtigung dennoch gegeben sei und empirisch auch nachweisbar sei, was natürlich sehr wohl der Wahrheit entspricht.
Dennoch, die Gegner der Handy- und Sendemasten suchen an der falschen Stelle, um ihre Behauptungen wissenschaftlich zu begründen. Sie suchen bei der Strahlung an sich und messen diese, anstatt die tatsächliche Ursache für die Störungen zu benennen: Die Störung ergibt sich aus der durch die Strahlung transportierte *Information.*
Wenn also die Strahlen eines Handy-Gespräches von nebenan durch mich hindurch gehen (und das geschieht ausgesprochen häufig!), dann gehen durch mich auch die Gesprächsinhalte, die nicht unbedingt erbaulich sein müssen, hindurch. Zu behaupten, dass ich dies nicht spüren würde und dass die Informationen glatt und ohne Spuren zu hinterlassen durch mich hindurch fließen würden, ist ein massiver Irrtum unserer heutigen Wissenschaft!
Dasselbe gilt für jede durch den Äther gesendete TV-Sendung (via Sendemasten oder via Satellit). Die meisten dieser Sendungen sind voller manipulierender Werbung und Filminhalten, zum allergrößten Teil Inhalte, welche der Matrix der Angst huldigen. Auch diese laufen durch mich hindurch oder wirken auf mich ein. Inhalte, die andauernd Spuren in mir hinterlassen!

Auf der Ebene der Information hat die heutige Wissenschaft einen massiven blinden

Unsere heutige Wissenschaft seziert, zerteilt und trennt, um analysieren zu können, ohne aber das Ganze wieder zusammen zu fügen. Sie hat daher keine Ahnung von der holistischen, ganzheitlichen Realität, sie hat keine Ahnung vom Leben, sie hat keine Ahnung vom Bewusstsein und sie weiß daher mit dem Begriff „Information" nichts anzufangen.

Fleck! Die heutige Wissenschaft misst die Eigenschaften eines Objektes oder eines Lebewesens, ohne dabei auf das Lebendige dieses Objektes oder dieses Wesens zu schauen. Die Wissenschaft übersieht, was dieses Objekt oder dieses Wesen tut, wie es auf das Ganze reagiert, da sie dafür keine Messmethoden entwickelt hat. Die heutige Wissenschaft analysiert und seziert, trennt also aus dem Gesamten heraus und verliert den Blick für das Gesamte. Die heutige Wissenschaft hat von der holistischen, ganzheitlichen Realität unserer Welt und des Universums nicht die geringste Ahnung. Und sie hat deshalb auch keine Ahnung, was Information eigentlich ist.

Um dies mit einem Beispiel zu veranschaulichen: Einem Chemiker werden eine farbig gestaltete Kinderbibel und ein etwa gleich dickes Pornoheft vorgelegt. Der Chemiker soll überprüfen, ob zwischen diesen beiden Objekten ein Unterschied besteht. Und nach eingehender, wissenschaftlich vollkommen exakter Überprüfung kommt er zum Schluss, dass zwischen diesen beiden Objekten nicht der geringste Unterschied festgestellt werden kann. Denn beide sind gleich schwer und bestehen exakt aus derselben chemischen Zusammensetzung, nämlich aus Papier, Farbe und Druckerschwärze. Was unser chemiezentrierter Wissenschaftler vollkommen übersieht und was er nicht im Geringsten messen kann, das ist der Inhalt, die Information, die zwischen diesen beiden Broschüren doch einigermaßen unterschiedlich sein sollte (ohne mich jetzt darauf festlegen

zu wollen, welches der beiden Inhalte mehr Sinn macht).
Information ist wissenschaftlich in keinster Weise messbar, die heutige Wissenschaft hat nicht die geringste Idee, wie sie das machen sollte. Und deshalb negiert sie die Existenz von Informationsproblemen.
Aber genau darin liegt das Problem der elektromagnetischen Strahlungsfrequenzen. Diese transportieren Informationen, jederzeit. Und wir nehmen diese Informationen in uns auf, integrieren sie, ohne bewusst entscheiden zu können, ob wir dies überhaupt wollen.

Elektromagnetische Felder transportieren Informationen. Diese Informationen durchdringen uns jederzeit und bewirken etwas in uns, manipulieren uns entsprechend der Informationsinhalte, unabhängig davon, ob wir das wollen oder nicht.

Störend wird dieses Gewirr an Frequenzen vor allem deshalb, weil es uns von etwas sehr Wesentlichem vollkommen entfremdet, nämlich von jenen Impulsen, die von der Mutter Erde selbst kommen. Auch sie, Mutter Erde, erschafft Frequenzmuster, die wir z. B. als Erdmagnetfeld oder als so genannte Schumannfrequenz kennen. Mutter Erde aber sendet Informationen aus, welche wir für unsere Entwicklung und für das, was in nächster Zeit auf uns zukommen wird, dringend brauchen. Wir befinden uns mitten in einem Übergangswirbel und wir sollten verstehen, wohin diese Reise uns führt und wie wir darauf reagieren sollten.
Die Frequenzen, die Lieder der Mutter Erde erzählen uns auch, was wir tun können, um zu freien, selbständigen und liebesfähigen Menschen zu werden, zu Menschen, die längst nicht mehr derart manipulierbar und lenkbar sind, wie die meisten Menschen von heute.

Durch das Gewirr an Frequenzen und die Fülle an uns durchdringenden manipulierenden Informationen entsteht eine emotionale Verwirrung, eine Irritation unseres Traumkörpers und eine Entfremdung von der Mutter Erde.

„Gechannelte" Informationen entstammen zumeist diesem Gewirr und sind stets durchwoben mit menschlichen Projektionen, Glaubensmustern und Phantasien. Ich empfehle daher dringend eine heilende und klärende Rückbesinnung auf die Mutter Erde selbst und auf ihre heilen, heilenden Lieder.

Doch das Frequenzengewirr, das uns andauernd umhüllt, stört uns bereits bei der Aufnahme und beim Empfang der Lieder der Mutter Erde. Wir haben nicht die geringste Chance, um unterscheiden zu können, ob diese oder jene Information von der Erde selbst kommt, ob sie aus wohlwollender kosmischer Quelle stammt, oder ob sie (bewusst oder unbewusst) manipulativ und menschgemacht ist.
Diese Vorgehensweise, uns von den Liedern der Mutter Erde zu entfremden, erinnert mich doch sehr an jene Götter, die uns, mit aufgeblasenem Ego, zur Unterwerfung der Erde aufgefordert hatten. Diese Götter, allen voran Jahwe, haben ihre die Menschheit manipulierenden Impulse massive verstärkt und jene der Mutter Erde verfremdet und unterdrückt.

Wir verwechseln heute andauernd das, was Menschen selbst technisch erzeugen oder selbst projizieren und durch ihren irritierten Traumköper phantasieren, mit dem, was die Urmutter oder der Urvater uns an hilfreichen Impulsen übermitteln. Aus diesem Grunde ist das sogenannte „Channeln", das abrufen von Informationen aus der „geistigen Welt", äußerst fragwürdig, da jene Menschen, die channeln, eben nur Menschen sind. Gechannelt werden zu 95% jene vom Menschen selbst erschaffenen Projektionen, Phantasiebilder also, die kaum etwas mit der Realität zu tun haben und eher Verwirrung und emotionale Irrungen erzeugen, als uns in unserer Entwicklung weiter zu helfen.

Anstelle des Channelns empfehle ich daher die reine Kontaktaufnahme mit der Mutter Erde selbst (auch wenn wir nicht gleich verstehen, was sie uns sagen will). Warum reden wir nicht mit einer großartigen Buche, mit der Stille eines See, oder warum lassen wir uns nicht auf die Bewegungen eines majestätisch fliegenden Bussards ein? Von da erhalten wir Impulse, die uns tatsächlich heilen, die unsere Sinne öffnen und die uns unverfälscht und wahrhaftig in unserer Entwicklung fördern.

Das Gewirr an Frequenzen umgibt uns jederzeit.
Das Gewirr an Frequenzen ergibt sich aus den technischen „Errungenschaften", wie Handys, WLAN und ähnlichem.
Das Gewirr an Frequenzen ergibt sich außerdem durch die irritierten Traumkörper der Menschen, die tagtäglich milliardenfach aktiv sind. Unsere verwirrten Traumkörper erschaffen Bilder und Phantasien, die das Bewusstseinsfeld der Erde massiv bevölkern.
Und unter all diesem Ballast und Müll werden die Lieder der Mutter Erde und des reinen Lichtes begraben!

Praktische Anwendung:

Was können wir tun?
Die Blume der Liebe, das wissen wir, geht in Resonanz mit der Heilen Matrix. Und damit liegt die Lösung bereits auf der Hand! Wenn wir die Blume der Liebe aktivieren, reduziert sie die störenden Informationen und verstärkt die hilfreichen.
Wenn du in einem Raum die Blume der Liebe, wie vorhin beschrieben, aktiviert hast, so hast du dort bereits ein sinnvolles und allumfassend förderliches Feld erschaffen.

Wenn wir die Blume der Liebe in Form eines Aufklebers auf unserem Handy, unserem PC oder auf unserem TV-Gerät anbringen, dann verändert dieser einfache Aufkleber den *Informationsfluss* dieses technischen Gerätes. Die eingehende, sowie die ausgehende Information werden gewandelt, werden deutlich transformiert. Die Blume der Liebe moduliert diese elektromagnetischen Impulse auf der Ebene der *Information*.
So entsteht ein Freiraum, ein offener Raum für die natürlichen und hilfreichen Impulse von Erde und Kosmos. Und mehr noch, diese hilfreichen Impulse, die im Einklang mit den Liedern der Mutter Erde stehen, werden dadurch wesentlich verstärkt.
Du kannst dir solche Aufkleber selbst gestalten oder die von uns sehr hochwertig gestalteten Aufkleber verwenden. Ich wünsche uns allen damit frei werdende Felder, in denen wir die Impulse der Mutter Erde und die Impulse des reinen Lichtes wieder empfangen können, um sie wieder verstehen zu lernen!

Wunscherfüllung und die Vereinigung polarer Kräfte

Um es gleich auf den Punkt zu bringen: Es existiert kein einziger Wunsch, der im Einklang mit der Mutter Erde gewünscht wird, für den es nicht auch eine entsprechende Erfüllung gibt! Jeder Wunsch, den du dir tatsächlich in dir, in deinem Herzen wünschst, ist erfüllbar. Das ist die holistische, die ganzheitliche Sicht der Welt. Das ist die tatsächliche Wirklichkeit.

Im Einklang mit deinem eigenen Herzen, im Einklang mit der Mutter Erde, das ist der springende Punkt.
Wie du das herausfindest? Durch Wahrhaftigkeit!

Wie schon öfter erwähnt, haben wir den Zugang zu unserer eigenen Wahrhaftigkeit verloren, weil wir in der Liebe durch unsere verwirrten Glaubensmuster, gesellschaftliche Dogmen und Vorstellungen zur Lüge gezwungen werden, um gesellschaftskonform zu bleiben. Das ist unsere Realität und das ist die Wurzel aller Lügen.
Wenn wir aber bereit sind, uns in der Liebe zu befreien, dann beschreiten wir auch den Weg der Wahrhaftigkeit. Dann erkennen wir auch, was wir uns tatsächlich wünschen. Und all das, was sich unser Herz tatsächlich wünscht, all das befindet sich gänzlich im Einklang mit der Mutter Erde!

Ein Beispiel:
Die meisten Menschen, die ich frage, was sie sich wünschten, sagen „viel Geld". Doch in Wirklichkeit ist kein einziger unter ihnen, der sich tatsächlich viel Geld wünscht. Der Wunsch nach viel Geld ist eine reine Illusion, eine Verwechslung. In Wahrheit wünschen sich diese Menschen etwas, was sie glauben, mit viel Geld verwirklichen zu können.
Also, wenn du dich fragst, was du dir wünschst, so bleibe nicht an der Oberfläche, gehe tiefer. Du wünschst dir viel Geld? Wohl kaum! Aber du wünschst dir etwas, das du damit verwirklichen könntest. Was ist es genau?
Nur so nebenbei gesagt: Häufig erfüllen sich gerade solche Wünsche, ohne dass du dafür tatsächlich viel Geld benötigst. Wenn du dir etwas tatsächlich wünschst, so ist die damit verbundene Erfüllung bereits vorhanden.

Jeder Wunsch, der wahrhaftig und *im Einklang mit der Mutter Erde*, im Einklang mit dem Ganzen gewünscht wird, trägt auch seine Erfüllung in sich. Das Universum erschafft keine Sehnsucht, für die es nicht auch eine Erfüllung gibt!

Doch wie diese zuwege kommt, kannst du dem Leben getrost selbst überlassen.

Also, was wünschst du dir?
Wünschst du dir das wirklich, aus ganzem Herzen?
Gut, dann formuliere es, schreibe es auf ein Blatt Papier. Formuliere es aus, in ganzen Sätzen, gönne dir die Zeit, die du dafür benötigst.
Und frage dich dann, wenn du es aufgeschrieben hast, ob dies tatsächlich dein Wunsch ist.
Wenn nein, streiche das bisher Geschriebene und formuliere deinen Wunsch neu.
Wenn ja, dann schreibe ihn nochmals auf ein eigenes, schönes Blatt Papier. Du wirst sehen, es lohnt sich!

Nun brauchst du eine BLUME DER LIEBE, in irgendeiner Form, selbst gezeichnet oder in Form einer Karte. Lege diese BLUME DER LIEBE vor dir auf. Daneben liegt der von dir formulierte Wunsch.

Die konkrete Übung

Das Blatt mit dem Wunsch und die Karte mit der BLUME DER LIEBE liegen vor dir.
Komme zur Ruhe und atme tief durch.
Nimm nun in deine linke Hand bildlich den aktuellen Zustand. Das ist die jetzige Situation, in welcher du gerade bist und dir diesen (noch unerfüllten Wunsch) wünschst.
Du spürst diese Situation in deiner linken, offenen Hand wie eine Kugel, wie einen Ball.

In deine rechte Hand nimmst du nun den Zustand des erfüllten Wunsches. Das ist jener Zustand, in dem du dich befindest, sobald sich dieser

Wunsch bereits erfüllt hat.

In deiner rechten und linken Hand befinden sich nun zueinander polare Kräfte.
Diese beiden Kräfte sollen nun zueinander geführt werden, um sich zu durchdringen und zu vereinen.
Bewege nun deine beiden Hände zueinander. Wenn du diese Übung konzentriert durchführst, wirst du einen Widerstand wahrnehmen. Es wird gar nicht so einfach sein, deine beiden Hände zueinander zu bringen. Die Widerstände, die du in deinen Händen spürst, sind deine eigenen Widerstände, die in dir liegen und dir für die Erfüllung deines Wunsches noch im Wege stehen. Diese aber überwindest du nun durch diese Arbeit.

Bringe deine Hände zueinander über der BLUME DER LIEBE.
Die BLUME DER LIEBE vereint polare Kräfte und lässt die Vereinigung, die kosmische Hochzeit geschehen. Dadurch entsteht das Dritte, es entfaltet sich die Kraft der Trinität, die aus der Vereinigung der beiden Pole entsteht.
Sobald deine beiden Hände beieinander sind, klatsche in deine Hände. Das ist der „Kurzschluss“, der kosmische Orgasmus, aus dessen Kraft das entsteht, was entstehen kann und entstehen soll.

Und nun lass deinen Wunsch los. Lass das geschehen, was geschehen soll. Es ist ausgesprochen wichtig, dass du dich nicht an seine Erfüllung klammerst. Es ist unwichtig, ob sich das, was du dir gewünscht hast, tatsächlich erfüllt! Auch wenn es paradox klingt, es ging darum, dass du dir deinen Wunsch vergegenwärtigt und aktiviert hast. Nun wird jedenfalls etwas in deinem Leben geschehen, etwas, das vieles verändern kann!
Bleibe mit deiner Aufmerksamkeit wachsam und beobachte, was sich um dich herum jetzt und in den kommenden Tagen tut und bewegt. Erinnere dich, dass du diesen Wunsch ausgesendet hast, erinnere dich daran, auch weiterhin ohne dich an dessen Erfüllung zu klammern, ohne die Erfüllung nach deiner Vorstellung erzwingen zu wollen. Lass den Wunsch nach wie vor los, aber erinnere dich an ihn!
Beobachte, was geschieht. Es werden wie zufällig Impulse in dein Leben kommen, nimm sie auf. Auch wenn du diese Impulse übersehen solltest, kehren sie doch in anderer Form wieder. Das können ein paar Worte in

einem Buch sein, ein zufällig aufgeschnappter Satz vom Nachbartisch in einem Restaurant, eine Kinowerbung, ein Bild, der Flug eines Vogels über dem Feld und vieles mehr.
Beobachte! Sei wachsam! Und freu dich auf alles, was dein Leben dir zuspielt.
Du erkennst solche Impulse an deren Intensität, sie lösen intensive Bewegungen in dir aus!
Und der Wunsch strebt seiner Erfüllung zu. Wunder sind möglich!

Um die Wirkung dieser Übung zu verstehen:
Du nimmst polare Zustände in deine Hände. Pol 1 ist der unerfüllte Zustand. Pol 2 ist der erfüllte Zustand. Durch die Vereinigung dieser beiden Pole entsteht das Neue, das Dritte! Das kann etwas gänzlich Neues sein, das kann von deinem Wunsch durchaus abweichen, ihn aber auch erweitern oder an das Gesamte anpassen. Lass dich von deinem eigenen Leben überraschen!

Dieselbe Übung kannst du machen, wenn es um die Lösung eines Problems, welcher Art auch immer, geht. Dann sieht das so aus:
Den Pol 1 nimmst du mit der linken Hand auf: Das ist der aktuelle Zustand deines Problems, das ist Problem an sich.
Pol 2 nimmst du mit deiner rechten Hand auf: Darin liegt die Lösung des Problems.
Beide Pole führst du über der BLUME DER LIEBE ineinander über.
Dadurch entsteht das Dritte, der Lösungsweg.

Und das Leben weiß, was das Beste für dich ist!

Nachwort

Wir haben nun in diesem Buch das Problemfeld der Liebe, mit all den damit verbundenen Glaubenssätzen, durchwandert. Wir haben erkannt, welche Implantate wir in uns tragen und wie schmerzhaft diese Implantate in unser Leben, vor allem in unser Liebesleben hinein wirken.
Wir haben dann das Heilungsfeld der Liebe betreten.
Dort befinden wir uns jetzt.
Da sind wir ganz am Anfang, ganz am Beginn.
Wir stehen am Beginn einer neuen Zeit und einer neuen Bewegung.
Das Projekt Venusblume, das Projekt Blume der Liebe ist Teil dieser großen Bewegung, die im Bewusstsein des Menschen gerade ihren Anfang genommen hat. Bei dieser Bewegung geht es vor allem darum, unsere Liebes-Implantate zu erkennen, uns daraus bewusst zu befreien, Heilung zu finden und neue Liebeswege zu gehen. Das ist der Weg zu einem lebenswerten Leben und zu einem nachhaltigen Weltfrieden.

Ich möchte nun noch jene Menschen, die am Projekt Venusblume selbst aktiv mitarbeiten wollen, aufrufen, dies auch zu tun.
Wünschenswert sind vor allem Plätze, an denen Venusblumen dauerhaft aufgelegt und nachhaltig betreut werden können. Es sollten Orte entstehen, an denen installierte Venus-

blumen immer wieder begangen und belebt werden. Diese Orte sollten auch öffentlich zugänglich sein. Ich bitte jene, die solch einen Ort zur Verfügung stellen können, sich mit mir, am besten per E-Mail, in Verbindung zu setzen!

Ich wünsche uns allen, dass die Lieder der Heilen Matrix in uns erklingen mögen und dass unser Einklang mit der Mutter Erde wieder selbstverständlich wird!
So sei es!
Und so ist es!

In Verbundenheit
Werner Johannes Neuner

Der persönliche Venuscode

Dein persönlicher Venuscode entstand zum Zeitpunkt deiner Geburt. Er spiegelt das Zeitkleid wieder, das du Zeit deines Lebens trägst. Er zeigt dir, wie die Zeitkräfte auf dich einwirken...
und wie du sie für dich nutzen kannst.

Dein persönlicher Venuscode wird dir als Wegweiser dienen.
Mit deinem **Venusschlüssel** findest du dich in deinem Leben zurecht.
Dein **Zeitengel** ist jene helfende Energie, die dich dein Leben lang begleitet.
Und durch deinen **Archetyp** erfährst du, welches Lied in dir singt.

20 Seiten mit Grafiken und Texten, praktische Übungen, die wichtigen Wendepunkte in der nahen Zukunft, sowie die Energiekarte mit deinem persönlichen Venusschlüssel, in einer schönen Mappe verpackt.
€ 34,- + Versandspesen, **Bestellung** bei: Fr. Anna Taberhofer,
E-Mail: anna.taberhofer@meinThema.at.
Weiter Infos unter www.WernerNeuner.net

Der Neuner-Kalender

Wir wissen, dass sich alle Tage unseres Lebens unterschiedlich „anfühlen“.
Das sind die Muster der Zeit, die Zeitqualitäten.
Der Neuner-Kalender beschreibt die Zeitqualitäten für jeden Tag.
Kennen wir diese drei Kräfte, so wissen wir, wie dieser Tag für uns sein wird, worauf wir achten sollten und welche Geschenke er für uns bereithält.
Der Kalender erscheint jährlich als Buch mit den neuesten Erkenntnissen zur Interpretation der Zeitmuster.
€ 19,- + Versandspesen, **Bestellung** bei: Fr. Anna Taberhofer,
E-Mail: anna.taberhofer@meinThema.at.
Weiter Infos unter www.WernerNeuner.net

Dass die Venus mit der Liebe zusammenhängt, wissen wir.
Was es allerdings mit der Venus tatsächlich auf sich hat, welche Mythen mit ihr verbunden sind und vor allem wie du dich mit der Kraft der Venus verbinden kannst, wirst du in diesem Buch erfahren.
Mit zahlreichen praktischen Übungen und konkreten Anleitungen für den Alltag, z. B. Heilung von emotionalen Verletzungen, Herzensrituale, Energetisierung von Steinen usw.

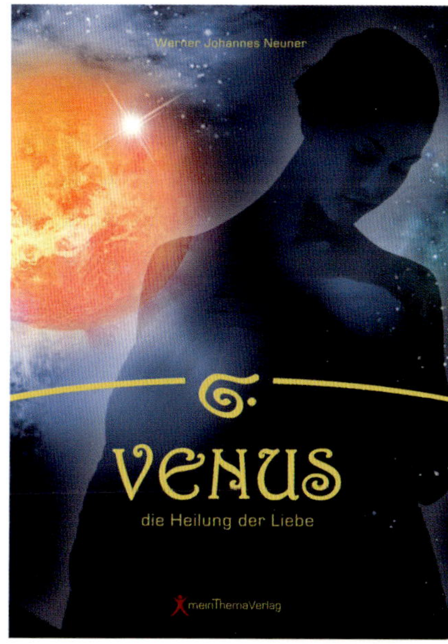

Möge die Heilung der Liebe stattfinden.
Jetzt!
So sei es
Und so ist es!

Venus, die Heilung der Liebe

154 Seiten, Hardcover, € 26,90
inkl. 3 wertvollen Venuskarten, mit der Blume der Liebe
ISBN: 978-3-9502439-5-6

Weiter Infos unter www.WernerNeuner.net

Vor 5000 Jahren ereignet sich im Geist des Menschen ein katastrophaler Wandel. Das globale Friedensfeld der Jungsteinzeit fällt einem immer mehr sich ausdehnenden Angst- und Gewaltfeld zum Opfer. Auslöser dieses krankhaften Wandels ist eine Schar von Göttern, die den Planeten Erde überfallen, den Mensch mittels illusionärer Bilder täuschen und die gesamte Spezies Mensch zu versklaven wissen.

Nach jahrtausendelangem Ringen erkämpft sich einer der Götter die alleinige Führerrolle. Es gelingt ihm außerdem, das weltweite Finanzsystem unter seine Kontrolle zu bringen. Durch eine wirtschaftliche Globalisierung beginnt er, sein Macht- und Kontrollsystem lückenlos über den gesamten Planeten auszudehnen. Er greift nach der Weltherrschaft.

Doch in diesem Moment gerät Gaia, die Mutter Erde, in Aufruhr. Durch eine Serie von schweren Erdbeben entlädt sie ihre Spannung. Und Ahau, der Sternenmeister Sonne, will die Atmosphäre der Erde durch massive Sonnenstürme bereinigen, durch Sonnenstürme allerdings, die bloß ein Zehntel der Menschheit überleben würde.

Da bittet die Erde um Einhalt. Denn es gibt noch eine letzte Chance…

Blasphemie. Erde in Aufruhr

Roman von Werner Johannes Neuner
204 Seiten, Hardcover, € 20,-
ISBN: 978-3-9502439-8-7

Weiter Infos und Leseproben unter www.WernerNeuner.net